■ 2015浙江省哲学社会科学规划后期资助课题（15HQZZ028）

浙江省哲学社会科学规划
后期资助课题成果文库

中国制造业结构变动测度及其效应统计研究——基于垂直专业化和水平多样化的视角

Zhongguo Zhizaoye Jiegou Biandong
Cedu Jiqi Xiaoying Tongji Yanjiu

项莹 著

中国社会科学出版社

图书在版编目(CIP)数据

中国制造业结构变动测度及其效应统计研究：基于垂直专业化和水平多样化的视角／项莹著. —北京：中国社会科学出版社，2016.12
ISBN 978 – 7 – 5161 – 8951 – 1

Ⅰ.①中⋯　Ⅱ.①项⋯　Ⅲ.①制造工业－产业结构调整－研究－中国　Ⅳ.①F426.4

中国版本图书馆 CIP 数据核字(2016)第 227472 号

出 版 人	赵剑英
责任编辑	刘晓红
责任校对	周晓东
责任印制	戴　宽

出　　版	中国社会科学出版社
社　　址	北京鼓楼西大街甲 158 号
邮　　编	100720
网　　址	http：//www.csspw.cn
发 行 部	010 – 84083685
门 市 部	010 – 84029450
经　　销	新华书店及其他书店
印　　刷	北京君升印刷有限公司
装　　订	廊坊市广阳区广增装订厂
版　　次	2016 年 12 月第 1 版
印　　次	2016 年 12 月第 1 次印刷
开　　本	710×1000　1/16
印　　张	13
插　　页	2
字　　数	211 千字
定　　价	48.00 元

凡购买中国社会科学出版社图书，如有质量问题请与本社营销中心联系调换
电话：010 – 84083683
版权所有　侵权必究

摘　要

无论是18世纪中叶人类开启工业文明以来制造业在物质财富创造中所发挥的主渠道作用,还是在现代国家经济持续稳定发展中所具有的压舱石地位,纵观近现代世界历史都不难发现,大国的兴起均始于制造业,世界强国经济实力的增强与制造业的变动升级密不可分。因此,有关工业结构包括制造业结构变动的问题一直是世界各国政界和学界最为关心的问题之一。自改革开放以来,中国经济取得了骄人的成绩,就制造业来说,中国作为最大的发展中国家加入到国际分工新体系和东亚的制造业发展浪潮之中,并迅速成长为制造业大国,被誉为"全球制造业中心"、"世界工厂"、"世界加工业基地"。从2004年开始,中国出现大量高技术产品的外贸顺差,到2007年中国高技术制造业的规模已位居世界第二,高技术产品的国际市场份额占世界第一。2012年中国制造业全球占比达19.8%,工业制成品出口占全球制成品贸易的1/7,但这些并不意味着中国制造业已经摆脱价值链的低端位置。对中国制造业结构调整来说,一方面要走专而精的方向,提高所处价值链的地位;另一方面要走多而广的方向,扩大比较优势产业的影响力和带动力,以应对发达国家"制造业的回归"和其他发展中国家制造业的竞争,变"制造业大国"为"制造业强国"。对此问题,鲜有研究从国际分工进入到产品内部形成的垂直专业化和水平多样化的视角准确测度制造业结构变动,进而分析结构变动带来的相关效应。

本书在梳理了国内外产业结构变动的理论进展并总结概括了产业结构测度方法和效应研究相关文献的基础上,首先根据制造业结构变动的机理、借鉴典型国家经验并结合中国制造业结构变动的实践模式,提出了测度开放经济条件下中国制造业结构变动的改进的分析框架;其次依据改进的分析框架,从产业结构垂直专业化和水平多样化两方面实证测度了中国制造业的结构变动情况,并进行了国别来源分析和国际比较;最后以卡尔多制造业增长模型为基础从经济增长、产业关联、生产率和就业四方面对中国制造业结构变动的效应进行了实证检验。得到了以下结论:

(1) 中国制造业整体垂直专业化程度虽然没有达到有的学者所测算的40%甚至是50%左右的高位,还处于相对合理的范围之内,但垂直专业化程度在1995—2009年出现了迅速增长且存在继续深化的趋势,从1995年的13.80%提高到2009年的23.06%,年均增长率为3.749%。细分产业中,高、中技术制造业的垂直专业化程度较高,对进口中间投入品的依赖性较大。具体分析中国制造业垂直化分工国外增值部分的国别来源,我们发现,国别来源地从以发达国家为主逐渐转变为以新兴工业经济体和发达国家为主,部分发展中国家为辅的多元化趋势,新兴市场经济体作为来源地增长迅速,与中国形成垂直专业化分工的潜力巨大,中国制造业细分产业进行垂直专业化分工时其国外增值份额的国别来源基本符合各经济体的比较优势。

(2) 中国制造业产业结构水平多样化程度有所提高,两两之间空间距离最接近的产业组以低技术制造业为主,变动趋势逐步向"中技术制造业+低技术制造业"的格局发展,表明在生产过程中某种(些)要素或能力从低技术制造业(部分中技术制造业)的某一个细分产业"跳跃"扩散到低技术制造业(部分中技术制造业)另一个细分产业比较容易。空间密集度与中国制造业细分产业的显示性比较优势的对比发现,1995—2009年,中国制造业细分产业空间密集度趋向于中心的产业以中技术制造业和低技术制造业为主,表明这些细分产业的水平多样化程度较高。

(3) 中国制造业的细分产业在融入国际新型分工的过程中存在经济增长效应,垂直专业化能够促进经济增长;同时,产品空间紧密度的提高、水平多样化程度的加深亦有助于经济增长,两者都呈现出长期正向影响趋势。

(4) 通过改进的影响力系数和感应度系数的测度发现中、低技术制造业的影响力系数和感应度系数均高于高技术制造业,中国制造业的比较优势依然为中技术制造业和低技术制造业,两者的辐射能力和拉动作用更明显。以中美为例的测度结果显示,美国制造业对中国制造业的拉动作用要高于中国制造业对美国制造业的拉动作用,且拉动作用在逐步增强,而美国制造业发展对中国细分产业的供给推动作用在减弱。

（5）1995—2009年中国制造业的全要素生产率呈上升趋势，但增速较低，平均增长率为0.01%，技术效率的增速明显，是全要素生产率提高的主要原因，高技术制造业和低技术制造业比中技术制造业有更高的技术效率，而技术进步则主要出现在中技术制造业。在制造业的结构变动中，垂直专业化主要对技术进步发挥积极作用，水平多样化和国内R&D资本主要对技术效率进步产生正向影响。

（6）产业结构水平多样化系数没有通过显著性检验，说明产业结构水平多样化对就业没有产生影响。产业结构的垂直专业化对高技能劳动者的相对需求产生负向影响。说明中国制造业在垂直专业化的国际分工当中依然主要承接劳动密集型的产品生产环节，而把资本密集型的生产环节外包给了发达国家，因此产业结构的垂直专业化变动没有对高技能劳动力的需求产生积极影响。

与以往研究相比，本书的创新之处主要体现在：

第一，以垂直专业化和水平多样化为基础建立中国制造业结构变动的分析框架，并提出了相应的测度方法。产业结构变动垂直化测度运用SNA—08框架下基于供给使用表的对称型投入产出表及改进的Hummels（2001）垂直专业化分工模型，产业结构变动水平多样化吸收了Hausmann等（2006；2007）的产品空间距离理论并融入了方向数据统计方法进行测度。上述作为对原有产业结构变动方法的补充可以较好地体现开放经济条件下中国制造业融入国际分工新体系的现实。

第二，应用上述测度方法，一是对产业结构垂直专业化进行测度，并对垂直专业化中国外价值增值部分的国别来源进行计算；二是对制造业水平多样化及其渐进性进行测度，同时对比显示性比较优势分析水平多样化变动趋势。

第三，在效应分析中以垂直专业化和水平多样化为视角，运用细分产业的面板数据对制造业结构变动的经济增长、产业关联、全要素生产率和就业效应进行了深入分析。尤其是采用基于供给使用表的对称型投入产出表改进了产业结构变动关联效应的传统测度方法，准确区分了进口投入和国内投入，并进一步提出了测度两国之间中间需求作用的拉动力系数和推动力系数。

关键词：制造业；结构变动；垂直专业化；水平多样化；投入产出表；效应分析

Abstract

It is not difficult to find from the history that the rise of great powers was started in manufacturing, and there is close relationship between manufacturing upgrading and economic strength building. Therefore, structural change of manufacturing and issues related has been one of hot topics to the world's politics and academia. Since the reform and opening up, China' economic has made great progress. As far as the manufacturing is concerned, as the largest developing country, China took part in the international division of labor and known as "the world's manufacturing center", "World Factory" and "Processing Base in the World". Trade surplus has been appeared in the export of China's high-tech products since 2004. By the year of 2007, the scale of China's high-tech industry has been ranked second in the world and the share of high-tech products in the international market accounted for the first. In 2012, the output of China's manufacturing accounted for 19.8 percent of the world's and its export accounted for 1/7 of the world's. However, China's manufacturing is still in the low end of the value chain. In order to upgrade the structure of manufacturing as well as deal with the trend of manufacturing return in many developed countries, China should turn "the big manufacturing country" into "the manufacturing power" through improving the status in the value chain on the one hand while expanding the influence and enhancing the leading role of industries segments which have comparative advantage on the other hand. Few studies have explored measuring structure change in manufacturing and its effect based on vertical specialization and horizontal diversification perspective.

This paper developed an improved framework in measuring the structural change of manufacturing according to the mechanism of structural changes, the typical countries' experiences and the practical pattern of the development of China's manufacturing, based on summarizing the relevant literatures on the theories, the measurement methods and the effect of industrial structural change; followed with the empirical test and the international comparative analysis by using China and other 19 countries dates on the basis of vertical specialization and horizontal diversification; after that modeling the effect of structural change of China' manufacturing on economic growth, industrial relationship, total fact productivity and employment respectively and finally analyzed the effects by empirical test. The results indicate that:

(1) Although it did not reach 40% or even 50% which was obtained by some scholars' estimating and still in a relatively reasonable range, the value share of vertical specialization abroad of overall China's manufacturing increased rapidly from 13.8% in 1995 to 23.06% in 2009, with an average annual growth rate of 3.749%. There is a dispersion trend of country sources in which emerging market economies showed huge potential and the country sources are in line with their comparative advantage. But the high-tech industry's dependence on imported intermediate inputs from developed countries increased.

(2) The degree of horizontal diversification of China's manufacturing had been improved from 1995 – 2009. The low-tech manufacturing owned the shorter distance between two industry segments with the trend to mid-tech manufacturing + low-tech manufacturing, which indicated that it is more easier for one (some) factor or capacity jumping from one of low-tech industrial segments to another of low-tech industrial segments. Low-tech industrial segments and mid-tech industrial segments had trended to be in the center of spatial distribution from 1995 – 2009, by comparing the space density and the revealed comparative advantage of China's manufacturing, indicating the degree of horizontal diversification of these industrial segments had been improved.

(3) Effects of the structural change of China's manufacturing on economic growth existed in the process of China's integration into the international division of labor. The vertical specialization as well as the horizontal diversification could promote China's economic growth and both emerged as a positive impact in the long-term trend.

(4) The influence coefficient and the induction coefficient, which were measured with the improved measurement model, showed that the mid-tech industrial segments and the low-tech industrial segments had stronger influence and induction on other industrial segment than hi-tech industrial segments. The mid-tech industrial segments and the low-tech industrial segments still had comparative advantages. Taking the U. S. and China as an example, the pulling force coefficient and the driving force coefficient of intermediate products between these two countries indicated that the role of pulling force of the U. S. to China became more important than China to the U. S. but the role of driving force of the U. S. to China became less important than China to the U. S.

(5) The TFP of China's manufacturing had been on the rise from 1995 - 2009, but growth was slow with the average growth rate of 0. 01 percent. The growth of the technical efficiency was obvious with the maximum contribution to the growth of TFP. High-tech industrial segments and low-tech industrial segments had higher technical efficiency than mid-tech industrial segments. But the technical progress was mainly existed in mid-tech industrial segments. Vertical specification played a positive role in technical progress and horizontal diversification as well as domestic R&D played a positive role in technical efficiency.

(6) The empirical results showed that horizontal diversification did not have an impact on employment. Vertical specification had a negative impact on the relative demand for highly skilled employees, indicating in international division of labor, China still undertook the labor-intensive production processes while outsourcing the capital and technical—intensive processes to developed countries.

Compared with previous studies, innovation points of this paper are as follows:

Firstly, this paper developed an improved framework in measuring the structural change of manufacturing based on vertical specialization and horizontal diversification perspective, applying symmetric input-output tables under SNA-08 frame and improved Hummels model into the measurement of vertical specification while applying product space model and the direction data into the measurement of horizontal diversification.

Secondly, on the basis of the above frame, this paper measured the share and the foreign sources of vertical specialization. Also, this paper measured the degree of horizontal diversification and its trend by comparing the degree with revealed comparative advantage.

Thirdly, this paper analyzed the effects of structural change of China's manufacturing on economic growth, industrial relationship, TFP and employment with panel data based on vertical specialization and horizontal diversification perspective. Specially, this paper improved the traditional measurement method by applying symmetric input-output tables under SNA-08 frame, which could distinguish between imported inputs and domestic inputs accurately. Further-more this paper put forward the pulling force coefficient and the driving force coefficient of intermediate products between two countries.

Key Words: Manufacturing; Structural Change; Vertical Specialization; Horizontal Diversification; Input-output Tables; Effects Analysis

目 录

第一章 导论 ……………………………………………………… (1)
  第一节 研究背景和意义 ………………………………………… (1)
    一 研究背景 …………………………………………………… (1)
    二 研究意义 …………………………………………………… (3)
  第二节 文献综述 ………………………………………………… (4)
    一 关于制造业结构变动的理论研究 ………………………… (4)
    二 关于制造业结构变动的测度方法研究 …………………… (9)
    三 关于制造业结构变动的效应研究 ………………………… (13)
    四 对相关文献的评述 ………………………………………… (20)
  第三节 研究内容与框架 ………………………………………… (21)
  第四节 研究方法和创新点 ……………………………………… (23)
    一 研究方法 …………………………………………………… (23)
    二 可能的创新点 ……………………………………………… (25)

第二章 制造业结构变动的机理与典型国家经验 ……………… (27)
  第一节 制造业结构变动的机理 ………………………………… (27)
    一 制造业与制造业结构变动的界定 ………………………… (27)
    二 制造业结构变动的理论基础 ……………………………… (32)
    三 制造业结构变动的层次 …………………………………… (37)
  第二节 典型国家经验 …………………………………………… (43)
    一 美国制造业结构变动的历程 ……………………………… (43)
    二 日本制造业结构变动的历程 ……………………………… (49)
    三 德国制造业结构变动的历程 ……………………………… (52)
  第三节 本章小结 ………………………………………………… (57)

第三章 中国制造业结构变动：测度方法 (59)
第一节 制造业结构变动的理论测度 (59)
第二节 改进的分析框架 (62)
 一 垂直专业化 (62)
 二 水平多样化 (63)
第三节 垂直专业化的测度方法 (66)
 一 基于供给使用表的对称型投入产出表及其优势 (69)
 二 Hummels 垂直专业化模型的拓展 (75)
第四节 水平多样化的测度方法 (77)
 一 产品空间距离和空间紧密度 (77)
 二 方向数据统计 (79)
第五节 本章小节 (81)

第四章 中国制造业结构变动：实证测度 (82)
第一节 中国制造业结构变动的实践模式 (82)
 一 中国制造业参与国际分工的变化 (82)
 二 制造业结构变动的新趋势 (84)
第二节 垂直专业化的测度 (85)
 一 数据来源 (85)
 二 测算结果及分析 (87)
第三节 水平多样化测度 (94)
 一 产品空间距离 (95)
 二 空间紧密度 (99)
 三 方向数据统计 (102)
第四节 本章小结 (104)

第五章 中国制造业结构变动的经济增长效应 (106)
第一节 Kaldor 定律验证 (107)
 一 制造业整体的发展现状 (107)
 二 Kaldor 定律 (111)
 三 面板数据实证分析 (113)
第二节 制造业细分产业结构变动的经济增长效应 (118)
 一 面板 VAR 模型的设定 (118)
 二 面板 VAR 模型的估计及分析 (120)

第三节　本章小结 ……………………………………………（125）
第六章　中国制造业结构变动的产业关联效应 ……………（127）
第一节　产业关联效应的传统测度方法 ……………………（127）
第二节　改进的中国制造业关联效应测度方法 ……………（130）
  一　影响力系数和感应度系数的改进 ………………（130）
  二　中间需求拉动力系数与中间需求推动力系数 …（132）
第三节　中国制造业产业关联效应的静态分析 ……………（134）
  一　影响力及影响力系数 ……………………………（134）
  二　感应度及感应度系数 ……………………………（136）
  三　中间需求拉动力系数和中间需求推动力系数 …（137）
第四节　中国制造业关联效应的动态分析 …………………（139）
  一　影响力系数和感应度系数 ………………………（139）
  二　中间需求拉动力系数和中间需求推动力系数 …（140）
第五节　本章小结 ……………………………………………（141）
第七章　中国制造业结构变动的生产率效应 ………………（143）
第一节　1995—2009年中国制造业生产率的测度与分析 …（143）
  一　理论模型选择及变量选取 ………………………（144）
  二　Malmquist生产率指数分解 ……………………（145）
  三　中国制造业全要素生产率及其分解的状况分析 …（146）
第二节　制造业结构变动对生产率影响的实证分析 ………（148）
  一　实证模型的设定 …………………………………（148）
  二　实证结果及分析 …………………………………（149）
第三节　本章小结 ……………………………………………（152）
第八章　中国制造业结构变动的就业效应 …………………（154）
第一节　中国制造业细分产业就业变动轨迹 ………………（154）
  一　劳动者就业人数变化 ……………………………（154）
  二　劳动者工时数变化 ………………………………（157）
第二节　制造业结构变动对就业的影响的实证分析 ………（160）
  一　实证模型的设定与数据来源 ……………………（161）
  二　实证结果及分析 …………………………………（163）
第三节　本章小结 ……………………………………………（165）

第九章 结论与展望 …………………………………………（166）
  第一节 研究结论 …………………………………………（166）
  第二节 政策建议 …………………………………………（168）
    一 统计核算角度的政策建议 ……………………………（169）
    二 制造业结构变动角度的政策建议 ……………………（169）
  第三节 研究展望 …………………………………………（173）
附录 ……………………………………………………………（175）
参考文献 ………………………………………………………（179）

第一章

导 论

第一节 研究背景和意义

一 研究背景

产业结构的变动与经济增长的关系极为密切。产业结构是经济增长的基础，是促进经济增长的根本因素之一，而经济的增长也必然引起产业结构相应的变动。在现代经济增长过程中，产业结构变动和经济增长呈现出相互联系、相互促进、不断发展的过程。而产业结构变动中最活跃的部分为制造业，无论是18世纪中叶人类开启工业文明以来制造业在物质财富创造中所发挥的主渠道作用，还是在现代国家经济持续稳定发展中所具有的压舱石地位，纵观近现代世界历史都不难发现，大国的兴起均始于制造业，世界强国经济实力的增强与制造业的变动升级密不可分。因此，有关工业结构包括制造业结构变动的问题一直是世界各国政界和学界最为关心的问题之一，相关的研究古已有之，最早可以追溯到17世纪英国古典经济学家威廉·配第的《政治算术》。传统的产业结构变动研究主要以欧美学者为代表，主要遵循两条路径展开。第一条路径试图使用经过选择的若干国家之间的横截面数据和时间序列数据，从统计上确认经济增长与结构变化之间的某些普遍联系；第二条路径集中研究在相似的初始条件和经济制度下的一批国家的历史经验，并且探索能够最好地说明所发生的结构变化过程的特殊理论。[1] 这两条研究路径尽管思路和侧重点不同，但都是对制造业结构变动理论的普遍规律的考察，揭示了共同演化趋势。其形成的

---

[1] 汪斌：《全球化浪潮中当代产业结构的国际化研究——以国际区域为新切入点》，中国社会科学出版社2004年版，第5页。

理论模型具有一般意义，至今仍被各国广泛运用。

国际贸易和国际投资活动的持续发展使工业结构和制造业结构变动的研究进入了以国家间相互依赖为基础的发展性研究阶段，比较有代表性的研究包括"动态比较费用论"（筱原三代平，1955）、"雁行模式"（赤松要，1936；1957；1965；小岛清，1973）、"技术群体结构"（关满博，1993）等。这些理论对传统产业结构理论作了有力的补充，更重要的是，触及了在结构的变动过程中各国参与国际分工体系的内容。进入20世纪90年代以来，世界经济全球化浪潮席卷全球，作为经济全球化的跨国公司通过生产和经营国际化实现世界范围内的资源配置重组和整合，同时推动国际分工新体系的建立。正是在这一背景之下，学术界在对制造业结构的研究中，注重从国际分工体系新变化为基础展开研究。人们想要得到回答的问题是新的国际分工体系下制造业结构变动有什么样的变化？会带来什么样的影响？

从中国经济的现实背景来看，自改革开放以来，中国经济取得了骄人的成绩。进入21世纪，中国经济的持续增长更是令世人关注。2010年，中国GDP（5.886亿美元）力压日本（5.4742亿美元），成为世界第二大经济体。按照传统的西蒙·库兹涅茨等学者的有关产业结构测算方法，中国经济已进入工业化的高级阶段。就制造业来说，中国作为最大的发展中国家加入了东亚制造业发展的浪潮之中，并迅速成长为制造业大国，被誉为"全球制造业中心"、"世界工厂"、"世界加工业基地"[①]，而1992年"微笑曲线"的提出让我们清醒地认识到，长期以来，中国主要依靠自然资源、廉价劳动力等要素参与国际分工，承担的是资源密集型和劳动密集型加工组装和生产，所能获得的附加价值相当有限，处于全球价值链的低端位置。因此，调整产业结构，发展高技术制造业，向全球价值链的高端移动成为我国许多学者普遍接受的产业发展策略。事实上，从2004年开始，中国出现大量高技术产品的外贸顺差，到2007年中国高技术制造业的规模已位居世界第二，高技术产品的国际市场份额占世界第一。2012

[①] 据美国经济咨询公司环球通视数据显示，2010年中国制造业产出占世界的比重为19.8%，超过美国成为全球制造业第一大国；中国工业和信息化部与社会科学院工业经济研究所的"2012年中国工业经济运行上半年报告"指出中国制造业产值已居世界第一，有220种工业产品产量居世界第一。

年中国制造业全球占比达19.8%，工业制成品出口占全球制成品贸易的1/7。[①] 这是否意味着中国已经摆脱了处于价值链低端的状态？答案是否定的，Lall（2000）、Mani（2000）和Srholec（2007）等通过详细的数据分析发现，包括中国在内的发展中国家高技术产品出口"爆炸式"（outbreak）的增长只不过是一种数据统计上的人为结果（statistical artifact）。这意味着对于发展中国家的经济增长来说，产业结构升级不仅仅是发展高技术制造业，更重要的是提高发展中国家在产品生产价值链中或称垂直专业化分工中的地位。

另外，似乎违反国际间按比较优势进行专业化分工的传统理论的事实是，产品生产的多样化而非专业化分工与经济发展有着密切的关联。Imbs和Wacziarg（2003）通过跨时期跨部门的多国间以及各国内的研究发现，随着收入的增加，经济活动会变得更多样化而非专业化，这一规律会持续到收入提高到一个相当的水平，从而形成一个倒"U"形分布，根据两位学者的测算，人均GDP水平在5381.30美元和7700.60美元之间是一国产业多样化生产最显著的时期。Klinger和Lederman（2004）的研究也发现了同样的倒"U"形分布规律。Imbs和Wacziarg（2003）的研究进一步发现，在制造业内部，也存在显著的倒"U"形分布规律。这表明，发展中国家产业结构的变动不是简单地从农业转移到工业，抑或制造业内部从低技术产业转移到高技术产业，还需要产业内部的多样化生产。

总结以上两方面的论述，对于发展中国家制造业的结构变动，前者要求走专而精的方向，甚至精细到一个产品不同工序的分工地位，后者要求走多而广的方向，生产多样化产品。那么上述两个方向是否存在矛盾，发展中国家制造业的产业结构的变动究竟如何？结构变动引发的经济效应又如何？本书接下来着力解决这两个问题。通过构建开放经济条件下中国制造业结构变动的新分析框架，提出测度制造业结构变动的方法并进行实际测度，在此基础上对制造业结构变动引发的经济效应做进一步分析。

二 研究意义

就理论意义而言，首先，基于国际分工新体系这一视角，将为产业结构变动的测算及其效应的研究提供一个更广阔的思路。在世界产业结构大

[①] 资料来源：2014年工业与信息化部。

系统中，一国或一地区的产业结构是在参与国际分工中才形成整体性演进的，而各国各区域产业结构整体性演进却呈现出不同的演化模式，实际上反映了全球国际分工体系中的各国各区域的不同特点（汪斌，2010）。当前国际分工体系已有了新的发展，从产业间垂直型分工、产业内水平型分工转向了产品内微观层面的垂直型和水平型分工。以往的产业结构变动测度方法没有将国际生产分割纳入研究体系当中，因而无法全面地反映开放经济条件下中国制造业融入国际分工新体系的现实。本书从国际分工新体系的视角来研究产业结构变动问题，将为定性和定量分析中国产业结构变动及产业结构的国际间比较提供一个新的研究思路，从而为该研究领域提供一定的参考。

就现实意义而言，一方面，本书以开放经济条件为突破口，探讨制造业结构变动的测定和国际间的比较，对当今世界上经济增长最快的发展中国家之一——中国进行实证研究，将对中国以及其他发展中国家制定有效的政策来提高参与国际分工的档次，促进产业结构升级，优化经济增长质量，缩小与发达国家的差距有一定的现实意义。另一方面，对制造业结构变动能够带来怎样的经济效应（产业关联、生产率、就业）等问题做实证研究，将对中国相关政策的制定提供一定的现实指导。

第二节　文献综述

一　关于制造业结构变动的理论研究

（一）产业结构变动的传统研究

威廉·配第是经济统计学的鼻祖，在其《政治算术》这部著作中，最早注意到了经济增长与结构变化之间存在的某种关联和基本方向。他指出产业结构的差异是导致世界各国的国民收入水平差异及其所处不同经济发展阶段的关键，工业比农业附加值高，而商业比工业附加值高。[1] 配第的这一发现确立了产业结构转移是推动经济增长的根本机制，开辟了研究产业结构变动这一重要领域。1758年，法国第一位经济学家魁奈仿造人体血液循环的情况说明了社会资本再生产原理，发表了著名的《经济

---

[1] ［英］威廉·配第著：《政治算术》，陈冬野译，商务印书馆1978年版，第5页。

表》，书中对经济体系进行了全面的总结并首次将农业和工业之间的流通看作再生产过程的要素，从产业结构角度开创了研究国民经济问题的先河。① 但是第一次提出三次产业概念的是阿·费希尔，1935 年在其著作《安全与进步的冲突》一书中，费希尔提出三次产业的划分观点：第一产业是为人类提供满足最基本需要的食品；第二产业是满足其他更进一步的需要；第三产业是满足人类除物质需要以外更加高级的需要。②

1940 年克拉克根据费希尔提出的三次产业分类法，收集和整理了 20 多个国家总产出和部门劳动投入的时间数据，计量和比较了不同收入水平下，就业人口在三次产业中分布结构的变动趋势，得出随着人均国民收入水平的提高劳动力首先从第一产业向第二产业转移，当人均国民收入进一步提高时，劳动力便向第三产业转移。1931 年霍夫曼在《工业化的阶段和类型》一书中则对工业结构演变规律和发展的阶段性作了开创性研究，根据 20 多个国家工业化早期和中期的经验数据③把工业化某些阶段产业结构变化趋势外推到工业化后期，推算出各国工业化过程中消费品和资本品工业（即重工业）的相对地位变化。得到的结论是，各国工业化无论开始于何时，一般具有相同的趋势，即随着一国工业化的进展，消费品部门与资本品工业的净产值之比逐渐趋于下降。"霍夫曼定理"运用统计推算的方法进行经验研究，虽然有一定的局限性，但对产业结构理论发展的影响力却一直延续至今。

西蒙·库兹涅茨（S. Kuznets，1966；1971）从经济增长总量出发，对 50 多个国家的截面数据和长期历史数据作了统计回归，考察了结构变动在不同总量增长时点上的状态。④ 通过考察总产值结构变动和劳动力分布结构变动，并把结构变动置于三次产业结构的划分框架中，揭示出劳动力和产值均有向第三产业转移的趋势。库兹涅茨的测算显示，随着工业化进程的推进，第一产业比重持续下降，第二产业和第三产业比重都相应有所提高，且第二产业比重上升幅度大于第三产业，第一产业在产业结构中

---

① [法] 弗朗索瓦·魁奈著：《魁奈〈经济表〉及著作选》，晏智杰译，华夏出版社 2006 年版。
② 参见干春晖《产业经济学》，机械工业出版社 2008 年版，第 5 页。
③ 霍夫曼把 20 多个国家 1880—1929 年消费品工业和资本品工业比重的数据进行了统计。
④ [美] 西蒙·库兹涅茨著：《现代经济增长：速度、结构和扩展》，戴睿、易诚译，北京经济学院出版社 1989 年版，第 5 页。

的优势地位被第二产业所取代。当第一产业比重降到20%以下时，第二产业比重高于第三产业，工业化进入中期阶段；当第一产业比重再降到10%左右时，第二产业比重上升到最高水平，工业化进入后期阶段，此后第二产业的比重转为相对稳定或有所下降。在整个工业化进程中工业在国民经济的比重将经历一个由上升到下降的倒"U"形变化。① 事实上，库兹涅茨在他的研究中已经提到了产业理论的研究还应该从国际因素的方面来考察，并且初步探讨了国际上相互依赖的若干机制②，但他并没有对此展开详细论述。刘易斯（1969；1981）最早关注到了发展中国家在与发达国家的经济关系中的经济结构变化，提出了二元结构模型并运用该模型指出发展中国家所面临的"贫困化"增长问题。③

（二）以国家间相互依赖为基础的创新性研究

国际贸易理论、国际投资理论等一系列理论被引入产业结构变动的分析范畴中，极大地拓展了产业结构理论的研究广度和深度。1966年，雷蒙德·弗农（Raymond Vernon）在其《产品周期中的国际投资与国际贸易》的文献中首次提出了产品生命周期理论，第一次从企业进行国际贸易和国际投资的行为视角考察跨国性的产业结构调整过程。产品生命周期（Product Life Cycle，PLC）理论把产品发展分为三个阶段：新产品阶段，创新国靠垄断技术和市场获取高附加值，基本保持国内生产国内销售；成熟产品阶段，随着技术垄断和市场寡占地位被打破，企业依赖资本和管理获利，产品开始转移到一般发达国家生产销售；标准化产品阶段，生产技术及产品本身已经完全成熟，市场竞争相当激烈，成本、价格因素已经成为决定性因素，产品大规模转移至发展中国家生产销售。④ 在不同的技术水平的国家里，产品生命周期发生的时间和过程存在差异，这一时差具体表现为不同国家技术上的差距，技术的差距进一步导致了同一产品在不同国家市场上的竞争地位的差异，从而决定了国

---

① [美]西蒙·库兹涅茨著：《各国的经济增长：总产值和生产结构》，常勋译，商务印书馆1999年版，第12页。

② 同上。

③ [美]威廉·阿瑟·刘易斯著：《二元经济论》，施炜译，北京经济学院出版社1989年版，第3页。

④ 张立建：《两次国际产业转移本质探讨——基于产品生命周期理论视角》，《统计研究》2009年第10期。

际贸易和国际投资的变化。为了便于区分，弗农按照技术差距的变化把世界上的国家分成三类：第一类是创新国（一般为最发达国家），第二类是一般发达国家，第三类是发展中国家。产品生命周期理论从技术层面分析了产业产生、成熟和衰退的完整历史过程，揭示了发达国家和发展中国家在产业转移和产业发展中的本质区别。威尔斯（Wells）对这一思想进一步完善，提出了美国、西欧以及欠发达国家之间产品出口和产业转移的模式。[1] Abernathy（1975）和 Utterback（1978）基于大量案例研究共同提出了基于技术创新的产品生命周期理论，被称为 A—U 理论。Gort 和 Klepper（1982；1990）建立并改进了第一个产业经济学意义上的产业生命周期理论，被称为 G—K 模型。

（三）以国际分工体系新变化为基础的前沿性研究

20世纪90年代以来，随着经济全球化的深入发展，全球产业分工重组出现了新的动向：一方面，跨国公司将非核心业务从企业内剥离转移到其他国家（主要是发展中国家），形成了发展中国家制成品生产和出口的大幅提高。学者们对这一领域的研究产生了极大的兴趣，Bhatiand 和 Dehejia（1994）用"万花筒式比较优势"来说明这种分工是对各种比较优势的综合运用。Feenstra（1998）指出与世界市场一体化相伴的是产品生产过程的瓦解，使用"生产的分解"或"生产非一体化"（disintegration production）概念来定义这一现象，并对美国制造业进行了检验，发现进口投入品占总中间品购买量的比例，已经从1972年的5.7%上升到1979年的8.6%及1990年的13.9%。Hummels 等（2001）提出了垂直专业化分工（vertical specialization）[2] 的概念被后来的众多学者所使用。在垂直专业化分工这一概念下，学者们对于全球产业分工所引致的产业结构调整问题这一经济全球化与技术进步相结合的结果关注程度日益高涨，见 Jones 和 Kierzkowski（2001）、Deardorff（2001）、Harris 和 G. Richard

---

[1] Wells Jr. Louis T, "A Product Life Cycle for International Trade", *Journal of Marketing*, 1968 (3): 1–6.

[2] 也有学者命名为"产品内分工"（Inter-product Specialization）、"国际生产分散化"（International Disintegration of Production）、"全球生产分享"（Global Production Sharing）、"国际外包"（Inter-national Outsourcing）、"价值链切片"（Slicing up the Value Chain）等，但从本质上说，这些概念的内涵都是一致的，即国际分工日益发展深入到特定产品生产的不同环节或工序中，形成全球范围内的纵向非一体化生产。我们在文中统一称之为"垂直专业化"。

(2001)、Hanson 和 Slaughter (2004)、Grossman 和 Helpman (2004；2006)、Baily 和 Lawrence (2005)、Koopman 等 (2008)、Amiti 和 Wei (2009) 等。国内学者的研究成果也不胜枚举，如卢锋 (2004)、平新乔等 (2005)、张小蒂和孙景蔚 (2006)、胡昭玲 (2007)、张志明 (2008)、许南和李建军 (2012)、韩艳红和宋波 (2012) 等。其中，张志明 (2008)、许南和李建军 (2012)、韩艳红和宋波 (2012) 等从理论的角度分析了垂直专业化分工与产业结构变动和升级的关系；黄先海和杨高举 (2010)、王昆和廖涵 (2011) 则利用 Lau 等 (2007) 提出的非竞争型投入产出模型①专门测度和分析了中国产业（包括高技术制造业）在全球价值链中的地位。

另一方面，Imbs 和 Wacziarg (2003) 通过跨时期跨部门的多国间以及各国内的研究发现，随着收入的增加，经济活动会变得更多样化而非专业化，这一规律会持续到收入提高到一个相当的水平，从而形成一个倒 "U" 形分布，根据两位学者的测算，人均 GDP 水平在 5381.30 美元和 7700.60 美元之间是一国产业多样化生产最显著的时期。Klinger 和 Lederman (2004) 的研究也发现了同样的倒 "U" 形分布规律。Imbs 和 Wacziarg (2003) 的研究进一步发现，在制造业内部，也存在显著的倒 "U" 形分布规律。Hausmann 和 Klinger (2006；2007) 在研究一国如何从具有比较优势产品的生产和出口扩大到其他产品中进而形成比较优势产业分布的过程中提出了产品空间距离理论，并加以验证。Hausmann 和 Klinger (2006) 受到 Jovanovic 和 Nyarko (1996) "干中学" 思想的启发，将 "干中学" 应用到了微观层面，提出产品空间距离理论，用于解释相同要素或能力得以在相同或不同产业的不同产品中转移的原因，并作出了经验分析。他们认为，一国某产业比较优势的改变更容易发生在具有相关性产品空间内。这种相关性空间是异质的，可以分布在不同的产业之间，只有极小部分与要素密集度和技术复杂度有关。之后 Vitolad 和 Davidsons (2008)、Hidalgo (2009)、Felipe (2010) 等学者也对分析进行了实证检验。

---

① Lau 等 (2007) 研究和计算的单位出口品的完全国内增加值系数等于 1 减去 Hummels 等 (2001) 的垂直专门化率，两者有异曲同工之妙，也就是说，完全进口额系数等于垂直专门化率。

二 关于制造业结构变动的测度方法研究

虽然没有直接对制造业结构变动测度方法进行阐述的相关文献，但大量测度工业结构的方法在一定程度上对制造业结构的测度同样有效。

（一）经典测度方法

霍夫曼（1931）则对工业结构演变规律和发展的阶段性作了开创性研究，根据20多个国家的时间序列数据，分析了制造业中消费品工业和资本品工业之间净产值的比例关系，求出代表性的比值，提出了所谓的"霍夫曼比例"，其计算公式为：

$$霍夫曼比例 = \frac{消费品工业的净产值}{资本品工业的净产值}$$

在霍夫曼看来，在工业化第一阶段消费品工业生产在制造业中占主导地位；第二阶段，资本品生产有了迅速发展，但相比之下，消费品工业仍占优势；第三阶段，资本品与消费品工业生产比重大体相当，初步迈入工业化国家行列；第四阶段，资本品生产超过消费品生产，基础工业高度发达。

克拉克（1940）运用三次产业中产值所占比例的变化和劳动力所占比例的变化来考察产业结构包括制造业的变动。在其计算产业结构变动的公式中三次产业的准确划分最为关键，克拉克（1940）在费希尔（Fisher，1993）提出的三次产业分类法基础上，首次明确指出第一产业——农业；第二产业——制造业；第三产业——服务业。根据克拉克的测算，随着经济的发展，第一次产业国民收入和劳动力的相对比重逐渐下降；第二产业（制造业）国民收入和劳动力的相对比重上升，经济进一步发展；第三次产业国民收入和劳动力的相对比重也开始上升。上述结论所形成的克拉克法则至今仍被广泛运用。

钱纳里等（1960）运用投入产出思想通过对101个发展中国家经济结构模型的分析，把经济结构转变的全部过程分为逐步推进的三个阶段和六个时期（见表1-1）。这一标准模式被学者们视为测度产业结构变动和工业化进程的经典方法。

表1-1　　　钱纳里关于经济结构转变过程的时期划分标准

时期	人均GDP （1964年美元）	人均收入GDP （1970年美元）	人均收入GDP （1982年美元）	发展阶段	
1	100—200	140—280	364—728	初级产品生产阶段	
2	200—400	280—560	728—1456	工业化	初级阶段
3	400—800	560—1120	1456—2912		中级阶段
4	800—1500	1120—2100	2912—5460		高级阶段
5	1500—2400	2100—3360	5460—8736	发达经济	初级阶段
6	2400—3600	3360—5040	8736—13104		高级阶段

注：1982年美元水平根据钱纳里等：《工业化和经济增长的比较研究》，上海三联书店1989年版，按照1970年标准的赛氏因子2.6推算。

资料来源：钱纳里、鲁宾逊、塞尔奎因：《工业化和经济增长的比较研究》，上海三联书店1989年版，第71页。

（二）以高级要素占比或高级要素密集度变化为依据的测度[①]

邱东、杨仲山等（2004）总结了以高级要素占比或高级要素密集度的变化为依据对产业结构变动进行测度的指标，包括重工业化程度系数、工业加工度、新兴产业增加值比重、技术密集型产业增加值比重和技术集约化程度系数等。

重工业化程度系数设计思路与"霍夫曼比例"相近，在实际经济管理工作中，轻重工业的划分往往比消费品工业和资本品工业的划分更容易，而且不同于"霍夫曼比例"是一个逆指标，重工业化程度系数则是一个正指标。

$$\text{重工业化程度系数} = \frac{\text{重工业部门增加值}}{\text{轻工业部门增加值}}$$

高工业化程度系数通过对第二产业内部结构的分析来反映整个产业结构水平。其计算公式为：

$$\text{高工业化程度系数} = \frac{\text{加工工业增加值}}{\text{基础工业增加值}}$$

式中，基础工业主要包括冶金、电力、煤炭、石油、基础化工、木材、铁路运输等；加工工业包括电子、日用金属品、食品、纺织、缝纫、

[①] 本部分根据邱东、杨仲山等：《当代国民经济统计学主流》，东北财经大学出版社2004年版一书中的相关内容总结。

皮革、造纸等。

新兴产业增加值比重。在国民经济发展过程中，有一个产业兴起、发展、成熟和衰落的过程，新兴产业就是这一过程中处于上升阶段的产业。新兴产业在国民经济中的地位反映了一个国家产业结构水平的高低。

$$新兴产业增加值比重 = \frac{新兴产业增加值}{国内生产总值} \times 100\%$$

技术密集型产业增加值比重。在国民经济发展过程中，技术密集型产业应逐渐处于主导地位。因而，可用技术密集型产业增加值比重反映产业结构水平，其计算公式为：

$$技术密集型产业增加值比重 = \frac{技术密集型产业增加值}{国内生产总值} \times 100\%$$

技术集约化程度系数是一个比例相对数，其计算公式为：

$$技术集约化程度系数 = \frac{技术密集型产业增加值 + b\,资金密集型产业增加值}{劳动密集型产业增加值 + (1-b)\,资金密集型产业增加值}$$

这个指标实际上是技术（知识）集约化程度较高的产业增加值与技术（知识）集约化程度较低的产业增加值之比。在整个国民经济被划分为技术、资本、劳动三类生产要素密集型产业的前提下，将其中的资本密集型产业增加值按其平均技术化程度分解成两部分：高于平均技术化程度的并入技术（知识）密集型产业；低于平均技术化程度的并入劳动密集型产业。与"技术（知识）密集型产业增加值比重"相同，技术（知识）集约化程度系数是一个正指标。

（三）基于投入产出表的测度

自从1925年里昂惕夫（Leontief, W. W.）在德国出版的《世界经济》杂志上发表了《俄国经济平衡——一个方法的研究》，第一次阐述了有关投入产出的思想，并在1936年编制了美国的第一张投入产出表开始，投入产出表成了分析一国经济和产业结构的重要方法和手段。投入产出表代表着一国的国际经济账户，而整个投入产出架构可以代表经济体系内各部门相互关系及经济活动的缩影，作为分析各部门生产活动相互影响程度的理想工具，投入产出表不仅被发达国家应用，也在发展中国家的经济研究中扮演着不可或缺的角色（王塗发，1986）。之后众多学者发展了里昂惕夫的投入产出表，更多的学者应用投入产出表对各国的产业结构问题展开研究。较早的研究包括 Y. Kubo 和 S. Robinson（1984）运用投入产出表对8个经济体工业结构变动的测度和影响工业结构变化因素的分析。Feldman 和 Palmer（1987）运用 400 个部门的投入产出表对美国 1963—1978 年工业产出变化进行了测定并研究影响工业各部门结构的因素，分析发现接近 80% 的工业部门的产出受到最终需求的影响。产出增长最快和下降最快的产业对投入产出系数的影响最大。Skolka（1989）指出一国的经济结构的调整受到产业结构变动的影响，各个产业部门产出净值和就业的水平及变化受中间需求影响，他利用投入产出表对奥地利 1964—1976 年的数据进行分析，发现各产业产出净值的变化是由于中间需求的变化引起的，就业水平的变动同时受到国内最终产品需求和中间产品需求的影响。因此特定产业国际竞争力的高低影响中间需求进而影响产出净值的变化，而最终产品生产率的差异带来了就业结构的变化。

最近的研究包括 J. Guoetal（2003）利用 1972—1996 年 6 张投入产出表数据及乘数产品矩阵（MPM）法分析了美国在此 24 年间产业结构的变动趋势，尤其关注工业内部各部门之间的变动和联系。通过统计发现短期内产业结构变化并不明显，但长期产业结构则有较显著变化，美国产业结构中制造业比重下降，非制造业增长迅速，工业各部门之间的依存度下降了，进口增加是导致依存度下降的主要原因，美国国内产品的生产更依赖进口投入。Hayashi 和 Mitshiro（2005）利用投入产出表对印度尼西亚 1995—2000 年的工业化现状以及影响工业结构变化的因素做了分析，他们的研究表明制造业在工业产出结构中的比例得到了大幅度提高，产业的出口导向程度逐步增强而进口替代的程度减弱。

其他利用投入产出表对一国产业结构进行测度的学者还包括 Lima 等（2003）对西班牙的分析，Bonet（2005）对哥伦比亚的分析以及 Munjal（2007）对印度的分析等。

从国内的研究来看，郭金明等（1999）利用 1987 年、1992 年及 1997 年我国的投入产出资料，计算各年度的乘数积矩阵，系统研究了我国产业结构偏转方向及幅度。丛黎亮、万静（2007）将产业结构理论和投入产出技术结合起来进行产业结构高级化的分析，从投入和产出角度分析了我国 1991—2000 年产业结构的变迁。李博、胡静（2008）建立了一套基于静态投入产出模型的产业结构优化升级测度方法，并利用 1997 年、2002 年和 2005 年全国投入产出表提供的数据具体测度这一时期中国产业结构的高度化水平和合理化程度，对产业结构优化升级的趋势进行分析。

随着国际分工的体系深入到产品内部，学者们开始应用投入产出表测度垂直专业化分工对产业结构变动带来的影响，对产业结构变动的测度问题的研究进入了新的阶段。Gereffi（1999）、Memedovic（2004）等学者通过经验分析认为发展中国家在参与垂直专业化分工中获得了快速提升其产业结构的重要机遇。他们的研究表明，"亚洲四小龙"正是利用国际垂直专业化分工提供的机会，依照比较优势原理，在不同程度上走出了一条组装——制造——研发的产品内分工升级带来的产业升级之路。张小蒂和孙景蔚（2006）的研究也表明参与垂直专业化分工有利于中国提高产业竞争力。Lall 等（2005），刘志彪、张杰（2007），孙景蔚、李淑锦（2008）等的研究则认为发展中国家参与国际垂直专业化分工也有可能"跌入"比较优势的分工陷阱，被锁定在全球价值链的低端环节，不利于本国的产业升级。张明志和李敏（2011）利用投入产出表对相关指标的计算表明，20 世纪 90 年代中后期以来，中国参与国际垂直专业化分工主要发生在资本技术密集型产业，而劳动密集型产业的垂直专业化分工水平较低，产业结构出现"虚高"。

（四）其他测度方法

除了上述几种测度方法以外，国内外文献中关于制造业结构变动的测度方法还包括多元统计分析方法、灰色理论方法、模糊综合评价以及偏离—份额分析法等。在诸多理论方法中，偏离—份额分析法（Shift-share Method，SSM）以其在综合性和动态性方面的独特优势，成为近年来国外分析区域产业结构与经济发展常用的数理方法（李武军、黄炳南，2010）。偏离—份额分析法由美国经济学家 Daniel 于 1942 年提出，之后 Dunn（1960）、Hoover 和 Giarratani（1985）、Bendavid-Val（1991）等大量学者对其进行了进一步发展和完善。[1]

三 关于制造业结构变动的效应研究

一国的经济增长与经济结构变动之间有着密切的联系。经济结构包括产业结构、需求结构和分配结构等诸多方面，其中产业结构的调整是最具

---

[1] 有关偏离—份额分析法的具体内容参见 Haynes and Dinc et al.，"Productivity Change in Manufacturing Regions: A Multifactor/Shift - Share Approach"，*Growth and Change*，1997，2（28）：201 - 221。

可操作性的经济调整内容（李刚、廖建辉等，2011）。Kaldor（1966）是最早研究制造业与经济增长关系的学者之一，他在剑桥大学的就职演讲及康奈尔大学皮尔斯纪念讲座中阐述了关于经济发展和经济增长的观点，强调了制造业对经济增长的作用，提出了 Kaldor 第一定律。Kaldor 第一定律的语言表述为制造业的产出增长越快，GDP 的增长也越快，GDP 的增长与制造业产出的增长正相关。由于制造业本身是 GDP 的重要组成部分，为了防止伪回归的出现，Thirlwall（1983）将 GDP 增长率与制造业非制造业增长率的差进行回归，Bairam（1991）则将非制造业增长率和制造业增长率进行回归，上述两种回归作为对 Kaldor 模型的补充被后来的学者纳入 Kaldor 第一定律的模型中，因此，Kaldor 第一定律不仅体现了制造业结构变动对经济增长的效应，也体现了制造业结构变动对其他非制造业的关联效应。之后，Kaldor 提出了第二定律。Kaldor 第二定律也称为凡登定律，表述为制造业劳动生产率增长与制造业的产出增长存在高度正相关，体现了制造业结构变动的生产率效应，同时也阐述了就业变动方程，用以判断在制造业产出增长的情况下制造业劳动生产率的提高究竟是就业下降的结果还是规模报酬递增的结果。以 Kaldor 定律为基础，我们从经济增长效应、关联效应[①]、生产率效应[②]和就业效应四个方面来归纳制造业结构变动效应的相关文献。

（一）制造业结构变动的经济增长效应

在驳斥 Wolfe（1968）的一文中，Kaldor 以 12 个 OECD 国家为例，考察了这些国家 1953—1963 年制造业与经济增长的关系，证实了 Kaldor 第一定律。[③] 此后各国学者围绕制造业与经济增长的关系对发达国家和发展中国家展开了大量研究。对发达国家制造业结构变动的经济增长效应的研究方面，Stoneman（1979）通过对英国 1800—1970 年的经济增长与制造业关系的测度证实了英国经济增长符合 Kaldor 第一定律。Atesoglu（1993）

[①] 本书在第五章的分析中对中国与其余 14 个发展中国家制造业整体与非制造业部门的关联效应进行了分析，但在第六章中国制造业结构变动的产业关联效应研究中着重于制造业各细分产业之间的关联效应。

[②] 本书第七章中国制造业结构变动的生产率效应研究中生产率指的是全要素生产率，而不是 Kaldor 定律中的劳动生产率。

[③] Kaldor, "Productivity and Growth in Manufacturing Industry: A Reply", *Economica*, 1968, 35 (140): 385 -391.

实证检验了美国经济增长的 Kaldor 第一定律，得出 Kaldor 定律适用于"二战"后美国的结论。McCombie 和 Ridder（1983；1984）利用美国区域数据证明了美国经济增长与 Kaldor 定律十分一致。Fingleton 和 McCombie（1998）运用 1979—1989 年欧洲 178 个地区的经济增长数据验证了 Kaldor 第一定律。

由于 Kaldor 第一定律不仅适用于发达国家，对发展中国家也极其适用，因此对发展中国家制造业结构变动的经济增长效应的研究十分广泛。Bairam（1991）运用土耳其 1925—1978 年的数据检验了经济增长支持 Kaldor 第一定律。Heather 和 Thirlwall（2003）针对非洲 49 国的数据验证了 Kaldor 第一定律。Gilberto（2006）则针对拉美 7 国的数据验证了 Kaldor 第一定律。Jaumotte 和 Spatafora（2006）、Felipe 等（2009）等学者对亚洲各国经济增长和制造业细分产业发展进行了卡尔多验证。

对中国的卡尔多定律验证的文献主要有 Hansen 和 Zhang（1997）、胡立新等（1999）、魏作磊（2007）、王俊杰（2012）等，基本都证实了中国经济增长符合卡尔多定律。

（二）制造业结构变动的关联效应

自从 Hirschman（1958）首次提出关联的概念，产业关联成为分析和研究产业发展和主导产业的重要方法（Cella，1984）。Dietzenbacher（1992）提出了测定工业部门间相互依存关系的特征向量法，用关联指数和主导产业决定指数测定了 1948—1984 年荷兰各工业部门内部相互联系程度，并验证了特征向量法对经济结构的变动能够做出敏感的反应。Guo 和 Planting（2000）利用投入产出表对美国 1972—1996 年工业部门的内在联系进行了测度并发现了国际贸易是影响工业部门间相互联系的重要因素。Reis 和 Rua（2009）利用投入产出表对葡萄牙产业部门间的内在联系进行了实证分析，也得出了与 Guo 和 Planting 同样的结论，他们还进一步研究发现进口中间投入与国内中间投入对产业部门间的联系变化起着非常关键的作用，因此国际贸易对产业结构的变动有显著影响。他们认为，作为开放型的经济体无论是分析单个产业部门的相互依存度还是把整个经济看作一个部门加以研究，都需要特别关注国际贸易的变化。Peneder（2003）利用标准经济增长模型和 OECD 28 个国家的面板数据实证检验了工业结构变化对收入和经济增长带来的影响，结果证实工业结构变化是影响 20 世纪 90 年代 OECD 国家经济局部增长的重要因素。

国内学者方面，影响力系数和感应度系数是学者们研究产业关联问题常用的指标。蒋燕和胡日东（2005）通过1995年、1997年以及2000年的投入产出表，分析1995—2000年中国各产业之间的关联程度。中国投入产出学会课题组（2006）利用中国2002年投入产出表测算了各部门的影响力和感应度及其交叉关系，考察中国当时支柱产业及产业关联状况。丛黎亮和万静（2007）在利用投入产出技术对我国产业结构变动进行分析的同时，也测度了1990年、1995年和2000年我国产业的感应度系数和影响力系数及其交叉关系。王岳平（2000；2007）利用1987年、1995年和2007年中国投入产出表测度了影响力程度和影响力系数、感应程度和感应度系数、各项最终需求的诱发额和诱发系数、各部门对最终需求的依存度、总体联系等指标，分析国民经济中产业结构的关联特征。王丽和徐永辉（2012）基于2007年中国投入产出表分析了产业结构的影响力系数、感应度系数等关联效应。

然而有不少学者对传统的影响力系数和感应度系数公式提出质疑，尝试通过改进提高测度的准确性。刘起运（2002）以国民经济一个综合的最终产品影响力为参照系采用加权平均法改进影响力系数，并以类似的结构分析方法改进感应度系数。杨灿（2005）通过对中国1997年投入产出表的测算指出简单形式的影响力系数和感应度系数（尤其前者）在分析上存在缺陷，在对实际经济现象的解释能力方面，加权形式的影响力系数和感应度系数优于简单形式的相应系数。李诚（2009）对传统影响力系数分母的计算采用最终产品实物构成系数作为权重的加权平均值；感应度系数采用分配系数R计算完全供给系数矩阵，利用全国2002年、2005年调整后的62个部门不变价表测算了产业关联现状并提出了产业结构调整的策略。文娟（2013）认为，影响力系数和感应度系数、加权的影响力系数和感应度系数的方法应加以甄别使用，并对2007年中国投入产出表的数据进行了测算。

沈利生利用刘遵义等（2007）提出的非竞争型投入产出模型把竞争型投入产出表的中间投入部分拆分成国内中间产品和进口中间产品，最终产品拆分成国内最终产品和进口最终产品，并进行影响力系数[①]的计算。计算结果与传统公式计算的结果相比较发现排序发生了明显的变化。张芳

[①] 沈利生在文章中将之称为拉动力系数。

（2011）针对中国加工贸易的特点，也利用刘遵义等（2007）的方法编制了针对加工贸易的非竞争型投入产出表，进而计算了加工出口生产的产业关联效应（中间投入比率）和波及效应（影响力系数）。陈昌才（2013）基于 OECD 非竞争型投入产出表的分析改进了产业关联测度方法，对中国 2005 年的感应度系数和影响力系数进行了测算，结果发现与传统方法相比有所差异。

（三）制造业结构变动的生产率效应

一直以来，生产率效应的相关研究实际上散落包含在产业结构和经济增长关系的研究中，可谓汗牛充栋。早在克拉克和库兹涅茨等学者关于产业结构和经济发展关系的研究中就提出了有关"结构红利"[①]的基本思想。Grossman 和 Helpman（1991）、Lucas（1993）以及 Nelson 和 Pack（1999）等，又都在他们的经济增长理论模型中强调了结构变化对生产率增长的重要性（吕铁，2002）。Salter（1960）以英国制造业的 28 个行业为研究对象，分析了行业结构变化对生产率增长的作用，结果证实了结构红利假说。应用偏离—份额分析法研究了 1963—1993 年亚洲的印度、印度尼西亚、韩国和中国台湾四个经济体的制造业行业变化与生产率增长的关系，结果否定了结构红利假说，制造业结构变动没有引起总生产率和各个行业生产率的增长。Fagerberg（2000）将研究对象的范围扩大，通过对 39 个国家 24 个制造业行业 1973—1990 年的研究表明制造业结构变化对生产率增长的影响不显著。Peneder（2002）、Singh（2004）等学者的研究也得出了类似的结论。国内研究方面，马俊和王霄鹏（1991）较早地采用定量方法对 1978—1987 年我国工业结构变化对生产率影响的效益进行了测度，郑玉歆（1993）通过测度制造业全要素生产率和结构变动关系发现制造业结构变动对全要素生产率有一定影响。吕铁（2002）采用 1980—1997 年中国各地区的制造业样本数据经偏离—份额分析法计算得出结论，中国制造业的结构变化对劳动生产率增长的影响尽管存在但并不明显。李小平和卢现祥（2007）使用扩展的偏离—份额分析法检验了中

[①] "结构红利假说"的主要内容是：由于各部门生产率的水平和增长率具有系统差别，因此当投入要素从低生产率或生产率增长慢的部门向高生产率或生产率增长快的部门转移时，就会促进由各部门组成的经济体的总生产率增长，而总生产率增长率超过各部门生产率增长率加权和的余额就是结构变化对生产率增长的贡献，也即"结构红利"。转引自吕铁《制造业结构变化对生产率增长的影响研究》，《管理世界》2002 年第 2 期。

国制造业在1985—2003年的结构变动与生产率增长的关系，研究结果显示制造业的结构变动没有导致显著的结构红利假说现象。吴寿平（2013）采用Malmquist指数分解法估算了中国37个工业行业的技术进步率，并用偏离—份额分析法分析了1985—1992年、1992—2001年与2001—2009年工业结构变化的技术进步率增长效应，研究结果表明，要素的自由流动对于工业结构效应的发挥和技术进步率的增长具有重要促进作用。

从国际分工进入产品内的垂直型分工的视角产业对生产率的影响国内外已有许多研究，有关制造业方面的实证研究也很丰富。Amiti和Wei（2006）利用美国1992—2000年的制造业面板数据，发现产品内垂直型分工明显地提高了劳动生产率，其中，服务中间投入解释了大约11%的劳动生产率的增长，而原材料中间投入解释了大约5%的劳动生产率的增长。Gorg和Hanley（2004）使用爱尔兰电子行业企业层面的数据进行研究发现，中间原材料投入与企业生产率之间存在显著正相关，而服务中间投入对产出没有影响。Folk和Wolfmayr（2008）用14个OECD国家1995—2000年的行业数据，考察了产品内垂直型分工对全要素生产率的影响，发现实物中间投入和服务中间投入对生产率的影响是不同的，对于不同的对象国而言，二者的影响也存在差异。Egger等（2006）的研究将产品内垂直型分工与生产率关系的研究深入到了细分行业中，他们使用了奥地利1990—1998年18个制造业的数据从不同行业的角度考察了产品内垂直型分工对生产率的影响。结论认为产品内垂直型分工对资本密集型行业生产率的提升作用要高于对低技术熟练劳动密集型行业的作用。

国内研究产品内垂直型分工与生产率关系的学者包括徐毅和张二震（2008）、胡昭玲（2007）、刘云海和唐玲（2009）、刘庆林等（2010）、戴魁早（2012）等，徐毅和张二震（2008）使用1997年与2002年的数据，以面板数据模型检验了产品内垂直型分工对生产率的影响，他们认为垂直型分工产生了资本节约型的技术进步。胡昭玲（2007）使用中国20个主要工业行业的面板数据就外包对生产率的影响进行分析，她的结论支持外包对生产率提高具有积极的促进作用，并且对资本密集型行业的积极影响更大。刘云海和唐玲（2009）根据1997年和2002年的投入产出表数据测算了中国35个工业行业产品内垂直型分工与生产率的关系，结论认为产品内垂直型分工有利于企业生产率提高，高技术、低开放度以及大规模行业中国际外包对生产率的促进作用更为显著。高越和李荣林（2011）

在Dixit-Stiglitz垄断竞争框架内，把国际生产分割进行内生化处理，揭示了在国际生产分割条件下，东道国技术进步和产业结构优化存在相互促进的互动关系。戴魁早（2012）关注中国高技术产业的细分行业，运用动态面板GMM方法，得出垂直专业化对中国高技术产业的全要素生产率、技术进步和技术效率产生了显著的促进作用。

（四）制造业结构变动的就业效应

Combes（2000）对法国341个地区1954—1993年的经济结构变动与就业关系进行了研究，通过52个制造业个案以及42个服务业个案的分析发现，制造业的结构变化导致该地区就业增长放缓，服务业的结构变动对就业影响不确定。集中及分化、地区总就业密度对地区就业增长都有正向作用，但竞争和服务场所的范围对就业产生负向作用。Banister（2004）、Lett和Banister（2009）分别对1990—2002年和2002—2006年中国制造业发展以及相应的就业变化进行了测度，发现1990—2002年制造业发展引致了就业的大量增加，但同时也指出了中国政府在就业和工资统计上存在的不足，比如漏报。2002—2006年中国制造业出现了空前发展，中国连同墨西哥成为美国制造品贸易的前两大贸易伙伴，随着中国制造业的发展，制造业就业人数增长了10%，同时劳动力成本的增长幅度更大，增幅超过了40%。吴玉乾和李廉水（2006）的研究结果却得出相反结论，中国制造业直接吸纳就业人数的能力不断下降，但通过带动效应增强了相关产业的就业吸纳能力。王德文、蔡昉和林松华（2008）的研究也表明20世纪90年代以来随着出口和FDI的大量出现制造业增长并没有带来就业的快速提高，其文中对"无就业增长之谜"进行了解释。曲玥（2010）采用2000—2007年中国制造业全部规模以上企业数据，计算制造业的全要素生产率及劳动力成本状况，得出结论短期内劳动密集型制造业对吸纳就业方面有重要的优势。

除了上述研究以外，针对产品内的垂直型分工，国内外一些学者已开始研究其对就业带来的效应。Abraham和Taylor（1996）、Geishecker和Gorg（2004）、Egger等（2001）等学者认为，产品内垂直型分工会对就业产生积极的促进作用；而Berman和Griliches（1994）、Krugman（1994）、Feenstra和Hanson（1996）等学者则持相反观点。Deardorf（2001）等在李嘉图模型和H—O模型框架内，认为在大国经济假设下，外包对参与国的影响与贸易条件有关，如果垂直专业化分工改变了最终产品的贸易条件，则参与国有可能受损。Kohler（2001）的模型认为，整体的福利水平取决于资本收益的增加能否抵消劳动收入的下降，因此垂直专业化未必一定会提高参与国的福利。徐毅和张二震（2008）用三种形式的外包对就业影响的估计结果发现，产出的增长率每提高一个百分点，劳动的增长率就会提高0.34个百分点；工资的增长率每提高一个百分点，劳动的增长率就会减少0.16个百分点。三种形式的外包均对就业产生正向的影响，但在统计上均不显著，均不能通过10%显著水平的检验，因而在其样本所揭示的范围内，没有证据显示外包对我国的就业产生负向影响。[1] 陈仲常和马红旗（2010）基于动态劳动需求模型对中国制造业不同外包形式的就业效应进行研究，得出结论制造业总体外包、低技术外包和高技术外包对就业起抑制作用，低技术外包和高技术外包水平相当，但低技术外包的就业净效应是高技术外包的将近2倍。王俊和黄先海（2011）运用中国1996—2008年28个制造业面板数据检验跨国外包的就业效应，发现外包促进了制造业就业增长。姚博和魏玮（2012）考察了参与生产国际分割对中国35个工业行业的价值链水平、收入增长以及投入要素的报酬收入的影响，发现生产分割促进了高密集度资本投入要素的报酬收入增长，同时拉开了高技术与低技术劳动力投入要素的报酬收入增长之间的距离。

四　对相关文献的评述

以上部分对有关制造业结构变动的理论研究，制造业结构变动的测度方法研究和制造业结构变动的效应研究的理论与实证研究文献做了介绍与梳理。总的来看，理论进展方面，古典研究和开拓性研究阶段虽然主要是对一个国家内部的投入和产出或一批国家各自内部的投入和产出展开分析，探索产业结构变动的规律，但其中也包含了对开放经济条件下产业结构变动的基础性研究，比如斯密、刘易斯等。以主导产业理论为基础的发展性研究、以国家间相互依赖为基础的发展性研究和以国际分工体系新变化为基础的前沿性研究阶段则主要是考察世界上不同国家间经济相互依存关系下的产业结构变动情况，进一步拓展了开放经济条件下产业结构变动的研究内容。实证测度方面经典的产业结构变动方法依然被广泛使用，但

---

[1] 徐毅、张二震：《外包与生产率：基于工业行业数据的经验研究》，《经济研究》2008年第1期。

也有很多其他测度方法对制造业结构变动进行补充。然而，通过以上概述可以发现，面对开放经济条件下如何体现中国产业结构融入国际分工体系的新变化方面，有关理论及实证研究还有所缺失，主要体现在：

（1）基于国际分工形式已经从产业间的垂直型分工发展到产业内的水平型分工再到产品内垂直型分工和水平型分工，很多指标和方法难以准确衡量开放经济条件下中国制造业结构变动融入国际分工体系新变化的现实。现有的学者对产品内的垂直型分工已展开研究，但就其对制造业结构变动的分析较少，同时对产品内水平型分工带来的制造业结构变动的研究更为缺乏，因而总体上没有形成完整的新型国际分工体系下制造业结构变动的分析框架。

（2）对投入产出表的应用虽然由来已久，但在分析产业结构变动及其效应问题时，竞争型投入产出表将进口中间投入看作国内投入的做法显然无法分析新型国际分工体系下产业结构变动的现实，目前非竞争型投入产出表被学者们广泛使用，但非竞争型投入产出表人为假定进口中间投入和国内中间投入的比例，使产业结构垂直专业化测度和产业关联效应测度的结果也存在较大的误差，因此如何改进投入产出表使之误差更小，准确性更高值得研究。

（3）缺乏对开放经济条件下制造业结构变动的效应分析。虽然以往研究产业结构变动所产生的效应的文献不少，有一些也开始触及新型国际分工体系下产品深入垂直专业化分工对生产率和就业的影响分析，但几乎没有文献涉及水平型分工对生产率、就业等带来的影响。因而综合考虑开放经济条件下产业结构变动的效应研究仍然较为缺乏。同时在就业问题的研究中，由于数据的可得性问题大量学者没有从工资角度获得可靠的数据进行分析，往往采用替代的方式，因此分析结果的准确性有待提高。

第三节 研究内容与框架

基于以上对论文选题背景、意义和国内外研究现状的阐述，本书以制造业为研究对象，对垂直专业化和水平多样化视角下中国制造业结构变动的测度及产生的效应进行理论研究和实证分析，研究内容主要包括以下九章：

第一章为导论。首先阐述了本书的研究背景和意义，归纳评述了国内外有关产业结构变动的理论研究、测度方法研究和效应研究,然后介绍了本书的研究内容并搭建了论文的研究框架,最后指出了论文的研究方法和可能的创新点。

第二章为制造业结构变动的机理与典型国家经验。本章在归纳评述相关研究的基础上阐述了制造业结构变动的机理,包括制造业及制造业结构变动的概念,制造业结构变动的动因,以及沿历史主线不同形式国际分工体系下制造业结构变动的层次,然后以美国和日本这两个典型国家为例总结了制造业结构变动的历史经验,为后续研究提供理论支撑。

第三章为中国制造业结构变动:测度方法。本章致力于解决"应该用什么样的方法来测度中国制造业结构变动,作为对原有产业结构变动测度方法的补充来体现开放经济条件下中国制造业融入国际分工新体系的现实"的问题,在阐述了测度制造业结构变动的理论模型基础上,提出测度中国制造业结构变动的分析框架,然后从产业结构垂直专业化和产业结构水平多样化两个方面对测度方法进行阐述,为后续的实证测度和效应分析提供了方法论支撑。垂直专业化主要采用了SNA—08框架下基于供给使用表的对称型投入产出表并改进了Hummels(2001)垂直专业化分工模型;水平多样化主要吸收了Hausmann等(2006;2007)的产品空间距离理论并融入了方向数据统计方法。

第四章为中国制造业结构变动:实证测度。本章紧跟第三章展开研究,在分析中国产业结构变动的实践模式的基础上,具体测度了中国制造业结构变动的两方面:产业结构垂直专业化和产业结构水平多样化。在前者的研究中不仅测度了中国制造业细分产业的垂直专业化程度历年变化,还测度了垂直专业化中国外增加值的国别来源;在后者的研究中不仅以世界上20个国家为基础测度产品空间距离和空间紧密度(水平多样化程度的两个指标),还与中国制造业细分产业的显示性比较优势相结合考察水平多样化变动的趋势。

第五章为中国制造业结构变动的经济增长效应。本章是效应分析的第一部分,致力于解决"中国制造业结构变动是否带来经济增长效应"的问题。首先选择中国以及世界上其他14个经济发展速度较快的发展中国家为研究范围,对这15个国家20多年来制造业发展与经济增长关系进行Kaldor第一定律和第二定律的验证,分析了制造业在包括中国在内的发展中国家经济增长中的地位,并初步分析了制造业整体增长对劳动生产率变动和就业变动的影响，为之后的章节做铺垫。然后以第四章测度的中国制造业垂直专业化和水平多样化数据为基础构建面板 VAR 模型并通过实证分析检验中国制造业结构变动的经济增长效应。

第六章为中国制造业结构变动的产业关联效应。本章首先指出传统产业关联效应测度方法（影响力系数和感应度系数）的不足，然后提出了改进的影响力系数和感应度系数，同时提出了中间需求影响力系数和中间需求拉动力系数，最后测度了中国制造业结构变动的产业关联效应并进行了静态和动态分析。

第七章为中国制造业结构变动的生产率效应。在第五章对制造业整体增长对劳动生产率变动影响的初步分析基础上，本章运用全要素生产率进一步验证制造业结构变动的生产率效应，首先采用 DEA-Malmquist 指数法对全要素生产率进行分解，测度了中国制造业细分产业全要素生产率、技术进步和技术效率变化，然后运用垂直专业化和水平多样化的数据构建中国制造业结构变动对生产率影响的面板数据计量模型并进行实证分析。

第八章为中国制造业结构变动的就业效应。本章同样在第五章对制造业整体增长对就业变动影响的初步分析基础上，首先对中国制造业细分产业劳动者就业变动情况进行了分析，然后运用垂直专业化和水平多样化的数据构建了中国制造业结构变动对就业影响的面板数据计量模型并进行实证分析。

第九章为结论与展望。本章首先归纳和总结了全书的研究结论，在此基础上提出了相关政策建议，最后探讨了本书研究的不足和可能的后续研究。

根据以上内容，构建本书的研究框架如下：

第四节 研究方法和创新点

一 研究方法

（1）投入产出分析法。本书的理论和实证研究部分所采用的主要方法之一为 SNA—08 框架下基于供给使用表的对称型投入产出模型。首先基于该方法测度中国制造业的垂直专业化程度；其次在产业结构变动的关联效应分析中，以改进的影响力系数和感应度系数，同时提出的中间需求

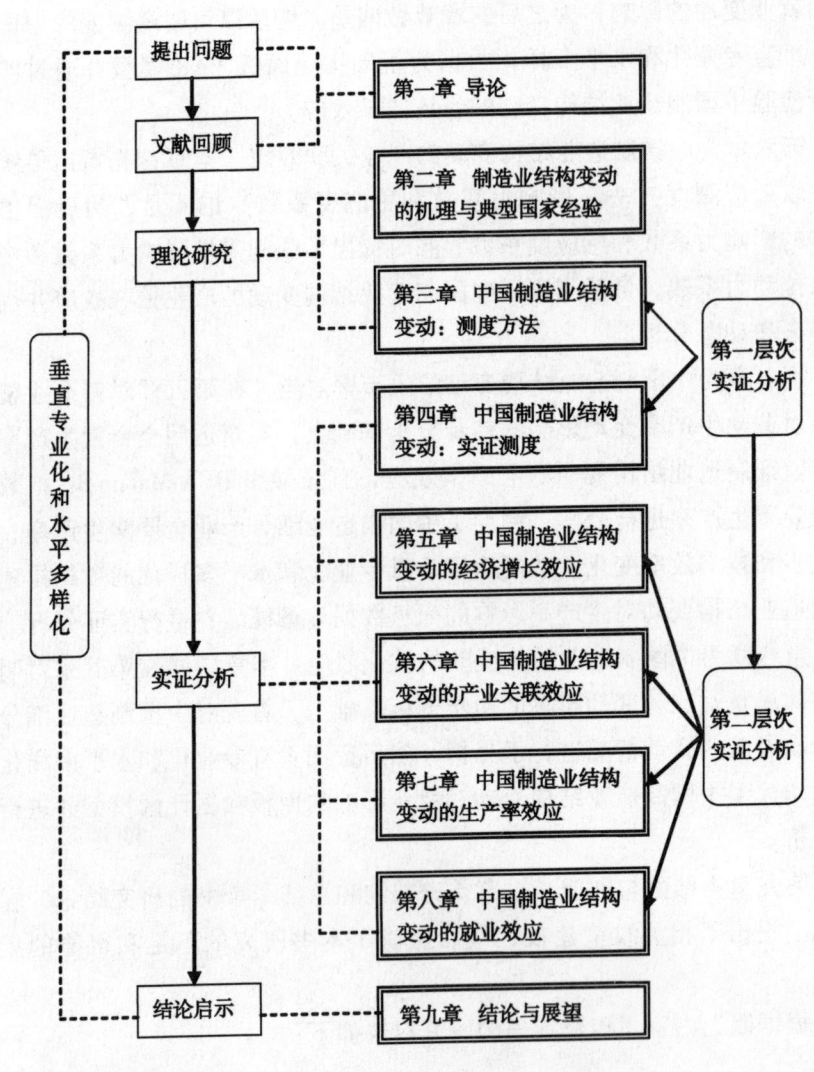

图 1-1 研究框架

拉动力系数和推动力系数为指标，测度制造业结构变动的关联效应；最后在全要素生产率的分解和测度中也应用了投入产出思想。

（2）空间结构分析法。本书的理论和实证研究部分所采用的第二种主要方法是空间距离分析法（Product Space Theory，由 Hausmann 等提出）和方向数据统计法，我们将之统称为空间结构分析。首先基于产品空间距离和空间紧密度指标测度了制造业的水平多样化程度，其次对比中国制造业细分产业的显示性比较优势对水平多样化变动趋势进行分析，最后由方向数据统计法对水平多样化变动的渐进性进行验证。

（3）国际比较分析法。在对中国制造业结构变动的垂直专业化和水平多样化测度中，我们以多种类型的国家和地区为比较对象，所选取的19个国家和地区来自世界四大洲，既包括发达国家也包括发展中国家，既包括新兴工业化国家也包括新兴市场经济体。

（4）计量回归分析法。以WIOD数据库、联合国WDI数据库、联合国COMTRADE数据库以及中国国家统计局数据库等数据库为基础，充分利用国内外数据库全方位收集数据，通过跨期跨国细分产业的面板数据进行制造业结构变动的经济增长、产业关联、生产率和就业效应的实证研究。

二　可能的创新点

本书旨在明确国际分工体系出现新的发展趋势的基础上对开放经济条件下中国制造业的结构变动进行测度，并借此分析结构变动带来的经济效应。可能的创新点主要体现在：

（1）提出了测度开放经济条件下中国制造业结构变动的新方法。通过对产业结构变动理论进展和产业结构变动测度方法的归纳总结揭示出中国制造业所处的国际分工新体系，即国际分工进入产品内部微观层面的垂直专业化和水平多样化。进而以垂直专业化和水平多样化为基础建立中国制造业结构变动的分析框架，并提出了相应的测度方法。产业结构变动垂直化运用SNA—08框架下基于供给使用表的对称型投入产出表及改进的Hummels（2001）垂直专业化分工模型对产业结构垂直专业化进行测度，产业结构变动水平多样化吸收了Hausmann等（2006；2007）的产品空间距离理论并融入了方向数据统计方法进行测度。上述作为对原有产业结构变动方法的补充可以较好地体现开放经济条件下中国制造业融入国际分工新体系的现实。

（2）通过实证测度揭示了中国制造业结构变动的程度和方向。应用本书提出的中国制造业结构变动的测度方法，一是对产业结构垂直专业化进行测度，并对垂直专业化中国外价值增值部分的国别来源进行计算；二是对制造业水平多样化及其渐进性进行测度，同时对比显示性比较优势分析水平多样化变动趋势。在测度过程中对从联合国WDI数据库、联合国COMTRADE数据库、IMF数据库、WIOD数据库、中国工业经济年鉴、中国统计年鉴、中国科技统计年鉴等国内外主要数据库和年鉴中搜集的大量跨国跨期数据进行处理、计算和比较，得到的测度结果较为准确地揭示了中国制造业的高技术制造业垂直专业化程度较高，对进口中间投入的依赖较大且有逐步上升趋势，垂直专业化中国外价值增值部分的国别来源趋于多元化，新兴市场国家潜力巨大；中、低技术制造业水平多样化的程度较高，比较优势明显，以其为中心鼓励要素和能力向空间距离接近的产业"跳跃"是挖掘和提高产业比较优势的重要途径。实证检测得出产业结构垂直专业化有利于技术进步但不利于就业，产业结构水平多样化有利于技术效率提高但对就业影响不显著。

（3）以卡尔多制造业增长模型为基础从经济增长、产业关联、生产率和就业四方面对中国制造业结构变动的效应进行了实证检验。在效应分析中以垂直专业化和水平多样化为视角，运用细分产业的面板数据对制造业结构变动的经济增长、产业关联、全要素生产率和就业效应进行了深入分析。尤其是改进了产业结构变动关联效应的传统测度方法。传统影响力系数和感应度系数的测算依靠竞争型投入产出表把进入生产过程的进口产品视作（或等同于）国内产品，并由此产生了相应的直接消耗和间接消耗，结果与本国国内各部门的实际消耗不符，以此为基础测度的影响力系数和感应度系数与现实情况不一致，非竞争型投入产出表虽有改进但人为设定进口投入和国内投入比例存在主观性。本书采用基于供给使用表的对称型投入产出表改进了产业结构变动关联效应的传统测度方法，准确区分进口投入和国内投入，并进一步提出了测度两国之间中间需求作用的中间需求拉动力系数和中间需求推动力系数。通过改进的影响力系数和感应度系数的测度，揭示了中、低技术制造业的影响力系数和感应度系数均高于高技术制造业，中国制造业的比较优势依然为中技术制造业和低技术制造业，两者的辐射能力和拉动作用更明显。以中美为例测度中间需求拉动力系数和推动力系数，揭示了美国制造业对中国制造业的拉动作用要高于中国制造业对美国制造业的拉动作用，且拉动作用在逐步增强，而美国制造业发展对中国细分产业的供给推动在减弱。

第二章

制造业结构变动的机理与典型国家经验

虽然各个国家制造业发展的阶段不尽相同,但总的来看,大多数国家的制造业发展轨迹反映了制造业结构变动的某种规律。本章首先从制造业结构变动的机理入手,在对制造业以及制造业结构变动的概念界定基础上,分析制造业结构变动的动因,并按照国际分工体系从"垂直型分工到垂直型+水平型分工"的发展规律阐述了制造业变动的变化层次,然后选择美国和日本这两个典型国家,详细分析其制造业结构变动的经验,从理论和实践两方面总结制造业结构变动的规律。

第一节 制造业结构变动的机理

大多数发展经济学的理论都认为,一国经济从不发达到发达的发展过程随着经济结构的不断调整而变化,经济结构包括产业结构、需求结构和分配结构等诸多方面,其中的产业结构变动最具可操作性。所有产业部门中,工业是学者最早关注的产业部门之一,而作为工业的一部分,制造业是其中最活跃也是最具活力的部分。

一 制造业与制造业结构变动的界定

(一) 制造业

制造业(Manufacturing Industry)属于产业分类中的一类产业,它指的是对采掘的自然物质资源或农业生产的原材料进行加工和再加工,为其他部门提供生产资料,为社会提供日用消费品的生产制造部门(孙林岩,2008)。只要是经物理变化或化学变化后成为新的产品,不论是动力机械制造,还是手工制作；也不论产品是批发销售，还是零售，均视为制造。① 为了对制造业及其内部结构进行划分，世界上不同的机构设计了不同的分类标准，其中最具代表性的是联合国《全部经济活动的国际标准产业分类》（以下简称《国际标准产业分类（ISIC）》）。② 自 1948 年第一版 ISIC 颁布以来，经过 1956 年、1965 年、1979 年和 2006 年先后 4 次修订，1998 年，联合国统计委员会提出了 ISIC Rev.3 的修订版，2007 年完成了 ISIC Rev.4 的修订（李国秋、吕斌，2010）。ISIC Rev.4 将全部经济活动分为 21 个门类，88 个大类，238 个中类和 419 个小类。门类及大中小类的数目均比 ISIC Rev.3 有所增加，分类更细，数目更多。其中制造业属于 21 个门类中的第 3 项。

中国的《国民经济行业分类》作为国家行业标准于 1984 年首次发布实施，之后分别在 1994 年、2002 年和 2011 年经过了 3 次修改，现行的《国民经济行业分类标准》（GB/T 4754—2011）于 2012 年开始正式使用。虽然 GB/T 4754—2011 根据 ISIC Rev.4 划分行业分类的基本单位，但与 ISIC Rev.4 相比仍然有所不同。

表 2-1 为《国民经济行业分类》（2011）与《国际标准产业分类》（Rev.4）的门类比较。可以发现国民经济行业分类的门类为 20 个，比《国际产业标准》分类少 1 个，具体内容上也有所差异。我们将重点放在制造业上，两种分类方式的制造业虽然都属于第 3 门类，但《国民经济行业分类》（2011）比《国际标准产业分类》（Rev.4）的分类更细，体现了较多的中国特色成分。

表 2-1 《国民经济行业分类》（2011）与《国际标准产业分类》（Rev.4）的门类比较

《国民经济行业分类》（2011）		《国际标准产业分类》（Rev.4）	
序列	门类	序列	门类
A	农、林、牧、渔业	A	农业、林业和渔业
B	采矿业	B	采矿和采石
C	制造业	C	制造业
D	电力、热力、燃气及水生产和供应业	D	电、煤气、蒸气和空调供应

---

① 《国民经济行业分类》（GB/T 4754—2011）。

② 为了提供一个统一的标准使世界各国的经济活动得以比较，联合国发起，连同西方主要国家一起研究制定国际标准产业分类。

续表

《国民经济行业分类》(2011)		《国际标准产业分类》(Rev.4)	
序列	门类	序列	门类
E	建筑业	E	供水、污水处理、废物管理和补救
F	批发和零售业	F	建筑业
G	交通运输、仓储和邮政业	G	批发和零售贸易；机动车辆和摩托车的维修
H	住宿和餐饮业	H	运输和储存
I	信息传输、软件和信息技术服务业	I	食宿服务活动
J	金融业	J	信息和通信
K	房地产业	K	金融和保险活动
L	租赁和商务服务业	L	房地产活动
M	科学研究和技术服务业	M	专业和科技活动
N	水利、环境和公共设施管理业	N	行政和支助服务活动
O	居民服务、修理和其他服务业	O	公共行政和国防；强制性社会保障
P	教育	P	教育
Q	卫生和社会工作	Q	人体健康和社会工作活动
R	文化、体育和娱乐业	R	艺术、娱乐和文娱活动
S	公共管理、社会保障和社会组织	S	其他服务活动
T	国际组织	T	家庭作为雇主的活动；家庭自用、未加区分的生产货物及服务活动
		U	境外组织和机构活动

资料来源：GB/T 4754—2011 和 ISIC Rev.4。

从表 2-2 中可以看出，《国民经济行业分类》(2011) 的制造业分为 31 个大类，而《国际标准产业分类》(Rev.4) 只包含了 24 个大类。[①] 在食品饮料制造、化工制造、橡胶塑料制造、金属制造和非运输设备制造业五大方面，《国民经济行业分类》(2011) 都要比《国际标准产业分类》(Rev.4) 更为细化。

---

① ISIC Rev.4 制造业大类个数比 ISIC Rev.3 已经有所增加，ISIC Rev.3 中制造业大类个数为 23 个。

表2-2　《国民经济行业分类》(2011) 与《国际标准产业分类》
(Rev.4) 制造业细分大类比较

《国民经济行业分类》(2011)		《国际标准产业分类》(Rev.4)	
序列	门类	序列	门类
13	农副食品加工业	10	食品制造
14	食品制造业	11	饮料制造业
15	酒、饮料和精制茶制造业	12	烟草制品的制造
16	烟草制品业	13	纺织业
17	纺织业	14	服装制造业
18	纺织服装、服饰业	15	皮革、毛皮、羽毛及相关产品制造
19	皮革、毛皮、羽毛及其制品和制鞋业	16	木材加工及其制品（家具除外）
20	木材加工和木、竹、藤、棕、草制品业	17	纸张及纸制品制造
21	家具制造业	18	印刷及记录媒介复制业
22	造纸和纸制品业	19	石油加工及炼焦业
23	印刷和记录媒介复制业	20	化学原料及化学制品业
24	文教、工美、体育和娱乐用品制造业	21	基本药品与医药制品业
25	石油加工、炼焦和核燃料加工业	22	橡胶与塑料制品业
26	化学原料和化学制品制造业	23	其他非金属制品业
27	医药制造业	24	基本金属制品业
28	化学纤维制造业	25	金属制品除机械设备
29	橡胶和塑料制品业	26	电脑、电子及光学制品业
30	非金属矿物制品业	27	电器设备制造业
31	黑色金属冶炼和压延加工业	28	机械设备制造业
32	有色金属冶炼和压延加工业	29	汽车、挂车和半挂车制造业
33	金属制品业	30	其他运输工具制造业
34	通用设备制造业	31	家具制造业
35	专用设备制造业	32	其他制造业
36	汽车制造业	33	机器设备的维修安装业
37	铁路、船舶、航空航天和其他运输设备		
38	电气机械和器材制造业		
39	计算机、通信和其他电子设备制造业		
40	仪器仪表制造业		
41	其他制造业		
42	废弃资源综合利用业		
43	金属制品、机械和设备修理业		

资料来源：GB/T 4754—2011 和 ISIC Rev.4。

由于国民经济行业分类和国际标准产业分类存在差异，制造业的国际比较难度较大。鉴于本书对制造业相关问题的研究需要建立在国际比较之上，因此制造业的分类采用了2012年世界投入产出数据库（WIOD）的分类方式，其分类基础是《国际标准产业分类》(Rev.4)。（见表2-3）

表2-3 世界投入产出数据库（WIOD）制造业分类（2012年）

序列	大类
15t16	食品饮料制造及烟草加工业
17t18	纺织业
19	服装皮革及鞋类制品业
20	木材制品业
21t22	纸浆、纸张、纸制品、印刷及出版
23	石油加工、炼焦及核燃料加工业
24	化学工业
25	橡胶与塑料制品业
26	其他非金属矿物制品业
27t28	金属制品业
29	机械设备制造业
30t33	电气机械及光学器材制造业
34t35	交通运输设备制造业
36t37	其他制造业及可再生品

资料来源：Marcel Timmer, "The World Input-Output Database (WIOD): Contents, Sources and Methods", http://www.wiod.org2012。

（二）制造业结构变动

"结构"一词最早出现于自然科学研究中，如物质结构，即指物质的构成和物质构成元素间的联结方式及其相互作用。在经济研究中，"产业结构"这个概念始用于20世纪40年代（伍华佳、苏东水，2007）。产业发展形态理论将产业结构定义为分布在国民经济各产业中的经济资源之间相互联系、相互依存、相互提升资源配置效率的运动关系；产业联系理论则将产业结构定义为产业间技术经济的数量比例关系，即产业间的"投入"与"产出"的数量比例关系。这两种理论都认为，产业结构与需求、产出及经济增长之间均存在密切关系。合理的产业结构使资源在国民经济各部门中得到优化配置，使投入与产出比达到合理水平（孙杰、余剑，2007）。《现代经济词典》将产业结构定义为：社会再生产过程中形成的各产业之间、各部门之间、各行业之间以及产业部门内部各企业之间的相互联系、相互制约的结构关系和比例关系（周达，2008）。产业结构变动源于经济结构演变的历史分析，钱纳里、库兹涅茨等学者的统计研究发现从历史进程来看，按三次产业结构比重划分，各国产业比重按顺序大致经历了由"一、二、三"到"二、三、一"再到"三、二、一"的转变，依次经历了农业化、工业化、信息化（后工业化）三个阶段。

按照三次产业分类法，制造业属于工业，归入第二产业，制造业结构可以概括为制造业"投入"与"产出"的数量比例关系。从大多数国家制造业的发展轨迹来看，制造业结构变动表现为三大层次：第一层次发生在各产业部类之间，由于要素禀赋内生或外生变化使制造业在劳动密集型和资本、技术密集型产业之间动态变化；第二层次发生在产业部类内部，由于要素密集度的变化使得产品从低附加值向高附加值变动的过程。20世纪90年代以来随着各国经济不断融入世界经济一体化，国际分工的发展促使各国制造业在与国外制造业的开放互动中得到深化。制造业结构变动发展到了第三层次，由于国际分工进入到产品生产环节，引发了通过垂直型分工和水平型分工使制造业结构变动突破了有形的产品边界，深入产品生产不同工序。本书的研究主要围绕制造业结构变动的第三层次，即国际分工进入产品内部微观层面展开分析，围绕制造业这一参与国际分工最广泛和最充分的部分，研究其整体及其内部细分产业的结构变动。

二 制造业结构变动的理论基础

（一）国际分工理论

历史经验表明，一国产业结构的变动过程都是由相对封闭走向开放的，制造业的结构变动也不例外。科技进步和国际分工的逐步深入是导致开放条件下制造业结构变动的根本动因。科技进步极大地提高了社会生产力，当社会生产力发展到一定程度时需要向外寻求市场、资源，汪斌（2004）将之称为社会生产力发展的内在扩张力，这种扩张力促进了分工的不断深化，当分工发展突破了国界便形成了国际分工体系。国际分工体系的形成和发展推动了各国产业间的相互联系，产业结构的变动不再是孤立的，而是相互联系、相互依存又相互影响的动态变化过程。

国际分工理论从斯密的绝对优势理论、李嘉图的比较优势理论、要素禀赋理论到产业内贸易理论再到产品内贸易理论经历了长期的理论演进过程，但从根本上来说离不开国际间因比较优势的不同而引发的分工和交换。斯密在1776年的《国富论》一书中提出绝对优势理论。各国按照绝对成本的高低进行成本分工，就必然使各国的生产要素从低效率产业流入高效率产业，从而使资源合理配置和产业结构优化。大卫·李嘉图于1817年出版的《政治经济学及其赋税原理》一书中将斯密的绝对优势发展为比较优势。要素禀赋理论进一步研究了比较优势的来源为生产要素禀赋差异。因此各国应从事自己拥有生产优势的那些商品生产，通过自由贸易重新分配各国生产要素，以实现国际商品价格的均等化。此理论是对比较成本学说的完整化。

产业内分工理论将比较优势的来源从产业间转移到产业内，该理论认为同一产业部门的产品可以区分为同质产品和异质产品两种类型。同质产品也称相同产品，是指那些价格、品质、效用都相同的产品，产品之间可以完全相互替代，即商品需求的交叉弹性极高，消费者对这类产品的消费偏好完全一样。这类产品在一般情况下属于产业间贸易的对象，但由于市场区位不同，市场时间不同等原因，也在相同产业中进行分工和交换。异质产品也称差异产品，是指企业生产的产品具有区别于其他同类产品的主观上或客观上的特点，该种产品间不能完全替代（尚可替代），要素投入具有相似性，大多数产业内贸易的产品都属于这类产品。产品差异性和规模经济是产业内分工形成的动因。

产品内分工理论将同一产品的生产过程加以分解，以不同生产环节的比较优势为依据进行国际间的中间产品交换，实现产业结构的重塑。该理论是垂直一体化生产过程的跨国分割，依靠大规模的中间产品贸易来实现生产要素的最优配置。国际分工从产品层面深入到工序层面，从传统比较优势理论的角度分析，这意味着比较优势范围的扩展。一方面，即使一国在某些产品的生产中不具有优势，但只要在这些产品的特定生产阶段上具有优势，就可以参与国际分工和贸易；另一方面，在一国具有优势的产品上，国际生产分割带来的分工程度的加深也有利于生产成本的节约和资源的优化配置，这对于生产效率的提高，从而对竞争力的提升是有利的。从新贸易理论的角度看，国际垂直专业化有利于实现规模经济效应，这同样可以节约生产成本、提高生产效率，因此可以促进参与分工行业的竞争力提升。第一，从内部规模经济的层面看，如果特定产品不同生产阶段对应的有效规模不同，在生产过程为一个整体不存在空间分离的情况下，生产企业只能依据某个关键阶段的有效规模安排整体生产的规模，其他生产阶段就无法达到最佳规模。而通过垂直专业化分工，将有效规模不同的生产阶段加以分离，安排到不同的空间场合进行生产，有利于在各生产环节充分实现规模经济效应，从而有利于成本最小化。第二，从外部规模经济的层面看，国际垂直专业化会导致新的集聚现象。不同行业、不同产品的生产可能存在某些类似的环节，产品内分工会鼓励这些跨行业的类似生产环节的集聚，这将产生技术外溢等积极效果。第三，从动态规模经济的层面看，产品内分工可以产生"干中学"效应。

国际分工对制造业结构变动的影响可以从需求刺激作用、关联作用、效率增进作用和替代作用四个方面来解释。首先，通过传统国际贸易形式，国际分工增加了对本国比较优势产业的产品需求，需求刺激引发了产品的规模化生产和出口，提高了产业在国民经济中的比重；其次，比较优势产业通过向前向后的关联作用带动了本国国内具有潜在比较优势产业的进一步发展，同时一国产业结构作为一个开放的系统，在与其他国家产业结构的互动影响中成长运行，通过中间产品的供给与需求产生相互之间复杂交织的关联网络，带来"全球化红利"，从而对各国的福利改善都有积极意义；再次，国际分工按照资源配置的效率将大量劳动密集型、低附加值的业务配置到发展中国家，将创新活动和高附加值的业务环节配置到发达国家，在充分利用发展中国家相对低成本的资源优势的同时降低发达国家运营成本、改善经营绩效，从全球整体来看有利于产品生产的效率增进和产业绩效的最大化；最后，国际分工的进一步深入一方面导致了一国国内具有比较优势的产业占据了国内较多的资源，挤占了其他产业发展所需的资源供给；另一方面分工深化引发的产业转移导致发达国家劳工阶层的就业岗位被发展中国家的工人所替代，同时发展中国家也因此被长期锁定在价值链的低端。综上所述，国际分工对一国产业结构变动的动态影响取决于四个作用的综合：需求刺激作用、关联作用、效率增进作用和替代作用孰大孰小，以及需求刺激作用、关联作用、效率增进作用相比于替代作用孰强孰弱。[①]

(二) 价值链升级理论

如上所述，国际分工的深入伴随着价值链的变动和产业转移。价值链的升级和国际产业转移的推进进一步促进了制造业的产业结构调整。价值链升级理论在产业中的应用形成于迈克尔·波特的分析。波特意识到企业的价值链不仅包括企业内部的价值链，而且还存在更大的"价值系统"

[①] 从动态角度来考察产业结构变动对国际分工也会产生反向作用，比如一国某产业从不具备比较优势或具有潜在比较优势发展为具有比较优势产业，或者从产品生产价值链低端移向价值链高端，都会引起该国在国际分工中的地位变化和角色变化，由于这部分内容不作为本书的主要研究内容，因此不展开论述。

(Value System),这个价值系统包括企业之外的供应商价值链、销售渠道价值链和客户价值链等,进而形成了产业价值链。

基于产业间的分工,产业价值链上的企业集中优势创造最优的产品或服务,各个企业价值链越来越完善。再通过各个链环的协作,这些独具优势的企业价值链被捆绑于产业链上,形成独具优势的产业价值链。此时产业价值链可以分为纵向价值链整合与横向价值链整合:(1)产业价值链的纵向整合,或关联性整合。具体是指产业价值链上的从事不同价值创造的企业实行资源与信息共享,相互影响、相互依存、相互依赖,致使产业价值链中各价值创造环节上每一个企业的个体运作效率对整体产业链条运作的效率的影响越来越大,进而促进了企业自身及其企业间的协调发展,创造了产业的整合效应,形成长期稳定的拥有有效合作机制、高效创造价值的纵向战略联盟。(2)产业价值链的横向整合,也可称为规模性整合。具体是指位于产业价值链的某一链环上的从事同一价值创造活动的企业进行合作性竞争,实现单个企业获得规模经济、成本降低、提高生产效率等效应。这种产业价值链整合后的集体行动在提升产业价值链的各个链环的生产效率与产品质量的同时带来了产业链更大的价值创造能力,实现了多赢的价值空间。20世纪80年代以来,发达国家越来越多的企业将自己的许多功能环节外包给专业化的市场厂商,构建一个战略联盟、网络生产组织、产业集群等中间组织形态以创造产业价值链的整合效应,获得产业升级。[①]

随着分工扩展到产业内甚至产品内部,价值链升级的内涵也得到了延伸。孙茂竹(2002)将价值链划分成纵向价值链、横向价值链以及企业内部的价值链三类。除了纵向与横向价值链以外,其强调企业内部价值链由企业的基本职能、企业的人力资源管理活动、企业的生产经营活动构成。目前,学界对产品内价值链的阐述主要基于垂直方向上的产业内分工展开。孙文远(2006)将产品内价值链的形成归结为特殊的经济国际化过程或展开结构,其核心内涵是特定产品生产过程不同工序或区段通过空间分散化展开成跨区或跨国性的生产链条或体系,因而有越来越多的国家参与特定产品生产过程的不同环节或区段的生产或供应活动。产品内价值

---

① 韩红丽、刘晓君、李玲燕:《基于产业价值链的产业升级机制解剖》,《技术经济与管理研究》2012年第2期。

链分工呈现出若干新特征：一是产品内价值链分工使得国际劳动分工呈现出不平衡发展趋势。二是生产过程的各个阶段和功能分散于各国（地）以充分利用各国（地）的比较优势。三是跨国公司成为产品内价值链分工的主导力量。四是对参与产品内价值链分工的特定产品来说，产品内价值链分工的深度，可以由相对收益和成本的比较来决定。五是贸易自由化和多边贸易体制的建立是产品内价值链分工的制度保证。从产品内价值链分工的角度来研究产业升级，强调的是全球产品内分工价值链之中的企业或尚未嵌入的企业通过嵌入价值链获取技术进步和市场联系，从而提高竞争力，进入增加值更高的活动中。升级过程可能连接在同一链条之中或不同链条之间。

（三）国际产业转移理论

国际产业转移是影响一国产业结构的变动产生的重要因素之一，其理论的创造性贡献主要来自日本经济学家赤松要（1937；1957；1965）、筱原三代平（1955）、小岛清（1973）等学者提出并发展的"雁行模式"（Flying Geese Paradigm）。"雁行模式"从比较优势角度分析了日本产业结构发展模式以及国际产业转移如何在东亚各国中实现。"二战"后，率先实现工业化的日本依次把成熟了的或者具有潜在比较劣势的产业转移到"亚洲四小龙"，后者又将其成熟的产业依次转移到东盟诸国（泰国、马来西亚、菲律宾、印度尼西亚等），20世纪80年代初，中国东部沿海地区也开始参与东亚国际分工体系，这样就形成了一幅以日本为"领头雁"的东亚经济发展的雁行图景，在它们之间形成了技术密集与高附加值产业—资本技术密集产业—劳动密集型产业的阶梯式产业分工体系。[①]

图2-1表示移出国或地区与移入国或地区之间的产业发展差异情况下产业转移情况。横轴表示产业由低附加值到高附加值的排序，纵轴表示比较优势。从图2-1左图中我们可以看到移出国或地区处于较高的产业发展阶段，在高附加值产业上的比较优势较强，移入国或地区处于较低的产业发展阶段，在低附加值产业上的比较优势较强。两个国家或地区之间的产业级差较小，因此两条曲线重合的部分较大，即图2-1左图中的AB区间。在AB区间范围内的产业就是移出国或地区丧失或即将丧失比较优势的产业，同时是移入国或地区拥有或即将拥有比较优势的产业。因此

---

① ［日］小岛清著：《对外贸易论》，周宝廉译，南开大学出版社1987年版。

AB区间就是产业转移区间，其长度表示产业在两个国家或地区转移的可能性的大小。图2-1右图表示的是移出国或地区与移入国或地区之间的产业发展差异较大的情况下产业转移可能性的情况。图形的结构和左图相同，对比左图和右图可以看到在产业级差较大的情况下，AB区间的长度小于产业级差较小的情况，表明产业在两个国家和地区之间转移的可能性较小。①

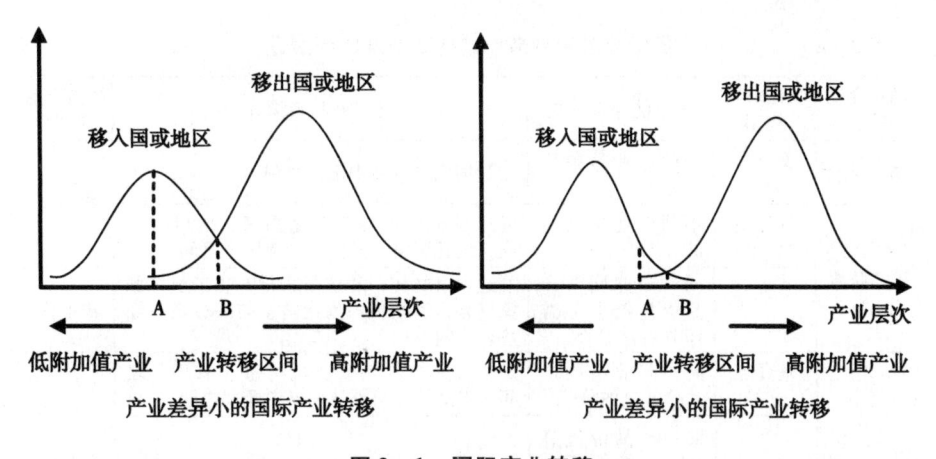

图2-1 国际产业转移

三 制造业结构变动的层次

制造业较早融入了国际分工体系，其结构变动也极大地受到国际分工体系变化的影响。按照国际分工体系变化为主线，我们把制造业结构变动划分为三个阶段，分别为第一次工业革命到"二战"前的垂直型分工下的产业间层次；"二战"后到20世纪八九十年代的垂直型分工下的产业间层次和水平型分工下的产业内层次；以及20世纪八九十年代至今垂直型分工和水平型分工下的产品内层次。总体来看，制造业结构变动经历了从第一阶段到第二阶段再到第三阶段的过程，在此过程中国际分工呈现出由垂直型分工到垂直型分工和水平型分工不断升级的演进轨迹，要素禀赋差异、专业化和交易效率成为引发国际分工机制演进的主要因素，最终形成了制造业结构的变动层次从产业间深入产业内进而细化到产品内。

（一）垂直型分工下的产业间层次

制造业结构变动的第一阶段主要发生在第一次工业革命到"二战"

---

① ［日］小岛清著：《对外贸易论》，周宝廉译，南开大学出版社1987年版。

以前，具体表现为发达国家和发展中国家之间分别生产工业制成品和初级产品并进行交换而形成的垂直型分工，其分工基础是建立在劳动生产率差异基础上国与国之间的绝对优势和比较优势，此时产业结构的变动主要表现为产业间层次的结构变动，包括三次产业之间的变动以及各产业不同技术水平和附加值之间的变动。（见表 2-4）

表 2-4　　　　国际分工和制造业结构变动层次的演进

结构变动阶段	国际分工类型	价值链分工方式	分工参与者构成	结构变动层次
第一阶段	垂直型分工	不同产业价值链的分工	发达国家与发展中国家之间	产业间
第二阶段	垂直型分工	不同产业价值链的分工	发达国家与新兴工业化国家（地区）之间，发达国家与部分发展中国家之间	
	水平型分工	同一产业同一产品价值链上下游环节的分工	发达国家之间，发达国家与新兴工业化国家（地区）之间，发达国家与部分新兴经济体之间	产业内
第三阶段	垂直型分工	同一产业不同产品价值链的分工	发达国家与新兴工业化国家（地区）之间，发达国家与部分发展中国家之间	产品内
	水平型分工	同一产品价值链某一环节在同一产业不同产品或不同产业不同产品的分工	发达国家与新兴工业化国家（地区）之间，发达国家与部分发展中国家之间	

资料来源：笔者整理。

虽然第一次工业革命之前一些殖民国家比如西班牙、葡萄牙、荷兰等，通过对外扩张建立殖民地并利用殖民地的自然条件为本国的制造业（主要为纺织业）提供原材料从而形成了初步的分工，但比较切实的垂直型分工还是出现在第一次工业革命之后工业和农业间的国际分工。1750年第一次工业革命在英国爆发，首先变革的工业部门为纺织业，而后其他主要的工业部门也纷纷从手工业生产过渡到机器大生产。随着蒸汽机的推广和应用，现代工厂制度迅速建立，生产规模和产品供给能力大大提高。为了寻找资源和市场，以英国为代表的发达国家开始在世界范围内建立原料供应基地和产品销售市场。大量制造业的制成品被销往海外的同时这些发达国家的农业发展相对滞缓，粮食、肉类和农业原料越来越依靠进口，1870年，英国约有 1/2 的小麦和羊毛依靠进口。

随着第一次工业革命的影响从英国逐渐扩大到其他发达国家，德国和美国的工业生产快速发展，其产值分别在 1800 年和 1880 年超过英国。

"一战"消耗了英国大量的国力,商船损失70%,航运业遭受重创,导致贸易量下降,出口减少一半,逆差剧增,青壮年劳动力离开生产岗位参战导致生产能力急剧下降,最终使英国从战前的债权国沦为了战后的债务国。而美国却借助供应商的身份大力发展工业,世界第一工业强国的地位得到确立。以电力的广泛应用、内燃机和新交通工具的创制、新通信手段的发明和化学工业的建立四大表现形式为特色的第二次产业革命的发生进一步促进了美国和法国、德国等发达国家石油、汽车、电力和电气工业的快速发展,国际分工体系仍然表现为垂直型分工,制造业结构变动层次位于产业间,主要发生以美国为代表的一组发达国家与亚、非、拉美国家之间工业产品生产国与初级产品生产国间分工。

对于上述垂直型分工体系下产业间的结构变动层次的解释早在1776年亚当·斯密的《国富论》中即已存在。斯密认为,国际分工的前提是每一个国家都有其适宜生产某些特定产品的绝对有利的生产条件,生产这些产品的成本会绝对地低于他国,一国只要专门化生产本国成本绝对低于他国的产品,用以交换本国生产成本绝对高于他国的产品,就能使交换的两国福利都得到提高。《国富论》中提到"如果外国能以比我们自己制造还便宜的商品供应我们,我们最好就用我们有利地使自己的产业生产出来的物品的一部分来向他们购买,总是比自己制造有利"。[①] 通过比较利益机制的实现,斯密解释了外部因素(国际贸易)如何影响一国产业结构的变动。李嘉图(1817)发展的斯密的理论,在《政治经济学及赋税原理》一书中提出一国在各个产品的生产上都存在有利或不利的条件,只需要遵循"两优取其重,两劣取其轻",即优势国家出口优势相对更大的产品,进口优势相对较小的产品;劣势国家生产并出口劣势较小的商品,进口相对劣势更大的商品,仍然可以分工进行专门化生产并交换,交换两国福利提高。之后赫克谢尔—俄林(1933)在《地区间贸易和国际贸易》中分析了比较成本差异的来源——各国生产要素禀赋比率的差异,认为各国的分工和专业化生产应以要素禀赋的差异为依据。在各国生产要素存量一定的情况下,一国将生产和出口较密集地使用其较丰裕的生产要素的产

---

① 杨燕青:《从产业经济学角度看国际贸易理论的发展》,《世界经济文汇》1995年第5期。转引自《国民财富的性质和原因的研究》,商务印书馆1979年版。

品，进口较密集使用其稀缺的生产要素的产品。①

（二）垂直型和水平型分工下的产业间和产业内层次

当产业间垂直型分工不能解释全部的国际交换现象，尤其是规模经济和消费者偏好使收入水平相近的国家和地区之间的产品交换普遍存在时，国际分工进入第二个阶段，产业结构变动的层次也由产业间发展到了产业内。第二阶段主要发生在"二战"后到20世纪八九十年代，具体表现为发达国家与新兴工业化国家（地区）之间、发达国家与部分发展中国家之间的垂直型分工和发达国家之间、发达国家与新兴工业化国家（地区）之间、发达国家与部分新兴经济体之间的水平型分工。分工基础为比较优势和规模经济。此时产业结构的变动主要表现为产业间层次和产业内层次的结构变动。（见表2-4）

"二战"后，以现代工艺、技术为基础的工业国之间不同工业部门之间的国际分工在国际分工格局中居于主导地位。这种国际分工体系在第三次产业革命的浪潮中形成并发展，第三次产业革命促成了一系列社会新兴产业部门的诞生和快速发展，与此同时，原来的生产部门逐步划分为更多、更细的部门，社会分工愈加专业化、精细化。② 此时处于世界制造业中心地位的依然是美国，钢铁、电机、机电产品等资本密集型产业成为工业发展支柱。第三次科技革命的浪潮进一步把美国产业结构推向新的高级化阶段，以信息产业为代表的高技术部门崛起。1960—1980年，美国工业产值中高技术工业产值的份额从27%增长到38%，非高技术工业产值所占比重从73%下降为62%。20年来，高技术工业的比重上升了40%，资本密集型和资源密集型工业分别下降了16%和18%。③

1951年"里昂惕夫悖论"④ 的提出让学者们关注到了发达国家之间或相近技术水平国家之间存在生产分工，按照产业间的垂直型分工无法对其作出解释，克鲁格曼（1979；1980；1991）等学者提出不完全竞争、规模报酬递增和产品差异化等因素影响国际分工变化，进而形成了"里昂惕

---

① 佟家栋等：《国际经济学》，南开大学出版社2003年版，第39页。
② 张会清：《新国际分工、全球生产网络与中国制造业发展》，博士学位论文，华东师范大学，2009年，第19页。
③ 纪昀：《近年来美国贸易和产业政策的新发展及启示》，《国外社会科学情况》1998年第6期。
④ 内容详见本章第二节典型国家经验中的美国制造业。

夫悖论"现象。规模经济和多样化商品的消费需求促使越来越多的生产领域突破以国内市场为界限的生产，形成了发达国家之间在相同或相近技术水平国家之间的产业内水平型分工。在《规模报酬，垄断竞争和国际贸易》一书中，克鲁格曼认为虽然消费者对多样性产品的偏好要求产品种类越多越好，但厂商层面规模经济的存在使每个厂商只会选择生产多样性产品中的一种，最终市场上可以消费的多样性产品的数目由规模经济和市场规模的相互作用决定。贸易的作用与劳动力增长和地区集聚的作用相似，从封闭经济到开放经济，本国产品与外国产品组合起来的市场不仅能够增加均衡产量，而且能够增加可消费产品的多样性种类，从而改进每个国家的福利。①

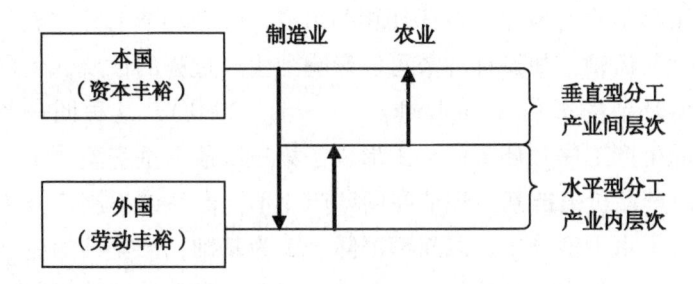

图 2-2 国际分工与产业结构变动层次（第二阶段）

如图 2-2 所示，产业间的垂直型分工建立在国家间要素禀赋差异产生的比较优势之上，而产业内的水平型分工则是以产品的差异性和规模经济为基础。国家间要素禀赋差异越大，产业间的分工可能性就越大，国家间要素禀赋越相似，经济规模越接近，产业内分工的机会就越大。

（三）垂直型和水平型分工下的产品内层次

制造业结构变动的第三阶段主要发生在 20 世纪八九十年代至今，具体表现为发达国家与新兴工业化国家（地区）之间、发达国家与部分发展中国家之间的垂直型分工和发达国家与新兴工业化国家（地区）之间，发达国家与部分发展中国家之间的水平型分工。此时产业结构的变动主要表现为产品内层次的结构变动。（见表 2-4）

20 世纪末，国际分工的技术条件和制度环境发生了重大变化。在科

---

① 马征：《从产业间贸易到产业内贸易：演进机制分析与中国实证研究》，博士学位论文，浙江大学，2007 年。

技革命和经济全球化的共同作用下,跨国公司通过直接投资和业务发包实现全球布点,将非核心业务从企业内剥离转移到其他国家(主要是发展中国家),形成了发展中国家制成品生产和出口的大幅提高。世界范围内制造价值链向产业的上游和下游加速延展,国际分工覆盖产品的整个生命周期,辐射到越来越多的国家和地区。同时,在网络技术应用和要素跨国流动的支撑下,价值链各个环节的可分解性、中间品的贸易性以及要素配置的分散程度日趋提高,全球价值链逐步形成,并不断细分裂解。在全球价值链深度分解的过程中,来自不同国家(地区)、掌握不同专业知识的企业和机构加入产业链条中,使全球价值链变粗变长,价值链的增值环节增多(金碚等,2013)。在趋于片段化、分散化的全球价值链上,整个价值创造过程由众多价值附加片段环环相扣组成,每个环节上分布着一系列具有双向属性的活动。如设计环节可以影响到生产过程的性质,但同时也受到其他下游环节的影响(Kaplinsky & Morris, 2001)。这种同一产品内不同附加值的生产工序和环节的分工形成了第三阶段的垂直型分工。

而同一产品价值链某一环节在同一产业不同产品或不同产业不同产品的分工形成了水平型分工,以新型国际分工为基础,产业结构变动的层次进一步深入到产品内。虽然目前产业间、产业内和产品内的国际分工及产业结构变动同时存在,但无论是产品内的垂直型分工还是水平型分工都打破了产业或产品这一有形的界限,使开放经济条件下制造业结构变动深入到了微观层面。

另外,随着收入的增加,各国间及各国内部的经济活动会变得更多样化而非专业化,这一规律会持续到收入提高到一个相当的水平,从而形成一个倒"U"形分布[①],根据 Imbs 和 Wacziarg (2003) 的测算,人均 GDP 水平在 5381.30 美元和 7700.60 美元之间是一国产业多样化生产最显著的时期。Klinger 和 Lederman (2004) 的研究也发现了同样的倒"U"形分布规律。Imbs 和 Wacziarg (2003) 的研究进一步发现,在制造业内部,也存在显著的倒"U"形分布规律。Hausmann 和 Klinger (2006;2007) 在研究一国如何从具有比较优势产品的生产和出口扩大到其他产品中进而形成比较优势产业分布的过程中提出了产品空间距离理论,并加以验证。Hausmann 和 Klinger (2006) 受到 Jovanovic 和 Nyarko (1996) "干中学"

---

① Imbs 和 Wacziarg (2003) 通过跨时期跨部门的多国间以及各国内的研究得出类似结论。

思想的启发,将"干中学"应用到了微观层面,提出产品空间距离理论,用以解释相同要素或能力得以在相同或不同产业的不同产品中迁移的原因,并作出了经验分析。他们认为,一国某产业比较优势的改变更容易发生在具有相关性产品空间内。这种相关性空间是异质的,可以分布在不同的产业之间,只有极小部分是与要素密集度和技术复杂度有关。之后 Vitolad and Davidsons(2008)、Hidalgo(2009)、Felipe(2010)等学者也进行了分析实证检验。

第二节　典型国家经验

本书选择美国和日本这两个典型国家,从历史发展的角度总结归纳美国制造业和日本制造业的结构变动,并以国际分工的视角来分析两个国家各个阶段的制造业结构变动的规律。

一　美国制造业结构变动的历程

按照时间主线,我们大致将美国制造业的发展进程划分为前工业化阶段、工业化阶段、后工业化阶段[①]以及再工业化阶段四个阶段,并以此为基础分析国际分工和制造业结构变动层次。

（一）前工业化阶段（1815—1880 年）

自 18 世纪 60 年代开始的英国工业革命不仅使英国成为世界上第一个工业国家,也将大机器生产替代传统工场手工业生产的制造业生产模式传递到了美国,开启了美国制造业飞速发展的大门。1815—1850 年,以棉纺织业为代表的美国轻工业出现了大发展,1843—1870 年,以铁路修建为代表的美国重工业迅速崛起(又被称为北方工业起飞)。在轻、重工业的共同发展下,1860 年美国工业产值占世界工业的份额达到 7.2%,排名世界第五。20 年后也就是 1880 年,美国工业产值比 1860 年翻了一番多,工业产值占世界工业份额排名上升至第二位。（见表 2-5）

---

① 美国社会学家 Daniel Bell（1973）在《后工业社会的来临》一书中分析了美国 20 世纪中期以来制造业增加值和就业结构变化,进而将经济发展定义为三个阶段,即前工业化社会、工业化社会和后工业化社会三个阶段,并认为美国是最早进入后工业化社会的国家。

表2-5　1860年、1880年、1900年、1913年美国有关经济指标在世界上的排名

指标	1860年	排名	1880年	排名	1900年	排名	1913年	排名
占世界工业的份额（%）	7.2	5	14.7	2	23.6	1	32	1
人均工业水平	21	2	38	2	69	2	126	1
相对工业总潜力	—	—	46.9	2	127	1	298.1	1
钢铁产量（百万吨）	—	—	9.3	1	10.3	1	31.8	1
能源消耗（百万吨）	—	—	147	1	248	1	541	1
人均国民收入（美元）	—	—	—	—	319	—	354	—
总人口（万人）	—	—	6260	—	7590	—	9730	—

注：人均工业化水平和相对工业总潜力，是以1900年英国为100计算的；1880年是用1890年的统计，1890年是铁的数字。1913年城市人口是用1920年的数字，城市人口是指居民在8000人以上的城市。转引自国务院发展研究中心2003年9月17日调查研究报告《美国工业化特点及其对我国的借鉴意义》。转引自张毅等编著《中国农村工业化与国家工业化》，中国农业出版社2002年版，第29页。

（二）工业化阶段（1880—1950年）

美国抓住了19世纪70年代以电力应用、内燃机和新交通工具的创新等为代表的第二次工业革命的机遇，将各种新技术、新发明迅速广泛地运用于工业生产，大大促进了美国经济的发展。通过建立电力工业技术体系，美国建立和完善了钢铁、化工和电力三大产业，并利用和发挥石油开采技术优势，发展了化纤、塑料和橡胶等石化工业。在电力和石油工业的促进下，同时利用第一次世界大战期间充当"供应商"的身份，美国大力发展内燃机技术及以内燃机为基础的汽车工业，1927年美国汽车总产量已占世界的80%。内燃机、电机的应用和汽车工业的发展，改变了原有的工业体系，对钢铁和各种原材料的质量和规格提出了新的要求，从而推动了冶金工业的新发展和燃料化工、高分子合成等新型工业的勃兴（徐玮，1989）。1900年美国工业除了人均工业水平排在世界第二以外，其余相关经济指标均位列世界第一，到了1913年所有指标均为世界第一（见表2-5），其中工业产值相当于英、德、日、法四国的总和，约占世界的1/3。

（三）后工业化阶段（1950—2009年）

第二次世界大战的爆发以及发端于20世纪50年代的第三次科技革命引领了美国经济进入后工业化阶段。[1] 其制造业内部细分产业的增长出现

---

[1] 关于美国后工业化阶段开始的时间学界仍有争论，本书沿用汪斌和韩菁（2002）的观点，到20世纪50年代美国已经完成工业化，开始向工业化后期阶段发展。

了一定的差异，增长最快的是橡胶业。由于"二战"时期日本对阻断了美国近90%的天然橡胶进口，对战争进程和民众生活带来困难，美国迅速发起研制合成橡胶技术，并在1942—1943年短短一年间完成了合成橡胶工业的基础体系，被视为制造业的奇迹，1954—1977年，橡胶塑料工业生产增长了5.87倍，1958—1972年雇佣人数增长了77.6%。除此之外，化学业、电机业、机械制造业等产业也获得了较大增长，产量分别增长了4.3倍、3倍和2.14倍，雇佣人数分别增加了19.7%、48.1%和35.6%。"二战"以后，包括钢铁、机电等资本和技术密集型的制造业成为美国工业发展的支柱，而轻工业部门和食品、纺织和木材等劳动密集型产业增长缓慢。表2-6显示了美国工业化阶段和后工业化阶段制造业内部的主导产业的变化。

表2-6 美国工业化阶段和后工业化阶段制造业内部的主导产业的变化

制造业	年份	1884—1950	1950年之后
耐用品	原木及木制品		
	家具		
	石头、水泥和玻璃	√	
	初级金属	√	
	经过加工的金属品	√	
	工业机器及设备	√	√
	电子产品及设备	√	√
	汽车及其设备	√	
	其他运输设备		√
	仪器、仪表		
	其他		
非耐用品	食品	√	
	烟草	√	
	纺织原料		
	服装		
	造纸	√	
	印刷业和出版业		
	化工	√	√
	石油及煤炭		
	橡胶及塑料		√
	皮制品		

资料来源：孙林岩：《全球视角下的中国制造业发展》，清华大学出版社2008年版，第39—40页。

除"二战"以外，以电子计算机、原子能、空间技术和生物工程的发明和应用为标志的第三次科技革命在美国兴起，开启了美国制造业发展新篇章，20世纪70年代后由于微电子技术的出现、发展和广泛应用，美国制造业以信息产业为突破口带动了全行业的结构性调整，被称为第四次科技革命或新科技革命。如表2-7所示，1978—1982年，信息产业的研发费用增幅达到111%，销售额增幅为66%，利润和就业人数增幅也达到37%和11.8%，均超过了制造业相关指标的增幅。

表2-7　美国制造业和信息产业相关指标变化情况（1978—1982年）

		1978年	1979年	1980年	1981年	1982年	增幅(%)
销售额 （亿美元）	制造业	10852	12777	14215	15865	15203	40
	信息产业	1318	1497	1744	1939	2188	66
利润 （亿美元）	制造业	595	725	734	817	633	6.4
	信息产业	127	138	154	160	174	37
就业人数 （万人）	制造业	1513	1554	1549	1504	1395	-7.8
	信息产业	285	309	322	325	330	11.8
研发费用 （亿美元）	制造业	206	246	289	332	371	81
	信息产业	49	58	72	85	104	111

注：制造业包括31个部门中最主要的776家企业；信息产业包括制造业中的电子器件、信息处理设备（电子计算机和办公设备，以及与其相关的外围设备和服务）、半导体和通信设备。

资料来源：王晓坤：《信息技术革命背景之下的美国制造业变革（1980—2000）》，硕士学位论文，苏州大学，2009年。转引自美国国会技术评价局（1985）.The Research and Development of Information Technology, Washington. D. C., 1985：317。

从1980—2009年美国制造业整体来看，表2-8显示美国制造业就业人数从2029万人降至1185万人，但制造业增加值却从5840亿美元增加到15850亿美元，制造业增加值占世界制造业增加值的比重从20.83%下降至2009年的18.41%，降幅并不大。2008年以前，美国制造业增加值一直稳居世界第一，2008年以后才被中国赶超，位居世界第二，但从综合素质来看，美国作为世界制造业发展领导者的地位并没有改变。[①] 同时，从20世

[①] 金培等（2013）指出2008年以后虽然美国居于世界制造业增加值的第二位，但美国拥有世界最高技能的劳动力和最先进的装备，是世界上制造业最发达的国家和先进制造业发展最快的国家，一百多年来美国一直是世界制造业发展的引擎，制造业依然是美国经济增长的主要动力和国家竞争力的重要基础，制造业作为美国立国的经济基础的地位也没有发生根本改变。

纪80年代末期开始，出口和外商直接投资对于美国制造业的重要性不断增强，1977年美国出口部门就业仅占制造业就业的10.2%，1990年达到17.1%，而2000年已经超过了20%，达到了345万人。外国对美国的直接投资总额从1990年的4037亿美元迅速增长到2000年的1.2万亿美元和2003年的1.38万亿美元，尤其是1995—2000年外国直接投资总量净增了117%，对美国制造业的增长起到了巨大推动作用。[①]

表2-8　　美国制造业相关指标变动情况（1980—2009年）

指标＼年份	1980	1990	2000	2005	2006	2007	2008	2009
GDP（10亿美元）	2769	5755	9952	12638	13399	14062	14369	14119
制造业增加值（10亿美元）	584	1041	1416	1568	1652	1699	1648	1585
制造业增加值占GDP比重（%）	21.1	18.1	14.2	12.4	12.3	12.1	11.5	11.2
总就业人数（万人）	9373	10949	13179	13370	13609	13760	13679	13081
制造业就业人数（万人）	2029	1770	1726	1423	1416	1388	1341	1185
制造业就业占总就业比重（%）	21.6	16.2	13.1	10.6	10.4	10.1	9.8	9.1

注：表中的GDP和增加值为现价美元。

资料来源：金焙等：《全球格局变化与中国产业发展》，经济管理出版社2013年版，第95页。转引自《2011年美国统计摘要》。

（四）再工业化阶段（2009年至今）

由于产业间到产业内再到产品内的国际分工的兴起和发展，从生产专业化看，进入后工业化阶段，日本、"亚洲四小龙"以及中国、印度的制造业崛起，国际分工导致美国的发展重心由制造业转向服务业，截至2009年，美国总就业人数为13081万人，制造业就业人数仅为1185万人，仅为9.05%，而这一比重在1980年为21.6%，制造业增加值占本国GDP的比重也从1980年的21.1%下降为2009年的11.2%。学者们把制造业的这种产出和就业比重下降的过程称之为"去工业化"（Deindustrialization）。

虽然一些学者根据比较优势理论"去工业化"是合理的，但更多的学者，包括美国政府都意识到了制造业对美国经济的重要作用，特别是

[①] 庄宗明、孔瑞：《美国制造业变革的特征及其影响》，《世界经济》2006年第3期。

2008年金融危机以来，许多专家认为金融危机的爆发与美国长期奉行的"去工业化"有着密切联系，为了恢复美国经济并重新实现平衡必须通过发展制造业扩大出口，增加就业。在此基础上，学者们提出了与"去工业化"相对应的概念——"再工业化"（Reindustrialization），即重新审视和发展工业尤其是制造业，包括改造提升现有工业和发展新工业的过程。正如哈佛商学院教授Willy Shih在其著作《生产繁荣：为什么美国需要制造业复苏》一书中指出的，长期来看，制造产品的能力是创新的基础，如果你放弃了制造产品那么你就丢失了很多附加价值。[1] 传统低技术制造业是高技术制造业的基础，许多高技术制造业生产的中间产品是低技术最终产品的零部件，因此，不存在从高技术制造业到以知识为基础的服务业的演进过程，因为两者是互补关系而不是替代关系。[2] 我们以2009年12月美国公布《重振美国制造业框架》作为"再工业化"的标志，除此之外，2010年3月，奥巴马政府宣布"国家出口倡议"，提出2010—2014年出口翻番目标，2010年8月，又提出《2010年制造业促进法案》，2011年6月推出《先进制造业伙伴计划》，并发布了《制造业促进法案》，2012年年初，奥巴马政府正式提出了《美国制造业振兴蓝图》，同时着手制定《2040年制造业规划》。仔细审视这一系列的政策和措施不难发现，美国的"再工业化"不仅仅是制造业的回归，而且是依靠科技创新，注重发挥创新在产业结构调整和培育新经济增长点中的重要作用，大力发展先进制造业。

以国际分工的视角来分析各个阶段的美国制造业结构变动，可以发现：

美国工业化阶段的早期，随着制造业产品的大量产出和英国、欧洲资本的不断涌入，纺织、服装、皮革等美国最古老的传统产业制成品大量出口，更重要的是钢铁、汽车、电器设备等产业依靠战时生产（"一战"）和战时贸易使美国获得极其丰厚的盈利，之后美国出口商品结构继续向工业制成品转移，其工业制成品也从资源密集型转变为技术密集型。到第二次世界大战以前，美国专门进行工业制成品的生产和出口，亚、非、拉等发展中国家专门生产矿物原料、农业原料及某些食品，国际分工的形式体

---

[1] 《经济导报》2013年3月4日，转引自《时代周刊》"美国制造卷土重来"。
[2] 金焙等：《全球格局变化与中国产业发展》，经济管理出版社2013年版，第95页。

现为产业间的垂直型分工。

"二战"期间及之后,国际间的分工更加细化,产业间的垂直型分工除了美国生产工业制成品等资本、技术密集型产品,发展中国家生产纺织品、服装等劳动密集型产品这一形式以外,还形成了发展中国家提供经过初加工的初级产品,美国经过多次加工最后成为制成品,以初级产品与制成品这两类产业的生产过程构成垂直联系,彼此互为市场的形式。

产业内水平型分工的提出主要源于对"里昂惕夫悖论"的解释。1953年著名统计学家里昂惕夫在费城的美国哲学协会上宣读了题为《国内生产与对外贸易:美国资本状况的重新检验》的论文。里昂惕夫发现1947年美国出口品所需的资本比进口替代品少了约16%,之后其根据1951年的材料对1947年的计算结果进行修正,并在1956年提出了第二个研究报告《生产要素比例与美国贸易结构的进一步理论和经验分析》,结果仍发现美国进口替代品所占有的资本高于美国出口品约6%。格鲁贝尔和劳艾德等学者通过大量的理论研究发现,经济发展水平相同或接近的国家间在工业制成品生产上存在国际分工,其依据是产品的异质性和规模经济的存在。同一产业内不同厂商生产的产品虽有相同或相近的技术程度,但其外观设计、内在质量、规格、品种、商标、牌号或价格有所差异,从而产生的国际分工和相互交换,工业部门内部的这种水平型分工造成了"里昂惕夫悖论"的出现。[①]

后工业化阶段的20世纪90年代开始,美国的许多跨国公司与其他发达国家跨国公司一样,为了获取不同国家和地区的比较优势,把生产过程分配到不同的国家和地区,通过海外采购即中间品贸易提高最终产品的竞争力。既然产品生产的不同工序或不同技术含量零部件可以在不同的国家进行分工,那么作为发达国家的美国只要完成技术含量高的工序和附加值高的部件,而低附加值零部件生产或加工装配最后工序可以交由发展中国家承担,由此形成了产品内的垂直专业化分工。

二 日本制造业结构变动的历程

以19世纪末期轻工业起步发展为始,我们可以按照几次重大事件的

[①] 当然,对于"里昂惕夫悖论"的解释还有其他的理论,比如人力资本说、产品周期说、劳动熟练说等,不同的学者有不同的观点。

发生时间将日本制造业变动进行划分，这些重大事件分别为第二次世界大战、第一次石油危机，日元贬值以及亚洲金融危机。

（一）制造业的起步

日本制造业的起步要明显晚于美欧等发达国家，19世纪末期开始轻工业在日本逐步发展起来，纺织业通过引进西方先进技术发展成为主导产业，到1900年纺织业对日本制造业增长的贡献率达到35%。到20世纪早期日本已经成为世界上纺织工业发达的国家，同时，由于扩充军备的需要，钢铁、造船、铁路等重工业迅速发展，到"二战"前，日本制造业发展重心已基本完成了从轻工业到重工业的转变。

（二）战后经济恢复与制造业结构调整

"二战"给日本制造业带来了重创，然而从1945—1955年，日本就在一片废墟上重塑制造业，经济恢复到了战前30年代的水平，被称为制造业发展的"奇迹"。日本政府在"重点生产理论"的支持下推行"倾斜生产方式"政策，把有限资源向基础产业倾斜，重点扶持和恢复对国民经济至关重要的煤炭和钢铁部门，促使工业部门的恢复，并将国民经济总值保持在年均增速9.2%。[①]

1955年9月，日本加入了关贸总协定，从1955—1973年日本制造业进入了高速增长阶段。在政府推行重点发展重化工业的产业政策指导下，日本不仅加快了电力、钢铁、电机、造船等传统工业部门的发展，而且使石油化学、电子、合成纤维、原子能、汽车等新兴工业部门迅速发展起来，日本制造业中重工业和化学工业所占比重迅速提高，1955年为51%，1965年提高到64%，1975年高达75%，超过了欧美所有发达国家。[②] 这一时期日本制造业的发展轨迹显示出其完成了从以劳动密集型产业为主到以资本密集型为主的产业的转移。

（三）应对第一次石油危机与制造业结构调整

1973年第一次世界石油危机对日本经济产生了巨大影响。钢铁、有色金属、金属制品、化学、纺织、纸浆等主要工业生产原材料产业相对衰落，日本积极调整产业结构，确立由资源密集型的重化工业向知识、技术

[①] 马文秀、陈卫华：《日本的经济增长与产业结构调整》，《日本问题研究》2000年第4期。
[②] 同上。转引自都留重人《日本的资本主义——以战败为契机的战后经济发展（中译本）》，复旦大学出版社1995年版，第105页。

密集型工业转变的方针,电气机械、运输机械、精密仪器等技术密集型产业迅速发展。相对于重化工业,知识和技术密集型工业具备了能源消耗少、加工程度高、技术要求高、附加价值高等优势,提高了日本制造业的档次和水平。到1984年,日本纺织工业在制造业产值中所占的比重下降至3%,化学、钢铁、有色金属所占比重分别下降了6.7%、7.1%和2.2%,与之相反,电器机械、运输机械、精密仪器等产业比重增长为8.9%、9.5%和1.7%。[①] 在此期间,日本科学技术不断朝高、精、尖方向发展,并在20世纪70年代后期显示出在微电子技术等方面的强大技术开发能力,到80年代以半导体零部件为代表的电子产业已成为日本的支柱产业。

(四) 应对广场协定与制造业结构调整

1985年广场协定签署的两年多时间内,美元与日元的汇率从1985年的1美元兑换237日元变化为1美元兑换120日元。国际贸易环境的巨变使日本制造业不再具备劳动力成本优势,家用电器和汽车等开始向海外进行产业转移。即便如此,电气机械制造业"一枝独秀"的状况并没有发生根本性改变。1985—1990年,日本电气机械制造业的劳动生产率高于其他制造业近15个百分点,对其他服务业的优势则更显著,1990年开始,这一差距逐渐缩小,但仍高出近7个百分点。[②] 事实上,自从日元升值之后,日本政府逐步推行新一轮的制造业结构调整策略并已经获得成效,创造了"平成景气",但1997年亚洲金融危机的爆发和泡沫经济的发生使日本制造业的发展大受影响。

(五) 应对金融危机与制造业结构变动

与美国等其他发达国家相比,日本的经济发展依然带有较强的"制造"色彩,无论从制造业占GDP的比重还是从核心制造业对经济发展的贡献度来看,制造业的作用都不容忽视,近些年日本制造业占GDP的比重一直保持在20%左右,但其对经济发展的贡献度却远高于这一水平(白雪洁,2011)。亚洲金融危机以后,日本制造业的生产重点转向高附加值产品,产品的知识和技术含量进一步提高,1997年日本出口产品中,

---

[①] 孙林岩:《全球视角下的中国制造业发展》,清华大学出版社2008年版,第44页。
[②] 白雪洁:《塑造沙漏型产业结构:日本新一轮产业结构调整的特征与趋势》,《日本学刊》2011年第2期。

60%为机械设备,33%为机械零部件,高尖技术产品占出口的比重为25.3%,同年,进口产品中,40%为工业原料,24%为机械设备,12.7%为机械零部件,1980—1995年,日本制造业的研发费用占产值的比重保持不断增长态势,1995年达到了2.7%的高水平。① 日本将制造业政策作为产业政策核心,通过制定《制造业白皮书》加大对制造业发展的指导。塑造以运输机械、电气机械、钢铁和一般机械四大核心制造业为主要支撑的沙漏型产业结构来促进制造业的结构调整。

同样以国际分工的视角来分析各个阶段的日本制造业结构变动,可以发现:

战后经济恢复与制造业调整阶段,日本开始向"亚洲四小龙"转移以纺织品为代表的劳动密集型产业。20世纪60年代中期到70年代初,日本集中力量发展出口导向型资本密集型工业,"亚洲四小龙"建立了出口导向型的轻纺工业,形成了产业间垂直型分工模式。

第一次石油危机以后,日本重点生产并出口知识、技术密集型产品及微电子产品,而将一些资本密集型产品生产转移到了"亚洲四小龙",同时"亚洲四小龙"将劳动密集型产业进一步转移到泰国、印度尼西亚等发展中国家。东亚产业梯队初步形成。

广场协议签订日元升值以后,日本转向以航空、计算机等创新主导型产业为主,而向"亚洲四小龙"转移汽车、电子等技术密集型产业,东盟等发展中国家则开始发展以钢铁、基础化工为代表的资本密集型产业,赤松要的四种梯队排列经济体得以形成。②

亚洲金融危机以来,日本努力塑造以运输机械、电气机械、钢铁和一般机械四大核心制造业为主要支撑的沙漏型产业结构来促进制造业的结构调整。由于国际分工形式在此时已逐渐发展到产品内部,形成产品内的垂直专业化和水平多样化,而上述四种制造业的国际分工水平相对较高,因此,日本将重点放在提高产品知识和技术含量,抢占价值链高端地位上。

三 德国制造业结构变动的历程

研究世界各国制造业结构变动的历史不可绕开德国,相较于美国和日

---

① 刘湘丽:《90年代日本产业结构的高度化及其政策》,《中国工业经济》1998年第12期。
② 孙杰、余剑:《开放经济条件下中国产业结构调整》,经济管理出版社2007年版,第42页。

本，德国制造业的发展过程更为复杂，不仅对外经历两次世界大战，而且国内也经历了联邦德国和民主德国的分裂与统一。即使如此，德国从未削弱过制造业在本国经济发展中的战略地位，"德国制造"成为品质和信誉的标志被各国政府、业界和学者关注，成为各国效仿的对象。我们以1871年德国统一为起点，按照完成工业化任务、战时制造业生产、分裂时期制造业发展、再统一后制造业发展以及制造业数字化五个阶段将德国制造业变动的历程进行划分。

（一）完成工业化任务（1871—1913年）

虽然在1871年德国统一前，莱茵河流域的鲁尔地区重工业已有所发展，尤其是与交通运输业相关的钢铁、煤炭和机器制造使鲁尔地区成为欧洲最大的重工业集中地区和工业人口稠密区之一，但德国统一至1914年第一次世界大战前的40多年间无疑是德国制造业发展史上关键的时期，在此期间德国完成了其工业化任务。借助于第二次工业革命所带来的先进技术，德国开始在机器设备生产领域不断扩张。从最初仿制当时的制造业强国——英国的机器产品开始，经过近20年的探索和技术改进，从制造质次精度低的"山寨产品"转变为生产质优精度高的缝纫机、刀具等轻型机器设备、机床等重型机器设备以及电气机器设备。标志性事件是1893年在美国芝加哥举办的哥伦布世博会上，德国制造的各类轻重型机器设备以及电气设备令与会的业界惊叹，从而确立了德国制造的良好印象。随后德国进一步发展了化学和制药等高新制造业，到1907年，德国在各个制造业领域的生产率都已领先于英国，至1914年"一战"前，德国完成了工业化任务，建立起完整的工业体系，成为欧洲头号工业强国。

在此期间，政府出台了一系列政策，对制造业发展进行引导，收到了良好的效果，如1883年的《疾病社会保险法》、1889年的《老年和残疾社会保险法》，以及1911年的《遗嘱保险法》和《雇员保险法》等，却奠定了德国社会保障体系的基础，有利于德国制造业的发展。[①]

（二）战时制造业生产（1914—1948年）

第一次世界大战显然给德国制造业的发展带来了重创，从某种意义上说，世界大战的爆发也是后起的工业强国（德、奥、意）想从老牌的工

---

① 巫云仙：《"德国制造"模式：特点、成因和发展趋势》，《政治经济学评论》2013年第3期。

业强国（英、法、俄）掠夺资源、市场的结果。对德国的制造业来说，两次世界大战客观上促使了其汽车工业的发展。宝马（BMW）是巴伐利亚机械制造厂股份公司的缩写，它成立于 1916 年，总部设在德国南部城市慕尼黑，以生产飞机发动机起家，发动机生产至今仍然是处在世界前列，被广泛应用在各个领域，宝马汽车公司是驰名世界的汽车企业，也被认为是高档汽车生产业的先导。奔驰汽车公司创立于 1926 年，前身是 1886 年成立的奔驰汽车厂和戴姆勒汽车厂。1926 年两厂合并后，叫戴姆勒—奔驰汽车公司，奔驰汽车公司除以高质量、高性能豪华汽车闻名外，它也是世界上最著名的大客车和重型载重汽车的生产厂家。奔驰汽车不追求汽车产量的扩大，而只追求生产出高质量、高性能的汽车产品。1934 年，著名汽车设计大师波尔舍联合 34 万人合股成立了大众汽车公司，随后开发的甲壳虫汽车令大众迅速成为国际性的汽车厂商。1945 年第二次世界大战结束后，受到国际制裁的德国只被允许生产民用制造业。

（三）分裂时期制造业发展（1949—1989 年）

1949 年，德国分为联邦德国和民主德国两个国家。联邦德国制造业依赖其灵活的产品设计传统，开辟了小批量定制模式，主要关注工艺技巧密集产品的制造；及时调整产业结构，把生产重点转移到对技术和投资要求更高的机械工具的模具设计、大型工业设备、精密机床和高级光学仪器等领域，尽可能制造出在质量、性能、用途和规格等方面独一无二的产品。在 20 世纪 70 年代，联邦德国生产的机械产品 2/3 都是小批量生产的。在战后发展的黄金时期，联邦德国制造业在世界市场上具有重要地位，其中，化学塑料品、化纤、矿物油加工、车辆制造、电气和电子工业等领域都处于世界领先位置。汽车制造业的发展更为突出，1970 年，大众汽车在美国市场的销售量超过 30 万辆，占市场销售量的 6% 以上，几乎打破福特 T 型车的销售纪录。[1] 民主德国的制造业以重工业为主，生产和销售活动主要以国有企业和联合企业为主体进行。在机床制造业，民主德国具有历史渊源，拥有设计和制造数控机床、加工中心、加工单元，以及包括从设计直至确保用户生产能力的长期经验。通过企业、科学家、机床制造研究中心、众多协作伙伴与用户的共同协作，民主德国制造出许多

---

[1] 巫云仙：《"德国制造"模式：特点、成因和发展趋势》，《政治经济学评论》2013 年第 3 期。

大小各异、自动化和连锁程度不同的柔性加工系统，同时在缝纫机、光学和精密仪器、钢铁生产等领域占有一席之地。①

（四）再统一后制造业发展（1990—2009 年）

1990 年联邦德国和民主德国统一之后，德国汲取两者的优势，制造业获得进一步快速发展。与美、英等国从 20 世纪 70 年代开始走"去工业化"道路不同，德国对制造业一直非常重视。据 OECD 统计，1991—2009 年，德国制造业占 GDP 的比重的平均值为 23%，而同期日本、英国、法国和美国分别为 21.4%、17.3%、15% 和 15%；制造业就业人口比例也呈现类似情况，德国为 21.8%，而日本、英国、法国和美国分别为 19.3%、13.8%、15.1% 和 12.1%。② 2009 年德国制造业仍在国民经济中占有举足轻重的地位，制造业（包括深加工产业）附加值占德国全行业总额的比重为 26.5%。

其间，德国政府同样实施了一系列鼓励制造业发展的政策措施。2003 年年初，施罗德政府就开始酝酿名为"2010 年议程"的改革计划，2004 年全面启动该计划。一是大幅度降低税收，通过降低税率增加个人和企业的收入，刺激消费和投资，尤其是对中等企业和手工业。据统计，通过税收改革，德国国民连同企业每年可减轻 560 亿欧元的税收负担。最低税率和最高税率分别由 26% 和 53% 降低到 15% 和 42%。二是改革僵化的劳动力市场。于 2004 年生效的劳动力市场改革法规主要包括：调整解雇保护政策，设立个人服务代办处和职业介绍中心，鼓励自主创业，允许从事"微型"工作、重点关注长期失业者等。此后的默克尔政府基本延续了这一政策，并且在金融危机期间，根据形势变化需要，又适时推出"短时工作制"，即一周只工作 3—4 天。该制度规定，对于那些本应该丢掉工作的员工，只要企业保证其仍然就业，政府将支付其 2/3 的工资。"短时工作制"不仅保障了私人消费能力，而且在经济好转、订单重新出现时，企业能有足够的高技能工人。

（五）制造业数字化（2010 年至今）

2010 年，德国经济和技术部牵头启动了《云计算行动计划》。该计划是在经济界、科学界和政府机构的相关专家广泛参与之下共同制订的，主

---

① 克·卢夫特：《民主德国计划经济失败的教训》，《国外社会科学》1994 年第 4 期。
② 孟祺：《德国制造业产业升级对中国的启示》，《国际经济合作》2013 年第 3 期。

要支持中小企业用户和供应商,而州政府、乡镇政府以及法律机关和团体,以增强他们的竞争力为己任。2014年德国汉诺威工业博览会上,德国所提出的"工业4.0"概念受到包括中国在内的各国的关注。制造业的综合整合将对全球产业产生巨大影响。作为提出这一概念的国家,德国为加强作为技术经济强国的核心竞争力,早在2006年,就通过了《高技术战略2020》,该战略文件重点即是《未来项目——"工业4.0"》。联邦政府从2010—2013年为高技术战略共投入270亿欧元,对未来项目的专项投资达83亿欧元。

"工业4.0"的三大主题是:①"智能工厂",重点研究智能化生产系统及过程,以及网络化分布式生产设施的实现;②"智能生产",主要涉及整个企业的生产物流管理、人机互动以及3D技术在工业生产过程中的应用等。该计划将特别注重吸引中小企业参与,力图使中小企业成为新一代智能化生产技术的使用者和受益者,同时也成为先进工业生产技术的创造者和供应者;③"智能物流",主要通过互联网、物联网、物流网,整合物流资源,充分发挥现有物流资源供应方的效率,而需求方,则能够快速获得服务匹配,得到物流支持。通过"工业4.0"战略的实施,将使德国成为新一代工业生产技术(即信息物理系统)的供应国和主导市场,会使德国在继续保持国内制造业发展的前提下再次提升它的全球竞争力。

德国制造业是世界上最具竞争力的制造业之一,在全球制造装备领域拥有"领头羊"的地位。积极参与国际分工是其获得竞争力的重要源泉,其形式从以对外出口为导向的产业间分工逐渐转移到以跨国公司为主体的生产分割和全球资源配置。19世纪后期以轻工业制品为主的德国制造已销往美国及其他欧洲国家。20世纪以后,德国制造的产品销往世界各地,出口商品以金属、机械和化学制品为主。1913年,德国成为世界上最大的化学制品、机械制品和电气设备以及其他工业制品的出口国,其中机械产品的出口总值占世界总产值的29.1%。①"二战"后几十年中,工业制成品出口比重进一步增加,工业制成品出口比重从1950年前的65%进一步提高到1980年的83.4%。联邦德国的对外贸易增长速度超过其经济增长的速度,而且在一个长时期中,出口贸易额的增长速度在西欧国家中是

---

① 巫云仙:《"德国制造"模式:特点、成因和发展趋势》,《政治经济学评论》2013年第3期。转引自钱德勒《规模与范围》,华夏出版社2006年版,第477页。

最快的,到1962年就跃居世界第二大贸易国的地位,仅次于美国。此后就一直稳居这一地位。同时,它的出口增长速度长期超过进口增长速度,从1952年起就一直保持对外贸易的顺差。[①] 20世纪90年代以来,德国制造业企业的国际化水平日益提高,大众汽车、西门子公司、奔驰公司、保时捷公司、博世、曼内斯曼、SEL、TNT等一系列传统制造业企业和高新技术制造业企业采用跨国公司的模式进行国际化生产经营,利用国际分工在全球范围内配置资源、拓展市场。在此过程中,德国并没有因发展新型制造业而忽视传统制造业,而是将两者有机结合,进而在2008年经济危机后逆势发展,显示出德国制造业独有的优势和魅力。

第三节 本章小结

本章是整篇论文的逻辑起点,主要阐述了国际分工体系下制造业结构变动的机理,并以美国和日本为例归纳总结了典型国家制造业结构变动的经验,从理论和实践角度分析了制造业结构变动的规律,为后续中国制造业结构变动的研究奠定了基础。

首先,国际分工理论和国际产业转移理论是影响开放经济条件下制造业结构变动的重要因素,国际分工通过需求刺激作用、关联作用、效率增进作用和替代作用四方面作用于制造业结构变动。按照国际分工体系的变化,制造业结构变动经历了三个发展阶段:第一阶段发生在第一次工业革命到"二战"以前,表现为垂直型分工下的产业间层次;第二阶段发生在"二战"后到20世纪八九十年代,表现为垂直型分工下的产业间层次和水平型分工下的产业内层次;第三阶段发生在20世纪八九十年代至今,表现为垂直型和水平型分工下的产品内层次。

其次,本章总结了美国制造业经历了前工业化阶段、工业化阶段、后工业化阶段和再工业化阶段四个阶段;日本制造业经历了起步、战后经济恢复、应对第一次石油危机、应对广场协议以及应对金融危机五个阶段;德国制造业经历了完成工业化任务、战时制造业生产、分裂时期制造业发展、再统一后制造业发展和制造业数字化五个阶段。当前作为发达国家的美国和日本都把制造业回归作为战略重点,希望在新一轮的国际分工中提

---

① 彭中文:《美、日、德制造业国际化经营比较及启示》,《经济纵横》2005年第2期。

高制造业的国际地位与领先优势,德国则从未放弃过制造业在本国经济发展中的地位。因此,作为发展中国家来说,我们更不应该忽视制造业在经济发展中的基础性作用和"压舱石"地位,正如夏明(2007)所指出的:发展中国家不能只看到发达国家第三产业当今发展的现象,而忽视了工业发展对资本主义经济发展含义的深刻理解,资本主义现今的整个经济关系和社会关系都是建立在产业资本和工业经济基础上的。

第三章

中国制造业结构变动：测度方法

通过第二章的机理分析和典型国家经验总结，我们已经发现不同分工体系下制造业的变动将处于不同层次之中，同时制造业在世界经济体系中占有重要的地位，即使是第三产业较为发达的发达国家也将制造业发展作为战略重点。中国制造业的发展不仅关系到中国经济的成长，也对世界经济格局的变化发挥着重要的作用。特别是在开放经济条件下，中国制造业受到国际分工方式转变的深刻影响，其结构变动产生了新的发展趋势。本章我们在理论上阐述了制造业结构变动测度模型的基础上，首先改进了传统的制造业结构变动分析框架，基于开放经济这一条件，提出了制造业结构变动的垂直专业化和水平多样化并进行理论阐释，其次分别对垂直专业化和水平多样化的具体测度方法进行了分析。

第一节 制造业结构变动的理论测度

如前所述，参与国际分工体系下的一国制造业结构变动实质上包含了产业间层次、产业内层次和产品内层次，尤其是当制造业结构变动进入产品内层次出现了垂直型分工和水平型分工，从理论上来说该如何对这两个方面进行度量呢？

对于垂直型分工，由于产业结构变动层次已经进入了产品内层次，一国制造业的结构变动在很大程度上受到世界和国际区域产品生产不同环节分布的影响，因此仅仅通过跨国间的产品国际贸易相关指标或者单纯比较各国的投入产出表已无法对一国制造业参与垂直型分工的程度及所处价值链地位做出准确的度量，需要依靠新的分析工具，即编制国际投入产出表进行测量。日本在编制国际投入产出表方面走在了世界的前列，除了从20世纪60年代开始编制两国间的投入产出表以外，1983年日本亚洲经济研究所（IDE）编制了第一份《亚洲国际投入产出分析表（1975年）》（AIIOT），其中包含8个经济体，之后每五年更新一次，所包含的经济体数量也从8个增加到10个。最新的国际投入产出表由世界投入产出项目组于2012年编制而成，涵盖了1995—2009年（部分国家编制到2011年）40个经济体，35个产业和59种产品的投入产出数据。国际投入产出表在测度垂直型分工时所具备的优势及实证测度方法将在本章第三节作具体介绍，我们在这里通过两国间的投入产出模型从理论上阐述垂直型分工如何度量，理论模型如图3-1所示。

图3-1 两国投入产出表模型

图3-1中，用符号"O"表示国家1的产品流动，符号"△"表示国家2的产品流动，国家1和国家2的投入产出关系包括了（1）至（10）共10个部分。其中（1）部分和（4）部分分别表示国家1和国家2各自国内生产的中间产品数量，即国内中间产品投入矩阵；（2）部分表示国家2从国家1进口的中间产品数量；（3）部分表示国家1从国家2进口的中间产品数量；（5）部分和（8）部分分别表示国家1和国家2最终需求来自各自国内的部分；（6）部分表示国家1的最终需求来自国家2的出口；（7）部分表示国家2的最终需求来自国家1的出口；（9）部分和（10）部分分别表示国家1和国家2的产出总额。从上述10个部分的内涵来看，产品内层面的垂直型分工主要体现在（2）部分和（3）部分，即进口中间产品投入矩阵，表示产品生产的过程中有多少成分（价值）来源于国外，（2）部分和（3）部分的矩阵系数越大，说明垂直型分工程度越高，该国产业对外国中间投入的依赖越大，反之亦然，因此，垂直型分

工的程度在很大程度上取决于中间投入的来源与比重。① 该模型从理论上揭示了两国之间在垂直型分工下如何进行产品层面产业结构变动以及如何度量的问题。

对于水平型分工，产业结构变动同样离不开国际间的联系。如图3-2所示，①表示某种要素或能力在不同产品间转移的方向，也表示比较优势在不同产业间的变迁路径，d 表示空间距离的远近。假设国家1在与其他国家的对比中在产业 A 上具备比较优势（通常用显示性比较优势来测度），则产业 A 处于水平空间分布的中心位置，其要素或能力在选择转移的方向时考虑的是空间距离的远近，或者说产业空间分布的集中与否，由于 $d_{AB} < d_{AC}$，也就是说，产业 B 比产业 C 的空间分布更靠近中心位置，因此产业 A 的某种要素或能力会选择向产业 B 转移。同理，当产业 B 的某种要素或能力想要向其他产业转移时也会因为 $d_{BC} < d_{BD}$ 而优先选择向产业 C 转移，以此为依据实现了比较优势从空间分布的中心地带向边缘地带扩散的路径。总之，从理论上来说我们可以通过测度空间距离 d 来显示两两产业间的水平型分工程度，而要显示某产业相对于所有其他产业的水平型分工程度则要测度其距离产业空间分布中心的远近，本章第四节将对此做出详细分析。

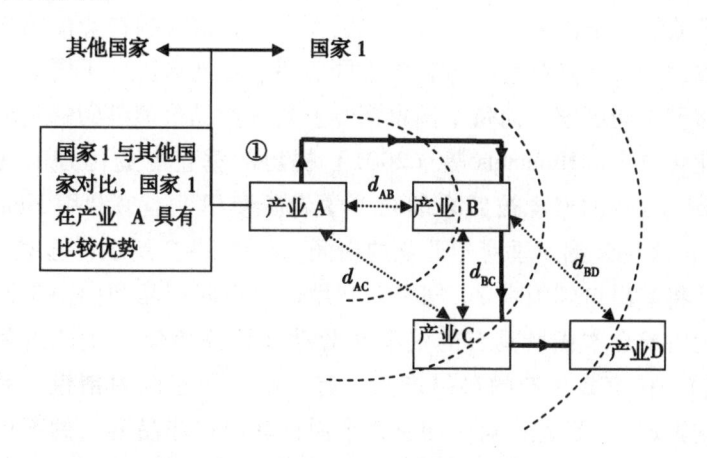

图3-2 产业结构水平型变迁模型

---

① 当然，（6）部分和（7）部分也能够间接地表明国家1和国家2产业结构的关系。

第二节 改进的分析框架

传统的产业结构变动分析框架主要围绕产业结构演进过程中第一、第二、第三产业之间以及产业由低技术水平、低附加值状态向高技术水平、高附加值状态发展的动态过程。然而，随着全球化的日益加深，一国开放型经济的发展离不开世界其他国家的影响，同时其本身也在影响着其他国家经济的发展。在这一时代背景下，正如 Imbs 和 Wacziarg（2003）所说，在某种程度上工业化进程中产业结构的变动是一个十分宽泛的概念。仅从产值结构或就业结构的变化来测度不能完整反映产业结构的变动。

就制造业来说，20 世纪 90 年代以来，随着经济全球化的深入发展，国际分工从产业间发展到产业内，进而拓展到产品内部，随之形成全球产业分工重组新的动向。根据制造业结构变动的理论测度模型，我们可以从垂直专业化和水平多样化两个角度对传统制造业结构变动的分析框架进行改进。

一 垂直专业化

在开放经济条件下进一步从微观层面来深入探讨制造业的结构变动问题，一方面，特定产品生产过程中不同工序、不同区段、不同零部件在空间上分布到不同国家，而每个国家都专业化于产品价值链的特定环节形成垂直专业化分工。Hummels 等（2001）提出的垂直专业化分工（Vertical Specialization）[①] 的概念被后来的众多学者所使用。本书沿用 Hummels 等（2001）的理论来揭示垂直专业化的内涵，如图 3-3 所示，国家 1 生产中间产品并将其出口到国家 2。国家 2 利用进口中间产品和国内生产的中间产品，同时配合本国所具有的资本和劳动（价值增值）生产出最终产品（总产出）。国家 2 生产的最终产品，有一部分用于国内销售，另一部分则出口到国家 3。因此，对于国家 2 来说，其出口产品凝结的不仅有本国

---

① 也有学者命名为"产品内分工"（Inter-product Specialization）、"国际生产分散化"（International Disintegration of Production）、"全球生产分享"（Global Production Sharing）、"国际外包"（Inter-national Outsourcing）、"价值链切片"（Slicing up the Value Chain）等，但从本质上说，这些概念的内涵都是一致的，即国际分工日益发展深入到特定产品生产的不同环节或工序中，形成全球范围内的纵向非一体化生产。我们在文中统一称之为"垂直专业化"。

的价值增值，还有来自国外的价值增值。满足垂直化分工必须符合三个条件：一是一种最终产品的生产过程由多个连续的可分离的区段或环节构成；二是有两个以上的国家分别专业化于产品生产过程某一区段或环节的生产；三是至少有一个国家在生产过程中使用的投入品是通过进口取得的，而其产出的部分产品又被出口。

由此我们得出，产业结构的垂直专业化指的是本国制造业细分产业在产品生产的不同工序中处于什么样的地位，某产业参与垂直专业化分工，说明其利用自身比较优势融入国际分工和全球资源配置的体系中，但是垂直专业化程度过高，超过了一定的"度"，则反映这个产业的产品生产过多地依赖国外中间投入，本国产业在产品生产价值链的地位较低。

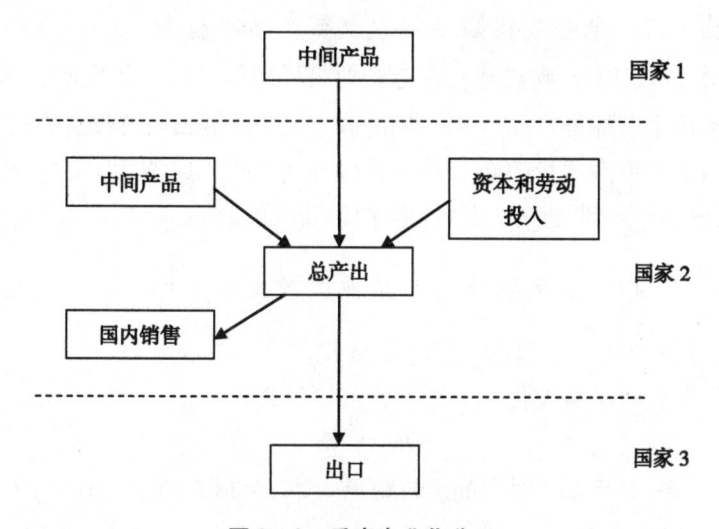

图 3-3 垂直专业化分工

资料来源：Hummels et al., "The Nature and Growth of Vertical Specialization in World Trade", *Journal of International Economics*, 2001, 54 (1): 75-95.

二 水平多样化

除了产业结构的垂直专业化，随着经济与开放和收入的增加，制造业内部的经济活动会变得更多样化而非专业化，多样化规律会随收入水平的提高而持续，直至收入达到一定水平后转而下降，从而形成一个倒"U"形分布。Hausmann 和 Klinger (2006) 受到 Jovanovic 和 Nyarko (1996) "干中学"思想的启发，将"干中学"应用到了微观层面，提出产品空间距离理论，用以解释相同要素或能力得以在相同或不同产业的不同产品中迁移的原因。

假设（1） 某国有两家企业，一家为老企业，另一家为新企业，同时该国有两种产品可供生产：第一种为标准产品，$P_1 = 1$；第二种为新产品，$P_2 > 1$，标准产品的生产由来已久，因此老企业具备了生产这种产品所需的各种要素或能力，而生产新产品虽然收益更高（假设产出均为1），但需要支付固定成本 C 取得新产品生产所需的新要素或能力，那么增加的成本就是两种产品之间的距离，用 $\delta_{1,2}$ 表示，如果两种产品生产所需的要素或能力差异越大，则从标准产品转移到新产品生产的难度越大，但假如移动发生了，这种要素或能力在某种程度上就具有了公共产品特性，其他企业要使用不必再支付成本。

假设（2） 老企业在第一期生产新产品收益为：$P_2 - C(\delta_{1,2})$，当 $P_2 < C(\delta_{1,2}) + 1$ 时，则在第一期老企业将维持标准产品的生产，而新企业既可以选择生产标准产品（第一期的收益是1，第二期的收益也是1），也可以选择生产更高质量的新产品，其收益为 $2P_2$，成本为 C。如果新企业决定"跳跃"到新产品的生产，那么 $2P_2 - 2 > C(\delta_{1,2})$，即 $P_2 > \frac{C(\delta_{1,2})}{2} + 1$。如果继续将产品种类增加到3种，只要满足 $\delta_{2,3} < \delta_{1,3}$，企业就会选择"跳跃"到产品3的生产。

按照企业利润最大化的原则，我们可以推出：

$$\Delta P_{i,j} = f\delta_{i,j} \tag{3.1}$$

其中，$\delta_{i,j}$ 是产品 i 到产品 j 的距离，当 $i = j$ 时，$\delta_{i,j} = 0$，当 $i \neq j$ 时，$\delta_{i,j} > 1$。

$$C(\delta_{i,j}) = \frac{c\delta_{i,j}^2}{2} \tag{3.2}$$

$$\max_{\delta_{i,j}} \pi = f\delta_{i,j} - \frac{c\delta_{i,j}^2}{2} \tag{3.3}$$

当 $\delta_{i,j}^* = \frac{f}{c}$ 时，能够获得最大利润：$\pi_{\delta_{i,j}^*} = \frac{f^2}{2c}$，因此，当产品距离正好是 $\delta_{i,j}^* = \frac{f}{c}$ 时有企业从产品 i 的生产"跳跃"到产品 j 的生产最有利可图，跳跃距离为 $\delta_{i,j}^* = \frac{f}{c}$。而继续生产原来产品 i 的利润变化为0。图3-4显示了利润随产品空间距离变化而变化的情况。

第三章　中国制造业结构变动：测度方法　　65

当产品空间距离超过 δ^* 后利润开始下降，直至 $2f/c$ 时为 0，如果没有比 $2f/c$ 更近距离的产品 j，企业将仍然维持产品 i 的生产。只要产品空间距离小于 $2f/c$，私人部门中生产的"跳跃"将持续发生，而不以要素禀赋的丰裕度为依据，因此可以发生在不同产业部门中，从而形成产业结构的变动。

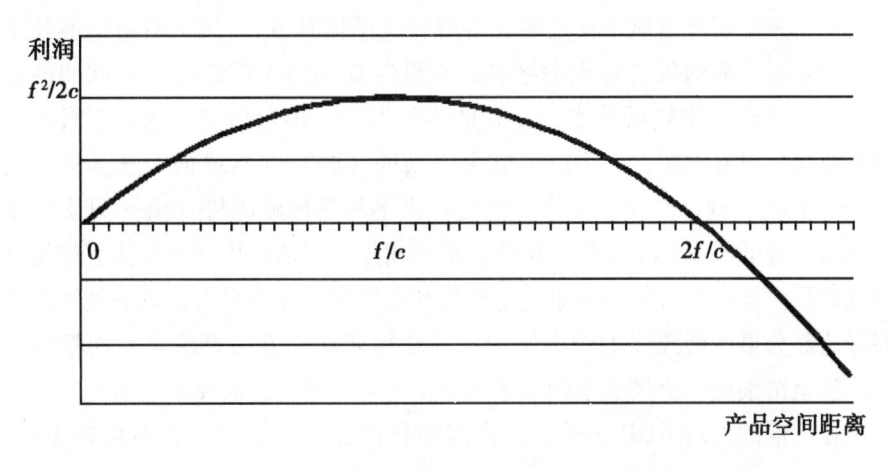

图 3-4　随产品空间距离变化的利润曲线变动情况

由此我们得出，产业结构的水平多样化①指的是某种（些）要素或能力在不同产品间适用范围的大小和转移生产难易程度，某产业本身具有比较优势，且水平多样化程度越高，说明这个产业产品生产的某种（些）要素或能力"跳跃"到其他产品生产越容易，则其他产品所处产业拥有比较优势的可能性越高。在本书的测度中主要以空间紧密度这一指标来反映水平多样化程度的高低，若制造业中某一细分产业空间紧密度越高，说明其空间分布越靠近中心位置，该产业中某一产品生产过程中的某种（些）要素或能力"跳跃"到同一产业不同产品或其他产业不同产品就越容易发生，产业多样化的程度就越高。

垂直专业化和水平多样化两者并不违反比较优势的原则，都是深入产品层面探讨产业结构调整和变动的方向。产业结构垂直专业化达到合理水

---

① 在以往的文献中，产业结构多样化往往指的是某一区域中不同规模、不同类型、不同结构之间相互联系的集群，可以从静态角度和动态角度来考察。详细阐述可参见郑京淑、吴秦《产业结构多样化对城市经济发展的影响——研究综述与政策启示》，《广东外语外贸大学学报》2010年第 5 期。本书所界定的水平多样化的概念与区域产业结构多样性有所不同，主要是从微观层面产品生产要素（能力）在不同产品间的转移难度来判断产业的空间分布。

平要求一国产业努力争取全球产品生产价值链向上游环节移动的动态比较优势；产业结构水平多样化促使该国产业积极获得空间距离接近的产品间的比较优势扩展路径。

以上述两方面为依据，某个产业（比如高技术产业）的产值增长、出口增加，并不意味着制造业结构变动趋好（结构升级），因为有可能高技术产业只是在产品的生产过程中被锁定在低附加值的工序或环节；同样的道理，某个产业（比如低技术产业）的产值增长、出口增加，也并不意味着制造业结构没有改善，因为有可能由于某种（些）要素或能力从其他产品生产"跳跃"到该产品的生产，使得本来不具有比较优势（或）只含有潜在比较优势的产业具备了比较优势，从而增加了制造业用于比较优势的细分产业数量。运用产业结构的垂直专业化和水平多样化不仅可以较好地解释本书导论部分最后所提出的中国制造业的结构变动—方面要求走专而精的方向，甚至精细到一个产品不同工序的分工地位；另一方面要求走多而广的方向，在一定的人均 GDP 水平下生产多样化产品，两个方向并不存在矛盾，而且有助于测算中国制造业结构变动和重新确定细分产业的地位。

第三节 垂直专业化的测度方法

有关中国垂直专业化的测度国内外已涌现出了一些研究成果，如表 3–1 所示，已有的研究中大量学者采用中国国家统计局提供的投入产出表数据进行测算，但结果却存在较大差异。究其原因，除了因为中国投入产出表提供的年份有限，未提供年份的数据主要靠推测以外，更重要的是中国投入产出表没有给出国外中间投入的数据，学者们只能通过估算获得，在应用中存在一定的缺陷。

表 3–1　　　　　　　中国垂直化分工测算的相关文献（部分）

作者	数据	中国垂直专业化份额	文献来源
Dean, Judith; Fung, K. C.; Wang, Zhi, 2007	中国 1997 年、2002 年的投入产出表	1997 年为 29.3%，2002 年为 35.9%	Office of Economics Working Paper
Koopman, Zhi Wang, Shang-Jin wei, 2008	中国 1997 年、2002 年的投入产出表	1997 年为 52.4%，2002 年为 48.7%，2006 年为 50.6%	NBER Working Paper

续表

作者	数据	中国垂直专业化份额	文献来源
Lau 等，2007	编制 2002 年中美之间的非竞争型投入产出表	纺织业的垂直专业化分工比例为 39.47%	中国社会科学
张小蒂和孙景蔚，2006	中国 1995 年、1997 年和 2000 年的 17 部门投入产出表	1995 年为 22.73%，1997 年为 19.76%，2000 年为 25.88%	世界经济
北京大学中国经济研究中心课题组，2006	1992 年、1997 年和 2000 年中国统计局的投入产出表	从 1992 年的 14.22% 上升到 2003 年的 21.82%	Working Paper
黄先海和韦畅，2007	中国 1992 年、1995 年、1997 年、2000 年的投入产出表数据，9 个行业	从 1992 年的 16.8% 上升至 2003 年的 29.4%	管理世界
盛斌和马涛，2008	中国 1992 年、1997 年和 2002 年的投入产出表，19 个行业	从 1992 年的 3.65%（平均值）上升至 2003 年的 3.84%（平均值）	世界经济研究
文东伟和冼国明，2010	1995 年、2002 年、2006 年以及 2009 年 OECD 投入产出数据库	1995 年为 15.1%，2000 年为 18.8%，2005 年为 26.1%	经济学（季刊）
张明志和李敏，2011	中国 1987 年、1992 年、1997 年、2002 年、2007 年的投入产出表，15 个行业	1987 年、1997 年、2007 年中国总出口的垂直专业化指数分别为 9.55%、14.88% 和 26.03%	国际贸易问题
张会清和唐海燕，2011	UN Comtrade、中国统计年鉴	1995 年为 7.48%，2008 年为 9.86%	世界经济研究

具体来说，为了计算垂直专业化水平，必须知道各部门的进口中间投入系数矩阵和国内中间投入系数矩阵。由于中国国家统计局提供的投入产出表是竞争型的（见表 3-2），该表假设存在 n 个产业，行方向表示某产业生产的产品都用到或供给到哪些产业部门，这些产业部门的需求又是多少；列方向表示某产业部门在生产过程中消耗各产业部门生产的货物或服务的价值量以及各产业部门的增加值。目前，我国编制的投入产出表都是竞争型投入产出表，但是，竞争型的投入产出表假定进口产品和国内产品是可以相互替代的，在编制过程中只有一个总的中间投入 X，并不区分中间投入中哪些是属于国内投入，哪些是来自国外进口，因此无法直接获得各部门的进口中间投入数据。这种把进口产品与国内同类产品视为性能相同，可以完全相互替代的编制方法并不符合中国产业结构变动深入到产品层面的现实情况，尤其是中国参与全球垂直专业化分工时，如果进口大量

的包含技术的中间产品，本国仅完成组装工序和装配环节，那么即使产出并出口高技术产品也不能说明中国产业结构的升级。

表3-2　　　　　　　　　　竞争型投入产出情况

投入 \ 产出		中间使用		最终使用		总产出
		N个产业	中间使用合计	消费、资本形成总额、出口、其他	最终使用合计	
中间投入	N个产业	X			Y	
	中间投入合计					
最初投入	固定资产折旧、劳动者报酬、税金、利润					
	增加值合计					
	总投入					

为了解决竞争型投入产出表的问题，部分学者的研究采用了较为严格的假定，将各部门的中间投入分解为国内和进口两部分，把竞争型投入产出表转换成非竞争型投入产出表（见表3-3），从而获得各部门的进口中间投入系数矩阵和国内中间投入系数矩阵。非竞争型投入产出表相对于竞争型投入产出表虽然形式上有所变化：中间投入分为国内产品中间投入和进口品中间投入两大部分，反映了两者的不完全替代性。如表3-3所示，虽然行方向和列方向代表的含义与表3-2类似，但需要特别注意的是这里区分了国内中间投入和进口中间投入。其中，X^D代表国内提供或生产的中间产品，X^M代表进口中间品。由于非竞争型投入产出表中的中间投入部分被拆分为国内中间投入和进口中间投入，相应地最终使用部分也被拆为国内最终使用Y^D和进口中间使用Y^M两部分。目前学者们普遍采用的非竞争型投入产出表相对于竞争型投入产出表有所改进，但由于无法直接区分国内和进口中间产品必须通过假定的方式获得，因此假定的不同则国内和进口的中间投入的分解差异也较大，从而导致最终测算的结果也不尽相同。

基于以上分析，本书考虑运用SNA—08框架下的投入产出模型，不仅可以有效地解决使用上述竞争型和非竞争型投入产出表的缺陷，而且在测算产品内垂直专业化分工时还具备了许多独有的优势。尽管目前测算中国垂直专业化分工的文献不断涌现，但就作者所知，尚没有基于SNA—08框架的投入产出模型的分析。

表 3-3　　　　　　　　　　非竞争型投入产出情况

投入\产出			中间使用		最终使用		总产出
			国内生产N个产业	中间使用合计	消费、资本形成总额、出口、其他	最终使用合计	
中间投入	国内产品中间投入	N个产业	X^D			Y^D	
	进口产品中间投入	N个产业	X^M			Y^M	
	中间投入合计						
最初投入	固定资产折旧、劳动者报酬、税金、利润						
	增加值合计						
	总投入						

一　基于供给使用表的对称型投入产出表及其优势

国民经济账户体系（SNA）的设计目的是提供一套全面、一致和灵活的宏观经济账户统计框架，从SNA—53制定至今已经过了三次正式修订。全球化市场进程中垂直专业化分工的现象日益增加了人们对其核算问题的关注，SNA—08也对相关内容进行了阐述。

垂直专业化分工的主要表现形式是加工贸易，SNA—08的第十四章"供给表和使用表以及货物与服务账户"以及第二十八章"投入产出及其他基于矩阵的分析"对此作了集中的表述。从标题中可以看出这两章内容与投入产出表的密切关系，SNA—08推荐采用投入产出表进行相关统计，并且主张以供给使用表为基础编制对称型投入产出表。SNA—08第十四章中指出"供给使用表是一个强有力的工具，可用于比较和比对不同来源的数据，从而改进整个经济信息系统的一致性。它们可用于对不同市场和产业进行分析，也可以在此分量水平上进行生产率分析"。

表 3-4 显示了 SNA—08 中供给表的简表，供给表以矩阵形式表示，主要部分由 n 个产品部门和 m 个产业部门组成，行方向表示某个产品部门的产品由哪些产业部门生产，列方向表示某个产业部门提供了哪些产品部门的产品。行方向合计表示按购买者价格计算的产品部门总供给，列方向合计表示按基本价格计算的产业部门生产额。

表 3-4　　　　　　　　　　　供给表简表

	基本价格总供给		产品补贴	产品税	贸易和运输费用	购买者价格总供给
	产业部门产出矩阵（ISIC）	进口				
货物和服务（CPC）						
农业、林业和渔业产品						
矿石和矿物、电、气、水						
制造业产品						
……						
公共管理						
合计						

表 3-5 显示了 SNA—08 中使用表的简表，使用表列方向由中间投入和增加值组成，中间投入按产品部门进行分类，增加值由雇员报酬、生产和进口税减补贴、混合收入净额、营业盈余净额和固定资本消耗组成；行方向由中间使用和最终使用组成，中间投入按产业部门进行分类，最终使用由出口、最终消费支出和资本形成等组成。列方向反映产品部门的使用情况，行方向反映产业部门生产活动成本构成情况以及最终使用情况。

表 3-5　　　　　　　　　　　使用表简表

	产业部门中间投入矩阵(ISIC)	出口	最终消费			资本形成			购买者价格总使用
			住户	NPISHs	政府	固定资本形成总额	存货变动	贵重物品获得减处置	
货物和服务（CPC）	中间投入		最终使用					
农业、林业和渔业产品	^		^					
矿石和矿物、电、气、水	^		^					
制造业产品	^		^					
……	^		^					
公共管理	^		^					
中间投入合计	^		^					
增加值合计	增加值象限							
雇员报酬	^							
生产和进口税减补贴	^							
混合收入净额	^							
营业盈余净额	^							
固定资本消耗	^							
总投入									

第三章 中国制造业结构变动：测度方法

将供给表和使用表相结合，可以形成一国的供给使用表以及世界供给使用表。表 3-6 显示了一国供给使用表简表，中间投入、国内最终使用和出口都可以划分为国内供给 D 和国外进口 M 两部分，i, j 表示产业，E_i^M 表示再出口：

$$\begin{cases} A_{i,j} = A_{i,j}^D + I_{i,j}^M \\ F_i = F_i^D + F_i^M \\ E_i = E_i^D + E_i^M \end{cases} \tag{3.4}$$

国内总使用等于国内总供给：

$$\sum_j A_{i,j}^D + F_i^D + E_i^D = \sum_j S_{i,j}^D \tag{3.5}$$

进口产品总使用等于总进口：

$$\sum_j A_{i,j}^M + F_i^M + E_i^M = M_i \tag{3.6}$$

表 3-6　　　　　　　　　一国供给使用情况

产品供给		产业中间产品使用	最终使用		合计
		中间投入（A）	国内最终使用（F）	出口（E）	产品总使用（U）
产品					
产业	国内供给（S^D）				产业总产出（GO）
其余国家	进口（M）				
		增加值（VA）			
	产品总供给（S）	产业部门总投入			

以表 3-6 为基础可以得到一国的产业—产业部类的对称型投入产出表（如表 3-7 所示），每一产业生产一种产品，横轴表示产品使用，包括中间使用和最终使用，最终使用又包括国内使用和出口，总计代表每种产品的总使用（总产出）；纵轴第一列表示每种产品的中间投入，包括国内中间投入和进口中间投入，纵轴总产出包括中间投入、劳动和资本等要素投入；总产出等于总使用。供给表和使用表在编制过程中自然地把中间投入的国内部分和国外部分加以区分，解决了竞争型投入产出表和非竞争型投入产出表的问题。

表3-7　　　　　　　　　　　某国对称型投入产出情况

产业	产业	最终使用		总计
产业	国内中间投入	国内最终使用	出口	总使用
	进口中间投入	进口品的国内最终消费	再出口	
	增加值			
	总产出			

除此之外，对测算垂直专业化来说，应用供给使用表来编制对称型投入产出表的优势还包括：

（1）按基层单位实施统计调查，不需要假设某一产业只生产一种产品。投入产出表的分类方式一般用产品部门分类，即把相同产品用途、相同消耗结构和相似生产工艺的若干产品组成一个产品部门。由于同时满足三个条件比较困难，在实际编制时只能根据某种货物或服务符合某一个基本相同条件而划归为某一个产品部门。虽然投入产出表以产品部门分类，实现了按货物和服务的属性归类，这些产品部门并非都是只提供某一种产品（货物或服务）的"纯"部门（何继票和邱琼，2011）。因此，运用这种分类方式比较粗糙，容易造成测算的准确性降低。SNA—08建议基于基层单位编制供给使用表。从理论上说，基层单位指仅生产一种产品的单位，如此产品分组与生产单位分组之间能够——对应。但在现实中没有必要进行一对一的匹配，SNA—08第十四章以制鞋厂为例，作了一个简单的说明。一家制鞋厂可能同时生产凉鞋、运动鞋、制式靴和时装鞋，不可能也无必要针对每类鞋都规定一个基层单位。目前在许多采用供给使用表编制对称型投入产出表的国家，矩阵中的产品分组数会多于生产单位分组数，其最重要的原因在于大多数单位会生产多种产品。因此，SNA—08推荐的供给表（制造矩阵）应该是一个行多于列的长方形，但相似的产品应安排在相邻行，从而便于汇总相似产品行以得到方阵。

（2）区分基本价格、生产者价格和购买者价格，提高了计算供给和使用产品价值的准确性。SNA—08第六章指出可以采用三种不同的价格来估价产出和投入,这三种价格分别为基本价格、生产者价格和购买者价格。① 它们之间的关系为:基本价格+产品税(不包括发票单列增值税(VAT)) -产品补贴=生产者价格+购买者不可抵扣增值税(VAT) +另行支付的运输费用+批发商和零售商的商业毛利=购买者价格。SNA—08 认为生产者价格和基本价格都是能够直接观测和记录的实际交易价格,在统计调查中获得的通常是基本价格,总产出可以按基本价格或按生产者价格估算得到,中间消耗则按购买者价格估算得到。中国在编制 2007 年投入产出表时所采用的是生产者价格,但中国的生产者价格定义与 SNA—08 的定义却有所差异。何继票和邱琼(2011)指出,中国的生产者价格包含购买者不可抵扣的增值税和证券交易印花税等所有其他各项产品税减补贴,因此在计算产出和 GDP 时就多出了购买者不可抵扣的增值税和其他产品税减补贴这两部分。②

(3) 采用统一的 ISIC 产业分类标准,避免了分类的主观性。SNA—08 推荐采用 ISIC 作为产业分类标准。ISIC 即国际标准产业分类,由联合国制定,它包括 17 个门类、60 个大类、157 个中类和 292 个小类。虽然许多发达国家,比如美国、加拿大也根据本国实际遵循北美产业分类体系(NAICS),但该分类与 ISIC 几乎相同。反观我国自从 1984 年首次发布实施国民经济行业分类至今,虽然根据经济发展变化经过了多次修改完善,但编制 2007 年投入产出表时所采用的《国民经济产业分类》第二次修订版(GB/T 4754—2002),与 ISIC 相比仍有许多不尽相同之处,尤其是制造业的行业分类差距依然较大。③ 由于我国的加工贸易及其垂直专业化分工主要发生在制造业领域,产业分类上的差异造成了国际间比较的困难,

---

① "基本价格"是生产者就其生产的每单位货物或服务产出从购买者那里所获得的,扣除了生产或销售时应付的所有税,再加上所获得的所有补贴后的金额。它不包括生产者在发票上单列的任何运输费用。"生产者价格"是生产者就其生产的每单位货物或服务产出从购买者那里所获得的,扣除了向购买者开列的所有增值税(VAT)或类似可抵扣税后的金额。它不包括生产者在发票上单列的任何运输费用。"购买者价格"是购买者在指定时间地点获得每单位货物或服务所支付的金额,它不包括任何可抵扣 VAT 或类似可抵扣税,货物的购买者价格包括按购买者要求在指定时间送货物到指定地点而另行支付的运输费用。

② 据何继票和邱琼(2011)测算,对烟、酒等产品税很高的行业,按我国的生产者价格计算出的增加值将高出采用基本价格核算出的增加值 40% 以上。

③ 详细内容可参见向铁梅、黄静波《国民经济行业分类与国际标准产业分类中制造业大类分类的比较分析》,《对外经贸实务》2008 年第 11 期。

以往国内学者在研究我国垂直专业化的国际比较时主要根据经验将产业进行归类,这样做增加了分类的主观性。① 供给使用表的编制严格按照 ISIC 的分类标准,以此为基础形成的产业—产业型投入产出表能够有效地避免分类的主观成分,提高了可比性和准确性。

(4) 通过编制世界投入产出表(WIOT),提高了国别和地区之间的可比性。在一国供给使用表(见表 3-6)的基础上,我们可以编制世界供给使用表(如表 3-8 所示),从而获得某产业 i 来自国家 k 的进口量,就可以将式 (3.6) 转化为式 (3.7):

$$\sum_k \sum_j A^M_{i,j,k} + \sum_k F^M_{i,k} + \sum_k E^M_{i,k} = \sum_k M_{i,k} = M_i \quad (3.7)$$

同时还可以得到:

$$\begin{cases} A^D_{i,j} + \sum_k A^M_{i,j,k} = A_{i,j} \\ FC^D_{i,f} + \sum_k FC^M_{i,f,k} = FC_{i,f} \\ GFCF^D_i + \sum_k GFCF^M_{i,k} = GFCF_i \end{cases} \quad (3.8)$$

其中,FC 表示最终消费,f 表示最终消费的类别,$GFCF$ 表示资本形成。

表 3-8　　　　　　　　　　世界供给使用情况

		产品供给	产业的中间产品使用	最终使用		合计
国家 1	产品		国内产出的中间产品使用	国内产出的国内最终使用	出口	国内产出的总使用
其余国家(ROW)	产品		进口的中间产品使用	进口产品的国内最终使用	进口产品的再出口	进口产品的总使用
国家 1	产业	国内供给				
其余国家(ROW)	产业	进口				
		总供给				
			增加值			
			产出			

---

① 文东伟和冼国明 (2010) 采用的 OECD 投入产出数据库是 OECD 根据供给使用表编制的对称型投入产出表,虽然只有 4 年的数据,但在统计口径上是可比的。

第三章　中国制造业结构变动：测度方法　75

进一步将进口投入品按产地国来源加以区分，可以得到世界对称型投入产出表（如表3-9所示）。表3-9以国家1、国家2和世界其余国家（ROW）为例对世界对称型投入产出表加以说明。从横轴来看，国家1的中间投入和最终使用均可以区分为来自国家1国内的部分和来自国外的部分，且来自国外的部分可以明确显示来自国家2的份额与来自ROW的份额；对国家2和ROW同理可得。

表3-9　　　　　　　　世界对称型投入产出情况

			国家1 中间使用产业	国家2 中间使用产业	其余国家 中间投入产业	国家1 国内最终使用	国家2 国内最终使用	其余国家 国内最终使用	总计
国家1	产业	中间投入	A国内中间投入	B国进口A国的中间投入	其余国家进口A国的中间投入	A国国内产出的最终使用	B国进口A国的最终使用	其余国家进口A国的最终使用	A国产出
国家2	产业	中间投入	A国进口B国的中间投入	B国内中间投入	其余国家进口B国的中间投入	A国进口B国的最终使用	B国国内产出的最终使用	其余国家进口B国的最终使用	B国产出
其余国家	产业	中间投入	A国进口其余国家的中间投入	B国进口其余国家的中间投入	其余国家国内产品中间投入	A国进口其余国家的最终使用	B国进口其余国家的最终使用	本国国内产出的最终使用	其余国家产出
		附加值	附加值	附加值					
			A国投入	B国投入	其余国家投入				

二　Hummels垂直专业化模型的拓展

在世界对称型投入产出表的基础上，我们通过对Hummels等（2001）的模型进行拓展，不仅可以计算某国制造业整体和各细分产业参与垂直专业化分工过程中出口的国外增值份额，而且可以分析国外增值份额的国别来源。

1. 某国制造业各细分产业出口的国外增值份额

$$VE_{i,t} = \frac{\left(\frac{M_{i,t}}{Y_{i,t}}\right) \cdot X_{i,t}}{X_{i,t}} = \frac{M_{i,t}}{Y_{i,t}} \tag{3.9}$$

式（3.9）中，$VE_{i,t}$是一个比率，表示某国制造业细分产业i第t年出口的国外增值份额，也表示细分产业 i 第 t 年总产出中来自国外的中间投入比例；$\left(\dfrac{M_{i,t}}{Y_{i,t}}\right) \cdot X_{i,t}$ 表示某国制造业细分产业 i 第 t 年出口中来自国外的中间投入量，即细分产业 i 出口的国外增值量；$M_{i,t}$ 表示细分产业 i 第 t 年使用的进口中间品投入量；$Y_{i,t}$ 表示产业 i 第 t 年的总产出；$X_{i,t}$ 表示产业 i 第 t 年的总出口。

2. 某国制造业整体出口的国外增值份额

$$VE_t = \dfrac{\sum_i \left(\dfrac{M_{i,t}}{Y_{i,t}}\right) \cdot X_{i,t}}{\sum_i X_{i,t}} = \sum_i \left(\dfrac{M_{i,t}}{Y_{i,t}} \cdot \dfrac{X_{i,t}}{X_t}\right) \tag{3.10}$$

式（3.10）在式（3.9）的基础上将制造业细分产业 i 拓展到整个制造业而得，其中 $\dfrac{M_{i,t}}{Y_{i,t}}$ 表示细分产业 i 第 t 年总产出中进口中间投入比例；$\dfrac{X_{i,t}}{X_t}$ 表示某国第 t 年制造业总出口中细分产业 i 出口的占比。

考虑到来自国外的中间投入在国内除了直接使用于出口产品的生产以外，也可能经过间接使用最终包含在出口产品中，因此运用完全消耗系数的矩阵形式可将式（3.10）改写成：

$$VE_t = UA^M (I - A^D)^{-1} \dfrac{(X_1 \quad X_2, \quad \cdots, \quad X_n)^T}{X_t} \tag{3.11}$$

式（3.11）中，$U = (1 \quad 1 \quad \cdots \quad 1)_{1 \times n}$；$A^M = (a_{i,j})_{n \times n}$ 表示细分产业 j 生产单位产品需进口的细分产业 i 的中间投入量；$A^D = (d_{i,j})_{n \times n}$ 表示细分产业 j 生产单位产品需细分产业 i 的国内中间投入量。

3. 某国制造业国外增值份额的国别来源

在上述分析的基础上，通过应用基于供给表和使用表的世界投入产出表（WIOT），我们不仅可以区分制造业细分产业的中间投入哪些来自国内生产，哪些来自国外进口，还能进一步区分进口的国别来源。将式（3.9）拓展为：

$$VE_{i,t} = \dfrac{M_{i,t}}{Y_{i,t}} = \dfrac{M_{c1i,t} + M_{c2i,t} \cdots + M_{cni,t}}{Y_{i,t}} = \dfrac{\sum_c M_{ci,t}}{Y_{i,t}} \tag{3.12}$$

式（3.12）中，$\sum_c M_{ci,t}$ 表示制造业细分产业 i 第 t 年使用的来自 C 国

的进口中间品投入量，$VE_{i,t}$，$M_{i,t}$ 和 $Y_{i,t}$ 的含义同式（3.9）。

同理我们可以将式（3.11）拓展为：

$$VE_t = U(A_{c1}^M + A_{c2}^M \cdots + A_{cn}^M)(I - A^D)^{-1} \frac{(X_1\ X_2, \cdots, X_n)^T}{X_t}$$

$$= U\sum_c A_c^M (I - A^D)^{-1} \frac{(X_1\ X_2, \cdots, X_n)^T}{X_t} \quad (3.13)$$

式（3.13）中，$\sum_c A_c^M$ 表示细分产业 j 生产单位产品需要进口 C 国的细分产业 i 的中间投入量。

第四节 水平多样化的测度方法

为了测度产业结构水平多样化程度，我们首先利用产品空间理论的思想测度产品空间距离和空间紧密度，然后运用方向数据统计的方法判断制造业各细分产业空间紧密度变化随时间变动是不是渐进的。

一 产品空间距离和空间紧密度

Imbs 和 Wacziarg 的实证研究表明发展中国家一定的收入水平下在产业（包括制造业）内部存在多样化生产的规律，但对原因未做详细阐述，Hausmann 和 Klinger（2006，2007）提出"产品空间"（product space）理论从不同产品间距离远近的视角解释一种产品的生产迁移到另一种产品生产的过程，为产业结构水平多样化提供了一定的理论解释。

产品空间理论指出如果两种产品空间距离越近，这是因为它们的生产需要相似的制度、基础设施、物质要素、技术或者其中的某种组合，那么它们可趋向于一并生产，即一个国家生产一种产品的能力和条件可能同样适应空间距离接近的另一种产品的生产。假设某国制造业各产品生产需要一组要素或能力的组合，如劳动、固定资产、中间产品、基础设施、制度（产权）等，这些要素或能力不随生产者自身的属性和所处的环境而改变，如果同种要素或能力是同质的，那么各种产品间的距离是恒定的，两两产品间的恒定距离便构成了所有产品的恒定分布状态，即产品空间。由于生产一种产品所需的要素或能力在生产另一种产品时具有不完全替代性，因此总可以在产品空间内找到某种产品的邻近者和疏远者。若干邻近的产品相对聚集而形成空间内的产品密集区域，疏远的产品则分布在空间的稀疏区域。产业结构水平多样化往往发生在空间内产品密集区域中,因为密集区域中各种产品的生产需要相对类似的要素或能力的投入,对生产者来说迁移到区域内其他产品生产所需的成本更低,进一步在开放经济条件下,这些类似的要素或能力的投入既可以来自本国内部,也可以来自世界上的其他国家,从而使水平型分工的速度更快,效率更高。

我们可以用两两产品间的距离矩阵来表示产品空间:

$$\varphi = \begin{bmatrix} 0 & \varphi_{1,2} & \varphi_{1,3} & \cdots & \varphi_{1,n} \\ & \ddots & \varphi_{2,3} & \ddots & \vdots \\ & & \ddots & \ddots & \vdots \\ & & & \ddots & \varphi_{n-1,n} \\ & & & & 0 \end{bmatrix}$$

φ 是一个由 n 种产品构成的 n 维矩阵,矩阵中的每个元素代表了两种产品间的距离,对角线上的元素表示产品与自身的距离,均为 0,同时这是一个轴对称矩阵。假设产品 1、产品 2 和产品 3 中,产品 1 已具有比较优势,产品 2 和产品 3 具有潜在比较优势,当产品距离 $\varphi_{1,2} < \varphi_{1,3}$ 时,生产从产品 1 迁移到产品 2 的可能性比从产品 1 迁移到产品 3 的可能性要大,从而产品 2 获得比较优势的概率要高。假如把一种产品比作一棵树,所有的产品集合比作一片森林,把生产者比作不同树上的猴子。当猴子想要吃到更多的果子,而周围的树上都有果子时,它总是会先跳到离它距离较近的那棵或是那几棵树上去。

制造业中各行业其产品空间距离的计算公式是:

$$\varphi_{i,j} = \min\{p(x_i | x_j), p(x_j | x_i)\} \qquad (3.14)$$

$$x_{i,c} = \begin{cases} 1, & \text{当 } RCA_{i,c} > 1 \\ 0, & \text{当 } RCA_{i,c} \leq 1 \end{cases} \qquad (3.15)$$

$$RCA = \frac{\dfrac{a_{c,i}}{\sum_i a_{c,i}}}{\dfrac{\sum_c a_{c,i}}{\sum_i \sum_c a_{c,i}}} \qquad (3.16)$$

式(3.14)中,$\varphi_{i,j}$ 代表某国制造业中 i 产品和 j 产品的空间距离,$p(x_i | x_j)$ 和 $p(x_j | x_i)$ 是条件概率,$p(x_i | x_j)$ 代表该国出口 j 产品的条件下出

口 i 产品的可能性，$p(x_j|x_i)$ 代表该国出口 i 产品的条件下出口 j 产品的可能性，$p(x_i|x_j)$ 和 $p(x_j|x_i)$ 的取值范围为 [0, 1]。值得注意的是，条件概率 $p(x_i|x_j)$ 和 $p(x_j|x_i)$ 并不一定相等，但 i 产品和 j 产品的空间距离与 i 产品和 j 产品的空间距离应是一致的，所以 Hausmann 等将 $min\{p(x_i|x_j), p(x_j|x_i)\}$ 界定为 i 产品和 j 产品的空间距离 $\varphi_{i,j,t}$。

为了避免某些产品因其出口数量较小而对产品空间距离的测算带来偏差，Hausmann 等利用显示性比较优势指数 RCA 剔除了出口量较小的产品。式（3.15）中，$x_{i,c}$ 是一个虚拟变量，当某国的 i 产品的 RCA 大于 1 时，$x_{i,c}$ 取值为 1，当 RCA 小于等于 1 时，$x_{i,c}$ 取值为 0。式（3.16）中，$a_{c,i}$ 表示 c 国 i 产品的出口额。

进一步地，我们可以运用空间紧密度来测算制造业某行业与所有其他行业的产品空间距离显示生产该行业产品与其他行业产品所需要素的相似程度，或者说产业水平多样化发生的难易程度。令 HD 为空间紧密度指标，制造业某细分产业 HD 计算公式为：

$$HD = \frac{\sum_i \varphi_{ij}}{j} \qquad (3.17)$$

按照 HD 的大小依次排列，可以找出处于空间分布最密集区域和最稀疏区域的制造业细分产业，分布在中心越密集的区域说明多样化生产并出口越容易发生，而分布在外围越稀疏的区域说明多样化生产并出口的难度越高。

由于 HD 是由多国细分产业的显示性比较优势对比以后测得，具有一般普遍意义，为了对国家 C 的制造业细分产业水平多样化程度进行确认，我们还需要将 HD 与该国制造业细分产业的 RCA 进行对比，如果 HD 越高，若此时 RCA>1，说明该产业具有比较优势且处于空间分布密集区域，水平多样化越容易发生，反之亦然。

二　方向数据统计

为了验证水平多样化随时间变动的渐进性，在 Hausmann 和 Klinger 的研究基础上，我们将方向数据引入研究之中。方向数据指的是表示角度或方向随机试验结果的数据，即使有些数据的表现形式不是角度或方向的量，也可以通过适当的变换转化为方向数据。方向数据统计的理论基础奠定于 20 世纪 50 年代至 60 年代以 R. A. Fisher 和 G. S. Watson 为代表的一批统计学家（包括 E. J. Gurnbel、D. Durand、J. A. Greenwood、E. J. Williams、M. A. Stephens、R. J. Beran、E. Irving、E. Batshelet 等）的研究工作（李元生，1998）。在国外，方向数据统计已被广泛地应用于各种研究领域，包括天文、气象、地质、物理、心理、生物、医学、经济等。产品内水平型分工中，以初始位置为始，最终位置为终，之间会形成夹角 θ，当 $0° < \theta < 360°$ 时，方向 θ 与单位圆上的点（$\cos\theta$，$\sin\theta$）一一对应。θ 越大表示产品内水平型分工的方向变化程度越大，进一步通过方向数据的均匀检验，如 Rayleigh 均匀性检验可以反映产业结构演变过程是否为渐变过程。

传统产业结构变动值的计算公式为：$k = \sum |q_{ij} - q_{i0}|$，其中 k 为结构变化值，q_{ij} 为报告期构成比，q_{i0} 为基期构成比。计算出的 k 值越大，说明产业结构变动幅度越大。该指标仅将各产业份额变动值的绝对值简单相加，并不反映某个具体产业变动的情况，也不区分结构演变中各产业的此消彼长的方向变化（郭爱君、武国荣，2007）。约翰·H. 摩尔在 1987 年发表的《产出结构变化的测量》一文中创新性地提出 Moore 结构变化值，运用空间向量的原理弥补了传统产业结构变动值的不足。Moore 值测定法是，以向量空间中夹角为基础，把两个时期间产业向量间的夹角作为象征产业结构变化程度的指标，计算公式为：$\theta_t = \arccos[W_t W_{t-1} / |W_t| |W_{t-1}|]$，式中，$W$ 为产业向量，$|W_t|$ 和 $|W_{t-1}|$ 分别为 W_t 和 W_{t-1} 的长度，W_t 和 W_{t-1} 的夹角为 θ_t，描述了第 t 年产业结构与第 $t-1$ 年相比的变化。

我们进一步改进 Moore 结构变化值的方法，提出水平多样化的方向数据统计法。应用产业向量的概念，将产业分为 i 部门，构成一组 i 维向量，记第 t 年产业向量为：

$$HD_{i,t} = (HD_{1t}, HD_{2t}, \cdots, HD_{it}), i = 1, 2, \cdots, 17 \quad (3.18)$$

式中，$HD_{i,t}$ 为第 i 产业第 t 年空间紧密度（产品内水平型分工程度）。

$$M_t^+ = \frac{\sum_{i=1}^{n} HD_{i,t} \times HD_{i,t-1}}{(\sum_{i=1}^{n} HD_{i,t}^2)^{1/2} \times (\sum_{i=1}^{n} HD_{i,t-1}^2)^{1/2}} \quad (3.19)$$

$$\cos\theta = M_t^+ \quad (3.20)$$

式中，M_t^+ 表示改进的 Moore 结构变化值，是两组向量夹角 θ 的余弦值 $\cos\theta$，$HD_{i,t}$ 表示基期产业 i 的产品内水平型分工程度，$HD_{i,t-1}$ 表示报告期产业 i 的产品内水平型分工程度，n 表示产业部门数。因此，两组向量在两个时期间的夹角为：

$$\theta = \arccos M_t^+ \ \theta(0° \leq \theta \leq 90°) \quad (3.21)$$

θ 越大，说明第 t 年度相对于第 $t-1$ 年度的产业的方向变动程度越大。

第五节 本章小节

在明确了制造业在包括中国在内的发展中国家经济中的地位之后，本章我们主要围绕开放经济条件下如何对制造业结构变动进行测度展开研究。通过导论部分对产业结构变动理论的梳理和对现有产业结构变动测度方法的总结，我们发现国际分工体系的新发展使传统的产业结构分析框架和产业结构变动的测度方法已不能完整地反映开放经济条件下产业结构（包括制造业）变动的新趋势。

因此，本章我们首先从理论上阐述了测度产品内层次的制造业结构变化的模型，包括两国间投入产出表模型，用以分析垂直型分工，以及产业结构水平型变迁模型，用以分析水平型分工。在此基础上，我们改进了传统的产业结构变动分析框架，从开放经济这一视角出发，提出了某国或地区产业结构的垂直专业化和水平多样化的概念，垂直专业化指的是细分产业在产品生产的不同工序中处于什么样的地位；水平多样化指的是某种（些）要素或能力在不同产品间适用范围的大小和转移生产难易程度。我们利用基于供给使用表的对称型投入产出表的数据为基础数据，克服了竞争型投入产出表和非竞争型投入产出表的缺陷，同时将 Hummels 等的垂直专业化模型进行改进，用以测度产业结构的垂直专业化。我们应用 Hausmann 等提出的产品空间距离理论，以产品空间距离和空间紧密度为指标，用以测度产业结构的水平多样化，并改进了传统的方向数据统计方法对其渐进性进行判断。

本章对于以下中国制造业产业结构变动的实证测度和制造业结构变动的效应分析具有方法论的指导意义，我们试图在传统产业结构变动测度方法之外探寻出一个新的方向，作为对原有方法的一种补充，从而能够更好地反映出中国制造业在进一步融入世界分工体系中的变化。

第四章

中国制造业结构变动：实证测度

上一章我们提出了适应国际分工新体系的改进的制造业结构变动分析框架，并阐述了开放经济条件下测度中国制造业结构变动的方法，有待于利用实际数据作具体分析。本章我们在分析归纳了中国制造业结构变动实践模式的基础上，用改进的方法对中国制造业的垂直专业化进行测度并对国别来源进行比较分析，然后对水平多样化进行分析，测度了产品空间距离和空间紧密度并采用改进的方向数据统计法对其渐进性加以验证。

第一节 中国制造业结构变动的实践模式

一 中国制造业参与国际分工的变化

毋庸置疑，中国不断融入世界经济体系是对外开放的结果，经济方面的对外开放指的是当一国的预期净收益大于预期成本时便会选择与世界其他国家进行双向经济交流。纵观国内外各国的发展历史和现状，可以发现开放经济在各国工业社会的产生和发展过程中始终发挥着重要的作用，无论是内源性的还是外源性的工业化和产业发展，都与之密切相关。

随着开放程度的提高，中国在全球化体系中的角色发生变化，参与国家分工的范式也呈现出阶段性的特征，由改革开放初期凭借初期产品和部分劳动密集型产品出口参与国际产业间贸易；到通过大规模承接国际产业转移，在产业内分工中巩固提升加工制造环节的竞争力；再到跨国公司逐步将研发等部分战略性环节布点到中国，一些国内企业也开始具备价值链治理的能力，成为价值链的驱动者，推动中国参与水平型产业内和产品内分工（见表4-1）（金碚等，2013）。

第四章 中国制造业结构变动：实证测度

依据表4-1中国参与国际分工方式的变化可以把中国制造业结构变动划分为三个发展阶段，在这三个阶段中，中国对世界经济总量的贡献程度不断提高，同时制造业增加值及占GDP比重也逐步赶超发达国家位居世界第一（见表4-2）。

第一阶段是自1978年实施改革开放到1992年以前，中国实行改革开放逐步弱化了传统的计划经济体制，在经济建设和经济体制改革方面取得了重大进展，但经济总量水平与发达国家相比有较大差距，主要依靠贸易开放来实现与世界其他国家的经济交流。同时，中国在加速发展经济、努力赶超国际先进水平的过程中，借鉴发达国家的经验，特别是韩国、日本的成功经验，通过制定和实施产业政策，积极地调整产业结构。

表4-1　不同时期的开放政策导向及中国参与国际分工方式的变化

	1992年以前	1992—2001年	2002—2007年	2008年以来
开放政策导向	贸易开放为主	制造业领域大量外资注入，承接国际产业转移	加入WTO后全方位、多层次的开放	创新开放方式，加快"走出去"步伐，平衡内需外需增长，更广泛地发挥国际影响力
跨国公司在华市场及动向	产品销售	加工制造外销	研发本土化，参与中国国内市场竞争	在中国市场上进行价值链并购整合，全面运营和服务
中国参与国际分工的方式	产业间贸易为主	以加工贸易方式，进行低端代工，进入产品内分工	产品内分工深化，制造环节优势提升，制造大国地位进一步巩固，部分环节实现升级	国内需求结构变化；产业转型升级加快；环节升级更加普遍，一些国内企业成为全球价值链驱动者；水平型产业内和产品内分工加快；参与能源和资源的全球配置

资料来源：金碚等：《全球竞争格局变化与中国产业发展》，经济管理出版社2013年版，第187页。

第二阶段是从1992年至2001年加入WTO之前，这一时期除了对外贸易的极大发展以外，中国工业领域特别是制造业领域出现了大量国际直接投资（FDI），因此以加工贸易为表现形式的对外经济交流蓬勃发展，制造业在国际上的地位大大提高。

表 4-2　　　中国制造业增加值及占 GDP 比重与美日的比较

项目	国家	1980 年	1990 年	2000 年	2007 年	2008 年	2009 年
制造业增加值（10亿美元）	中国	133	145	484	1453	1875	2050
	美国	584	1041	1543	1756	1788	1779
	日本	300	810	1034	923	970	1051
	世界	2804	4609	5933	9396	10255	9662
制造业增加值占世界比重（%）	中国	4.74	3.15	8.16	15.46	18.28	21.22
	美国	20.83	22.59	26.01	18.69	17.44	18.41
	日本	10.7	17.57	17.43	9.82	9.46	10.88
	世界	100	100	100	100	100	100

注：中国指的是大陆地区，数据按现价计算。
资料来源：联合国数据库。

第三阶段是加入 WTO 至今，中国在"入世"以后开放经济出现了多层次、全方位的崭新局面，一方面继续拓展国际贸易和 FDI 的发展，承接国际产业转移；另一方面也积极加快"走出去"步伐，与此同时，金融领域，特别是汇率的逐步开放对国际贸易、FDI 与"走出去"增添了新的活力。在此基础上，中国不仅制造业大国的地位逐步稳固，而且产业变动也向更为微观的产品生产环节层面进行延伸。本书基于垂直专业化和水平多样化视角对制造业结构变动的讨论正是围绕着第三阶段展开，深入探究这一时期中国产业结构特别是制造业细分产业的变动情况及其效应。

二　制造业结构变动的新趋势

我们把制造业作为本书研究中国产业结构变动问题的对象，一方面是因为制造业被认为是经济增长的"发动机"，制造业增长可以在制造业内部和外部的其他产业创造更多的经济活动，具有较高的乘数效应和广泛的经济联系；另一方面的原因就是制造业是中国在开放经济条件下参与国际分工最活跃和最广泛的部门。

中国制造业由产业结构变动的第一层次开始，参与不同产业价值链的分工，典型的例子是中美之间"衬衫换飞机"，发展到产业结构变动第二层次，比如，中国与日本之间电子印刷线路的双向贸易（垂直型）、中国与东盟的木材制品的双向贸易（水平型），直至产业结构变动的微观层面。首先，产业结构垂直专业化使越来越多产品的生产过程被拆分为不同的生产阶段，分散到不同的国家（地区）进行，并以跨国界的垂直贸易链相互连接。无论是中国的低技术制造业还是高技术制造业在产品生产和出口过程中都存在参与垂直专业化分工的可能。有关低技术制造业的实例往往选用"芭比娃娃"的生产，"芭比娃娃"在美国的零售价约为10美元，其中美国公司获得了8美元的价值，而由中国劳动力所产生的增加值仅有0.35美元。而作为高技术制造业提供有力的实际证据的是"苹果手机"的例子。Yuqing Xing 和 Neal Detert（2010）的研究发现，从美国进口一部在中国组装的 iPhone 手机是178.96美元，其中24美元的闪存和35美元的屏幕是在日本生产的，23美元的信息处理器和相关零部件是韩国制造的，全球定位系统、微电脑、摄像机、WIFI 无线产品等共计30美元的零部件是德国制造的，蓝牙、录音零件和3G 技术产品等价值12美元的零件是美国制造的。除此之外，材料费用、各种软件许可证和专利费用，合起来为48美元左右。① 最后算下来，在中国组装环节的费用只有6.5美元。

然后，产业结构水平多样化也在中国制造业中出现，比如，中国宁波某家拥有光伏技术的光伏产品出口大企业在2010年接连遭受美国和欧盟的"光伏双反"增税压力，这家企业除了积极开拓东欧、南美、非洲、东南亚等新兴光伏产品市场以外，将光伏技术应用到家用电源、玩具以及国内外生态农业大棚建设项目和大棚作物种植等诸多不同的产业的产品生产中，为企业带来的收益超过贸易壁垒前单一光伏产品的销售收入。能力（包括管理能力）同样可以作为生产片段扩散到不同的产品之中，如某家软饮料生产巨头企业的 CEO 可以同样成功地成为一家知名的电子产品生产企业的执行总裁。

第二节 垂直专业化的测度

一 数据来源

（1）产业选择。本书以制造业为研究对象，中间投入和产出数据来自世界投入产出数据库（WIOD）所提供的1995—2009年共15年的对称

---

① Yuqing Xing and Neal Detert, "How the iPhone Widens the United States Trade Deficit with the People's Republic of China", *Asian Development Bank Institute Working Paper*, No. 257, December 2010, Paper revised May 2011.

型投入产出表（WIOT）。WIOT 是根据 59 种产品 35 个产业的供给表和使用表编制的产业—产业对称型投入产出表，产业分类标准按照 ISIC Rev. 2 分类方式。由于中国主要在制造业领域参与世界垂直化分工，因此我们选择了 14 个制造业细分产业。根据 OECD 产业 R&D 含量分类，同时考虑中国制造业发展现状，我们进一步把 14 个细分产业分为低技术制造业、中技术制造业和高技术制造业三大类，以便对产业结构变化进行直观分析，具体见表 4-3。

表 4-3　　　　　　　　　　制造业技术含量分类

类别	细分产业
高技术制造业	化学工业；机械设备制造业；电气机械及光学器材制造业；交通运输设备制造业
中技术制造业	石油加工、炼焦及核燃料加工业；橡胶与塑料制品业；其他非金属矿物制品业；金属制品业
低技术制造业	食品饮料制造及烟草加工业；纺织业；服装皮革及鞋类制品业；木材制品业；纸浆、纸张、纸制品、印刷及出版；其他制造业及可再生品

注：①金属制品业不包括机械及设备。
②电气机械及光学器材制造业主要包括办公机械和计算机；电气机械及器材；广播，电视和通信设备和装置；医疗，精密和光学仪器，钟表。
③其他制造业及可再生品主要包括家具及其他制成品；二次原料再生制品。

WIOD 投入产出数据库提供的对称型投入产出表包括使用表（各细分产业产出数据和出口数据）、进口使用表（各细分产业笼统地来自国外的进口数据和分国别的进口数据）以及国内使用表。根据产出数据和进口中间投入矩阵，可以得到 A^M 和 A_c^M，结合国内中间投入矩阵和产出数据所得到的 A^D，利用式（3.11）和式（3.13）可以测算某国制造业各细分产业垂直专业化分工的程度以及国外价值增值份额的国别来源。

（2）国别（地区）选择。根据 WIOD 投入产出数据库（2012 年版）提供的 40 个经济体，我们选择了其中包括中国在内的共 20 个国家和地区（见表 4-4）。这些国家和地区包括了发达国家和发展中国家，分布在世界四个大洲，20 个国家和地区合计占世界商品进出口比重的 60% 以上（UNCTAD，2011），同时，这些国家和地区也是中国对外贸易的主要伙伴国，1998—2011 年，中国对这些国家的货物进出口量约占中国进出口总额的 60%（《中华人民共和国统计年鉴（1999—2012）》），因此选择这些国家计算中国制造业垂直专业化分工程度及国外增值的国别来源比较具有代表性。

表 4-4　　　　　　　　　　国别（地区）选择

亚洲	北美洲	拉丁美洲	欧洲	大洋洲
中国	加拿大	巴西	丹麦	澳大利亚
印度	美国	墨西哥	法国	
日本			德国	
韩国			爱尔兰	
中国台湾			罗马尼亚	
印度尼西亚			英国	
			荷兰	
			意大利	
			俄罗斯	

二　测算结果及分析

（1）制造业整体。利用基于供给使用表的世界对称型投入产出表，可以测算出中国 1995—2009 年制造业整体垂直专业化分工程度（VE 值）以及国外增值部分的主要国别来源（如表 4-5 所示）。

首先，从总体来看，中国制造业 1995—2009 年垂直专业化分工程度虽然不高，没有达到部分学者测算的 40% 甚至是 50% 左右的高位，属于较为合理的 "度"，但呈现出比较明显的上升趋势，从 1995 年的 13.80% 提高到 2009 年的 23.06%，增长了 67.1%，年平均增长率达到 3.74%。2001 年是重要的分界点——2001 年以前中国制造业整体垂直专业化分工的国外增值份额都在 15% 以下，2001 年以后则迅速增长至 20% 以上，2005 年有小幅波动但仍非常接近 20%。这表明自 2001 年中国加入 WTO 以来，随着经济开放不断深入，制造业参与国际分工的程度不断加大。

其次，从制造业整体垂直专业化分工国外增值份额的国别来源看（见表 4-5），1995—2009 年上述 19 个经济体（除中国外）的总计占比趋于下降，从 1995 年的 82.17% 下降至 2009 年的 67.65%，降幅达到 17.67%，平均降幅为 1.38%，这与中国制造业垂直专业化分工程度的不断上升趋势正好相反，这表明中国制造业垂直化分工的国别来源呈现多样化分散的趋势。

表 4-5　　　中国制造业总体垂直专业化分工程度及
增加值份额国别（地区）来源　　　单位：%

经济体类型	国家（地区）	1995年	1997年	1999年	2001年	2003年	2005年	2007年	2009年	平均增长率
	中国	13.80	13.01	14.14	15.78	21.09	19.54	23.83	23.06	3.74
	19国总计占比	82.17	86.12	80.51	75.54	70.55	57.24	66.14	67.65	-1.38
新兴市场经济体	巴西	0.06	0.05	0.05	0.07	0.15	0.07	0.15	0.18	8.16
	墨西哥	0.02	0.01	0.01	0.04	0.08	0.07	0.34	0.54	26.54
	印度	0.09	0.21	0.24	0.24	0.3	0.25	0.35	0.37	10.63
	俄罗斯	0.17	0.17	0.18	0.18	0.2	0.08	0.13	0.18	0.41
新兴工业经济体	中国台湾	2.52	2.73	2.69	2.66	3.66	3.00	3.50	2.88	0.96
	韩国	2.33	2.42	2.30	2.1	2.58	1.96	2.68	2.42	0.27
发达国家	日本	2.81	2.42	2.64	2.72	3.46	2.49	3.25	3.11	0.73
	澳大利亚	0.16	0.16	0.17	0.2	0.23	0.12	0.22	0.17	0.43
	丹麦	0.02	0.02	0.02	0.02	0.02	0.02	0.04	0.04	5.08
	法国	0.15	0.18	0.22	0.28	0.27	0.2	0.27	0.29	4.82
	德国	0.43	0.45	0.48	0.66	0.94	0.66	1.20	1.26	7.98
	爱尔兰	0.01	0.01	0.02	0.05	0.08	0.07	0.06	0.10	17.88
	英国	0.30	0.31	0.30	0.31	0.30	0.20	0.24	0.22	-2.19
	荷兰	0.12	0.11	0.11	0.11	0.1	0.08	0.14	0.14	1.11
	意大利	0.40	0.34	0.32	0.37	0.35	0.24	0.38	0.78	4.89
	加拿大	0.18	0.16	0.17	0.24	0.27	0.18	0.36	0.38	5.48
	美国	1.14	1.12	1.15	1.23	1.51	1.38	2.24	2.32	5.21
其他发展中国家	印度尼西亚	0.42	0.33	0.31	0.35	0.32	0.11	0.19	0.21	-4.83
	罗马尼亚	0.01	0.004	0.004	0.01	0.02	0.004	0.01	0.01	0

资料来源：由 STATA 12 计算得到。

为了考察不同经济体对中国参与垂直专业化分工的影响，我们进一步将19国划分为新兴市场经济体、新兴工业经济体、发达国家和其他发展中国家四类经济体。从图4-1可以发现：

①新兴工业经济体和发达国家是中国制造业垂直专业化分工国外增值份额的主要来源地，特别是新兴工业化国家的韩国、中国台湾和发达国家的日本、美国，1995—2009年中国制造业垂直专业化分工来自这四个国家和地区的增值份额都在1%以上，占中国制造业垂直专业化分工国外增

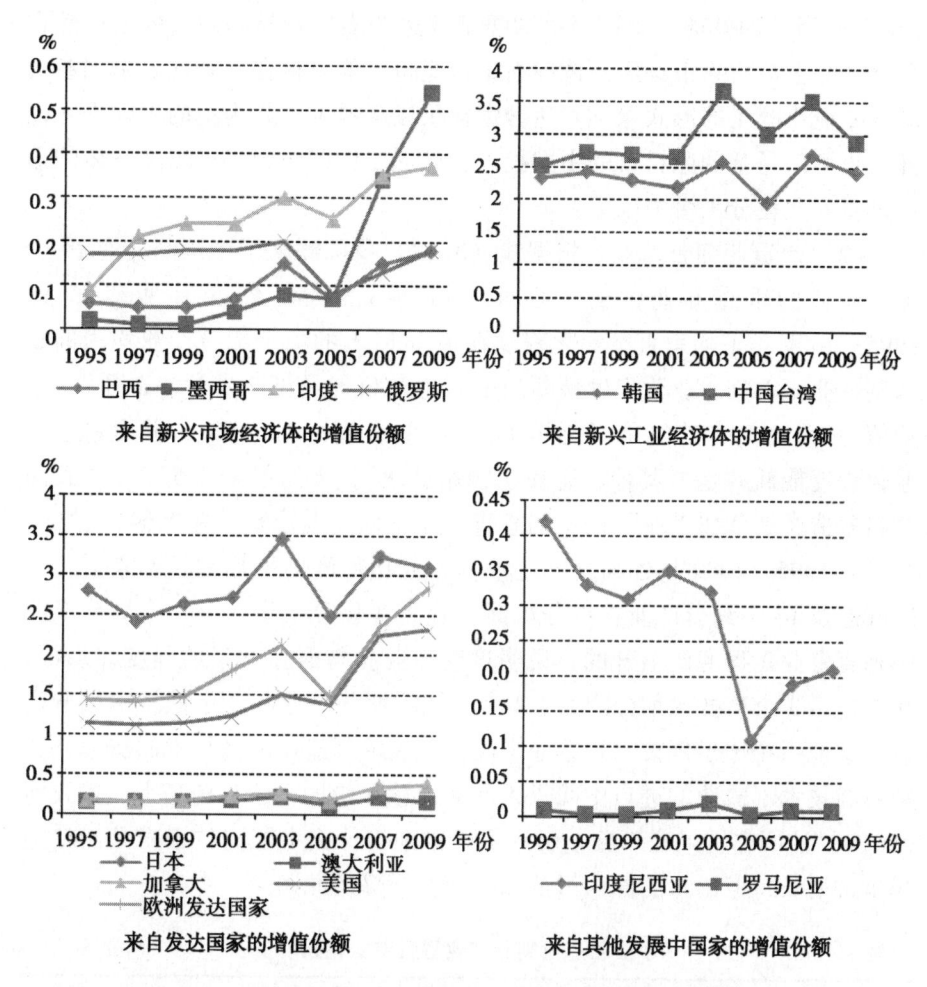

图 4-1　中国制造业垂直专业化分工来自不同国家的增值份额

值份额的 55.29%（平均值），这在一定程度上解释了近年来中国对这些国家（地区）外贸高速增长的原因。①

②新兴市场经济体作为来源地占比虽不高但增长迅速，平均增长率前五位的经济体中有 3 个属于新兴市场经济体，其中墨西哥的平均增长率达到了 26.54%，巴西和印度也分别达到了 8.16% 和 10.63%。近年来，中国与墨西哥签订了一系列双边合作协议，共同抵制贸易保护主义；中国与

---

① 2011 年中国对外贸易数据显示，中国对外贸易伙伴国美国位列第一，日本第二，韩国第三，中国台湾第五。资料来源：《中国统计年鉴》（2012）。

"金砖四国"的其他三个国家也加强了双边和多边贸易联系。中国虽然在部分产品上与新兴市场经济体存在出口竞争，但也存在互补性。中国参与垂直专业化分工的形式除了发达国家提供以高技术产品为主的中间投入以外，也可以是基础原材料的中间投入，因此，中国与新兴市场经济体间形成垂直专业化分工潜力巨大。

（2）制造业细分产业。根据式（3.12）我们测度了中国制造业14个细分产业的垂直专业化分工程度（VE值）。从表4-6中可以发现，1995—2009年平均垂直专业化程度在10%以上的两个细分产业均为高技术制造业，垂直专业化程度最高的是"电气机械及光学器材制造业"，平均值为15.49%，其次是"化学工业"，平均值为12.48%，平均垂直专业化程度最低的是"其他非金属矿物制品业"，平均值为0.58%，"食品饮料制造及烟草加工业"的平均垂直专业化程度也较低，为0.64%。

从1995—2009年各细分产业垂直专业化程度的平均增长率来看，中国制造业14个细分产业在参与国际垂直专业化分工中，有7个细分产业的垂直专业化程度是上升的，说明这些产业参与国际分工的程度在加深，其中包括3个高技术细分产业、2个中技术细分产业和2个低技术细分产业。这说明相比于低技术制造业来说，中技术制造业和高技术制造业，特别是高技术制造业的进口中间投入品的依赖在增加，这与杨高举、黄先海（2010）的研究结果相一致，解释了近年来为什么中国高技术产品出口呈爆发式增长，但出口的国内增值部分却在下降的原因。

表4-6　　　　　中国制造业细分产业垂直专业化程度　　　　单位：%

分类	细分产业	1995年	1997年	1999年	2001年	2003年	2005年	2007年	2009年	平均值	平均增长率
低技术制造业	食品饮料制造及烟草加工业	0.56	0.55	0.40	0.44	0.69	0.73	0.88	0.89	0.64	3.36
	纺织业	8.68	8.17	7.80	6.92	5.67	4.04	2.15	1.80	5.65	-10.63
	服装皮革及鞋类制品业	6.91	4.96	4.92	5.57	5.51	5.31	3.91	2.85	4.99	-6.13
	木材制品业	6.76	2.63	2.79	2.25	2.46	2.19	1.52	1.58	2.77	-9.86
	纸浆、纸张、纸制品、印刷及出版	7.94	7.00	7.87	6.82	6.73	5.20	4.68	4.77	6.38	-3.57
	其他制造业及可再生品	1.57	3.93	2.95	2.61	3.53	6.74	8.19	12.10	5.20	15.70

续表

分类	细分产业	1995年	1997年	1999年	2001年	2003年	2005年	2007年	2009年	平均值	平均增长率
中技术制造业	石油加工、炼焦及核燃料加工业	3.22	4.65	3.85	3.17	4.25	4.45	4.95	4.76	4.16	2.83
	橡胶与塑料制品业	4.94	4.12	3.65	3.09	3.74	4.35	3.94	4.25	4.01	-1.07
	其他非金属矿物制品业	0.05	0.40	0.49	0.69	0.88	0.85	0.69	0.58	0.58	19.13
	金属制品业	6.72	5.51	5.95	6.90	9.40	7.97	5.92	6.04	6.80	-0.76
高技术制造业	化学工业	11.52	11.56	12.23	12.75	14.18	14.71	11.71	11.21	12.48	-0.19
	机械设备制造业	2.74	6.65	2.78	2.80	3.70	8.92	8.59	7.89	5.51	7.85
	电气机械及光学器材制造业	11.60	9.33	11.18	14.01	19.61	22.80	18.54	16.85	15.49	2.70
	交通运输设备制造业	3.46	2.49	2.13	2.41	3.40	3.48	3.73	4.19	3.16	1.38

资料来源：由 STATA 12 计算得到。

具体来看，首先，低技术制造业中"食品饮料制造及烟草加工业"和"其他制造业及可再生品"的垂直专业化程度呈现上升趋势，这一方面是因为低技术制造业本身的垂直专业化程度较低而拥有较大的增长潜力；另一方面也说明了王昆（2012）所描述的现今经济发展的事实，"近年来国内食品、饮料烟草行业，尤其是食品、饮料行业纷纷与国外跨国公司合作经营，或进行股权转让，国内独资的大型饮料企业已不多见"。"纺织品"、"服装皮革羽绒及其制品业"、"木材制品业"和"纸浆、纸张、纸制品、印刷及出版"4个产业的垂直专业化程度趋于下降，说明这些产业的生产和出口主要利用国内的资源。

其次，中技术制造业中的"其他非金属矿物制品业"和"石油加工、炼焦及核燃料加工业"的垂直专业化程度趋于上升，反映了当前我国经济发展对金属、矿石资源和能源初级产品的需求量在急剧增加；相比之下，"金属制品业"和"橡胶与塑料制品业"对外依赖性较弱，尤其是"橡胶与塑料制品业"基本上依靠国内的资源和能力进行生产。

最后，高技术制造业中的"机械设备制造业"、"电气机械及光学器材制造业"和"交通运输设备制造业"的垂直专业化程度增速明显，"化学工业"的垂直专业化呈现负增长，这说明"化学工业"的国内配套能力有所增强。

为了进一步分析中国制造业细分产业垂直专业化分工国外增值份额的

来源，我们测算了中国制造业细分产业垂直专业化分工国外增值份额的国别来源变化情况（见表4-7），但限于篇幅仅列出细分产业国别来源的增长率。表4-7按照高、中、低技术细分产业以及新兴市场经济体、新兴工业经济体、其他发展中国家、发达国家四种经济体分类方式进行编制，从表中可以看出：

①新兴市场经济体主要在低技术细分产业领域，部分在中技术产业领域成为中国制造业垂直专业化分工国外增值的来源地。在低技术细分产业领域，与1995年相比，2009年巴西的木材制品业和纸浆、纸张、纸制品、印刷及出版，墨西哥的服装皮革及鞋类制品业和其他制造业及可再生品，印度的其他制造业及可再生品业，俄罗斯的木材制品业等，增长率都在300%以上。在中技术领域，印度的其他非金属矿物制品业和金属制品业，墨西哥的橡胶与塑料制品业，以及巴西的金属制品业等增速明显。

②新兴工业经济体主要在中高技术细分产业领域成为中国制造业垂直专业化分工国外增值的来源地，中国台湾的其他非金属矿物制品业和电气机械及光学器材制造业，韩国的机械设备制造业、电气机械及光学器材制造业和交通运输设备制造业成为主要的增长点。

③发达国家中的澳大利亚和爱尔兰利用其比较优势分别在石油加工、炼焦及核燃料加工业和食品饮料制造及烟草加工业成为中国垂直专业化分工国外增值份额的主要来源地，其余发达国家的增长点主要集中在高、中技术细分产业。

④在其余发展中国家中，中国垂直专业化分工国外增值份额来自地理距离较远的罗马尼亚的比例较少，且普遍出现负增长；而地理距离较近的印度尼西亚在多个细分产业领域都有所增长，尤其是食品饮料制造及烟草加工业，增长率高达959.32%。

总结上述细分产业国别来源增长率的情况可以发现，中国制造业细分产业参与垂直专业化分工时其国外增值份额的国别来源基本符合各经济体的比较优势：占中国制造业垂直专业化分工国外增值份额比例较高的国家如日本、美国等增长速度较慢，而占比较低的国家尤其是新兴市场经济体的增长则较为明显，这说明中国制造业垂直专业化分工的国别来源不仅在世界地理分布上趋于多元化，而且在19个经济体内部也呈分散化；同时，地理距离的远近可能是影响垂直专业化分工的来源国的选择因素之一，如印度尼西亚和罗马尼亚的比较；另外值得注意的是，中国细分产业中其他制造业及可再生品虽然在中国制造业中的占比不大（2009年占制造业产出的比例为1.07%）[①]，但对大多数发达国家、部分新兴市场经济体和新兴工业化国家的依赖性却普遍增强，这说明与国外存在一定的技术差距，需要主要依靠嵌入全球价值链来提升竞争力。

表4-7 中国制造业细分产业垂直专业化分工国外增值份额的国别（地区）来源增长率变化情况　　　　单位：%

分类	细分产业	新兴市场经济体				新兴工业经济体		其他发展中国家	
		巴西	墨西哥	印度	俄罗斯	中国台湾	韩国	罗马尼亚	印度尼西亚
低技术细分产业	食品饮料制造及烟草加工业	-74.36	-100.00	241.00	-100.00	-100.00	-71.70	N.A.	959.32
	纺织业	-100.00	-100.00	-11.70	-100.00	-82.30	-87.00	-100	-72.11
	服装皮革及鞋类制品业	82.86	450.00	-56.20	-100.00	-68.60	-70.10	-100	73.16
	木材制品业	334.78	-100.00	213.00	3330.00	-97.90	-98.50	N.A.	-97.78
	纸浆、纸张、纸制品、印刷及出版	453.85	197.00	-100.00	191.00	-87.40	-89.00	-100	-56.69
	其他制造业及可再生品	-100.00	58.4×10^3	12.2×10^2	-100.00	-96.60	102.00	-100	-100
中技术细分产业	石油加工、炼焦及核燃料加工业	236.70	-100.00	44.50	55.80	-27.50	41.20	N.A.	85.76
	橡胶与塑料制品业	28.70	747.00	-72.60	-100.00	-79.00	-0.57	-100	-15.44
	其他非金属矿物制品业	-100.00	-100.00	67.3×10^2	N.A.	20×10^5	N.A.	N.A.	N.A.
	金属制品业	223.74	-27.80	826.00	-15.50	-50.30	-21.20	-100	128.57
高技术细分产业	化学工业	177.78	-2.60	1.78	-63.40	-27.70	7.03	-68.45	-42.06
	机械设备制造业	-2.91	1170.00	1020.00	-37.20	68.50	1020.00	33.36	19.74
	电气机械及光学器材制造业	68.07	1470.00	369.00	-100.00	103.00	166.00	-100	242.47
	交通运输设备制造业	-57.98	382.00	-9.09	-100.00	-90.50	132.00	-100	-100

---

① 资料来源：根据WIOT投入产出数据库数据计算得到。

续表

分类	细分产业	发达国家									
		日本	澳大利亚	丹麦	法国	德国	爱尔兰	英国	荷兰	意大利	加拿大	美国
低技术细分产业	食品饮料制造及烟草加工业	25.00	-31.97	-100.00	303.00	-77.27	2850.00	-100.00	-53.92	-100.00	82.93	-21.05
	纺织业	-75.78	-86.91	-100.00	-26.50	-46.58	-100.00	-71.60	-12.28	-49.10	-34.21	-59.63
	服装皮革及鞋类制品业	-86.34	-69.07	-100.00	-74.30	-24.81	-100.00	-75.60	-100.00	-57.70	-61.98	-68.65
	木材制品业	-50.25	-20.00	-100.00	-41.50	15.74	-100.00	-100.00	-100.00	-85.50	38.89	-20.91
	纸浆、纸张、纸制品、印刷及出版	-74.05	-73.30	149.00	-52.30	-58.28	1770.00	-71.70	-87.52	-68.30	-16.03	-18.42
	其他制造业及可再生品	52.28	238.98	-100.00	61.30	279.15	-100.00	11.40	452.15	8480.00	187.11	345.05
中技术细分产业	石油加工、炼焦及核燃料加工业	21.90	$300*10^5$	-100.00	-46.50	236.54	-100.00	35.70	133.64	-100.00	218.81	-27.16
	橡胶与塑料制品业	81.05	-35.48	36.80	123.00	128.31	-100.00	-19.60	-26.83	-8.57	9.29	73.24
	其他非金属矿物制品业	762.0	-100.00	-100.00	$625*10^4$	653.30	-100.00	285.00	-100.00	289.00	-100.00	1792.74
	金属制品业	-56.46	90.02	-100.00	-17.10	32.48	-100.00	-69.60	-57.17	-8.68	-25.86	58.68
高技术细分产业	化学工业	-19.32	-49.69	-51.50	31.40	22.15	409.00	-39.00	-43.27	-49.90	-16.87	-23.93
	机械设备制造业	71.36	101.61	413.00	175.00	447.03	352.00	-10.70	231.95	302.00	171.19	114.30
	电气机械及光学器材制造业	-28.18	-91.82	37.90	23.50	86.84	880.00	-73.70	-66.81	-26.00	151.57	4.43
	交通运输设备制造业	15.07	61.81	126.00	0.30	33.12	-100.00	58.50	34.23	-1.57	-75.31	51.75

资料来源：由 STATA 12 计算得到。

第三节 水平多样化测度

在以上分析的基础上，为了测度中国制造业水平多样化程度，我们还需要制造业各细分产业的进出口数据，数据来自联合国（UNCTAD）COMTRADE 国际贸易分类统计数据库。但由于投入产出表的产品分类方式与 COMTRADE 的分类标准存在差异，为了使数据的统计口径一致，我们按照 WIOD 投入产出表的结构并参照 COMTRADE 数据库的 SITC Rev.4（《国际贸易标准分类》第三版）三位码分类方式，将制造业产品子类合并归纳为 14 个细分产业（见表 4-8）。在国别选择上我们同样选择了包括中国在内的 20 个经济体。

表 4-8　　　　　　　　　制造业分类及编码

序号	制造业	SITC Rev. 4 编码
1	食品饮料制造及烟草加工业	061、062、071、072、073、074、075、111、112、121、122、421、422
2	纺织业	261、263、264、265、266、267、268、269、651、652、653、654、655、656、657、658、659
3	服装皮革及鞋类制品业	211、212、611、612、613、841、842、843、844、845、846、848、851
4	木材制品业	246、248、633、634、635
5	纸浆、纸张、纸制品、印刷及出版	251、641、642、891、892、893、894、895、896、897、898、899
6	石油加工、炼焦及核燃料加工业	232、334、335
7	化学工业	511、512、513、514、515、516、522、523、524、525、531、532、533、541、542、551、553、554、562
8	橡胶与塑料制品业	571、572、573、574、575、579、581、582、583、591、592、593、597、598、621、625、629
9	其他非金属矿物制品业	661、662、663、664、665、666、667
10	金属制品业	671、672、673、674、675、676、677、678、679、681、682、683、684、685、686、687、689、691、692、693、694、695、696、697、699
11	机械设备制造业	721、722、723、724、725、726、727、728、741、742、744、745、746、747、748、749
12	电气机械及光学器材制造业	711、712、713、714、716、718、731、733、735、737、751、752、759、761、762、763、764、771、772、773、774、775、776、778、871、872、873、874、881、882、883、884、885
13	交通运输设备制造业	781、782、783、784、785、786、791、792、793
14	其他制造业	811、812、813、821、831

一　产品空间距离

我们首先根据式（3.16）计算 1995—2009 年 20 个经济体制造业各细分产业的显示性比较优势指数 RCA，假如 RCA > 1 则该经济体制造业的第 i 个细分产业拥有比较优势，反之，则不具备比较优势；其次利用式（3.14）可测度 14 个细分产业的产品空间距离 $\varphi_{i,j}$；最后利用式（3.15）测度 14 个细分产业的空间密集度 HD。

产品空间距离。由于篇幅的限制，本书给出了1995年和2009年两两产业的产品空间距离 $\varphi_{i,j}$（如表4-9和表4-10所示）。若 $\varphi_{i,j}$ 越高表明产业 i 和产业 j 空间距离越接近，两个产业生产所需的某种或某些要素相似度越高，因此在生产并出口产业 i 的产品的情况下产业 j 的产品也在生产和出口，那么产业 i 和产业 j 同时具备比较优势的可能性较高，产业结构水平多样化难度较低；若 $\varphi_{i,j}$ 越高且当前生产并出口产业 i 产品或产业 j 产品，而产业 j 或产业 i 的生产和出口量没有或很少，同样表明两个产业使用某种或某些相似的要素，未生产或少生产并出口的另一产业具备获得有比较优势的潜力，产业结构水平多样化的难度一般；反之，若 $\varphi_{i,j}$ 越低则表明产业 i 和产业 j 空间距离越远，两个产业所使用的要素差异性越大，产业结构水平多样化的难度也较高。

产品空间距离 $\varphi_{i,j}$ 方阵是以对角线为轴的对称矩阵，因此在讨论时我们只需考虑一侧即可。按照 $\varphi_{i,j}$ 的高低我们将所有的数据划分为四个区间：① $\varphi_{i,j}$ 大于0.6，表明产品空间距离最近；② $\varphi_{i,j}$ 大于0.5且小于等于0.6，表明产品空间距离较近；③ $\varphi_{i,j}$ 大于0.4且小于等于0.5，表明产品空间距离一般；④ $\varphi_{i,j}$ 小于等于0.4，表明产品空间距离较远。

从总体上看，1995—2009年各细分产业间的空间距离具有较大差异，空间距离分布不均匀，表4-9显示，1995年在105个 $\varphi_{i,j}$ 值中，共有4个 $\varphi_{i,j} > 0.6$，有8个 $\varphi_{i,j} \in (0.5, 0.6]$，有25个 $\varphi_{i,j} \in (0.4, 0.5]$，剩余68个 $\varphi_{i,j} \leq 0.4$，产品空间距离一般及以上的比例较少（35.24%），其中产品空间距离最近的产业以低技术制造业为主，有两组是低技术制造业之间的，分别为纺织业和服装皮革及鞋类制品业（$\varphi_{i,j} = 0.75$）；木材制品业和其他制造业（$\varphi_{i,j} = 0.625$）。有两组是低技术制造业和中技术制造业之间的，分别为服装皮革及鞋类制品业和其他非金属矿物制品业（$\varphi_{i,j} = 0.625$）；橡胶与塑料制品业和其他制造业（$\varphi_{i,j} = 0.667$）。对应1995年中国制造业各细分产业的显示性比较优势指数（见附表2），虽然这一时期中国的制造业不具备较高的比较优势，但低技术制造业出口的增长容易带动产品空间距离接近的产业发挥比较优势的潜力。这与中国自改革开放以来很长时间的发展现实是相符的，即随着纺织、服装类产品生产和对外出口的急剧扩大带动了皮革、鞋类、橡胶、塑料制品等的生产与出口，形成了长期以来中国在这些低技术制造业中的比较优势。

表4-10显示，2009年 $\varphi_{i,j} > 0.6$ 的个数增加为7个，$\varphi_{i,j} \in (0.5,$

0.6]的个数增加为11个，$\varphi_{i,j} \in (0.4, 0.5]$的个数增加为27个，产品空间距离一般及以上的比例上升为42.86%，细分产业总体空间距离更为接近，在产品空间距离最接近的7组产业中，有两组是低技术制造业之间的，分别为纺织业和服装皮革及鞋类制品业（$\varphi_{i,j} = 0.667$）；食品饮料制造及烟草加工业和纸浆、纸张、纸制品、印刷及出版（$\varphi_{i,j} = 0.667$）。有两组是中技术制造业与高技术制造业之间的，分别为石油加工、炼焦及核燃料加工业和化学工业（$\varphi_{i,j} = 0.636$）；石油加工、炼焦及核燃料加工业和金属制品业（$\varphi_{i,j} = 0.616$）；另有低技术制造业和中技术制造业、中技术制造业和自身、中技术制造业与高技术制造业各一组，总体来说产品空间距离最接近的产业由以低技术制造业为主逐步转向以"中技术制造业 + 低技术制造业"为主的格局。

表4-9　　　　　　　1995年制造业14个细分产业的$\varphi_{i,j}$

产业＼产业	1	2	3	4	5	6	7	8	9	10	11	12	13	14
1	0.450													
2	0.333	0.400												
3	0.444	0.750	0.400											
4	0.444	0.375	0.500	0.300										
5	0.444	0.111	0.125	0.286	0.350									
6	0.556	0.333	0.444	0.444	0.444	0.450								
7	0.556	0.250	0.125	0.143	0.571	0.333	0.350							
8	0.556	0.444	0.444	0.444	0.333	0.333	0.444	0.450						
9	0.444	0.500	0.625	0.571	0.286	0.222	0.571	0.444	0.350					
10	0.222	0.222	0.333	0.333	0.333	0.556	0.222	0.444	0.444	0.450				
11	0.222	0.125	0.250	0.167	0.143	0	0.286	0.333	0.429	0.333	0.200			
12	0.222	0.250	0.125	0	0.429	0.222	0.286	0.111	0	0.222	0.143	0.350		
13	0.111	0.375	0.250	0.143	0.286	0.111	0.286	0.333	0.286	0.333	0.400	0.286	0.250	
14	0.333	0.625	0.500	0.625	0.125	0.333	0.250	0.667	0.500	0.444	0.125	0.125	0.250	0.400

资料来源：由STATA 12计算得到。

表4-10　　　　　2009年制造业14个细分产业的 $\varphi_{i,j}$

产业＼产业	1	2	3	4	5	6	7	8	9	10	11	12	13	14
1	0.400													
2	0.125	0.250												
3	0.375	0.667	0.300											
4	0.444	0.444	0.444	0.450										
5	0.667	0.111	0.333	0.444	0.450									
6	0.308	0.308	0.385	0.462	0.538	0.750								
7	0.500	0.100	0.200	0.200	0.600	0.636	0.500							
8	0.444	0.333	0.556	0.556	0.444	0.462	0.400	0.450						
9	0.625	0.250	0.500	0.444	0.333	0.231	0.400	0.556	0.400					
10	0.273	0.273	0.273	0.546	0.455	0.616	0.364	0.546	0.455	0.550				
11	0.500	0.167	0.333	0.222	0.333	0.231	0.500	0.444	0.625	0.283	0.300			
12	0	0.200	0.167	0.111	0	0.154	0.200	0.333	0.375	0.364	0.167	0.250		
13	0.250	0.143	0.286	0.222	0.444	0.308	0.400	0.444	0.500	0.455	0.571	0.429	0.350	
14	0.250	0.571	0.286	0.556	0.111	0.308	0.200	0.444	0.375	0.455	0.286	0.143	0.286	0.350

资料来源：由STATA 12计算得到。

运用几何法能够更为直观地观察这一变化。如图4-2所示，调整表4-9和表4-10中各细分产业的位置，把低技术制造业（序号1—5、14）、中技术制造业（序号6、8—10）、高技术制造业（序号7、11—13）分别归类①，并用三角形表示产品空间距离在一般以上的大体位置，可以看出1995—2009年的变化。

比较表4-9和表4-10我们还可以发现：1995年14个细分产业中最高的 $\varphi_{i,j}$ 都没有出现在对角线上，即 $\max\varphi_{i,j} \in \{\varphi_{i,j}, i \neq j\}$，这说明产品空间距离最接近的产业组均表现为与其他产业之间而非自身产业内部，2009年除了石油加工、炼焦及核燃料加工业，金属制品业2个细分产业以外，其余12个细分产业均表现为与其他产业的空间距离更为接近。这一结果

---

① 表4-9和表4-10中之所以没有按照低技术制造业、中技术制造业和高技术制造业的方式加以归类是为了使序号和对应的制造业细分产业在上下文之间保持一致。

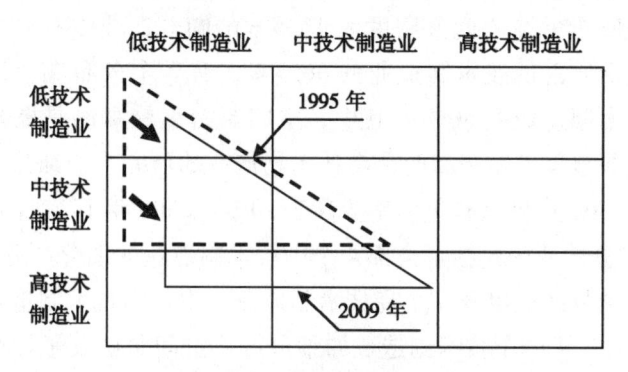

第四章 中国制造业结构变动：实证测度

图 4-2 制造业细分产业的产品空间距离在一般以上
的迁移情况 (1995—2009 年)

与以往一些学者的研究结论有所不同，例如，普雁翔（2011）、魏后凯（2004）、胡立新（2000）的研究结论都认为特定产业的集聚不断提高，能够发挥外部性等集聚效应。笔者认为，在开放经济条件下，不同产品的多元化生产和出口比单一产品的集聚生产和出口更能够发挥要素或能力的价值，比较优势的获得可能是在不同产业不同产品间扩展，因此，产业结构的水平多样化能够提高经济发展的效益。关于这一观点我们将在本书的第五章中加以验证。

以上分析主要是围绕两个细分产业相互之间的产品空间距离来分析水平多样化的难易程度，也可能会出现某一产业的产品生产和出口所需的某种或某些要素（能力）能够容易地迁移到其他多个产业之中，因此需要进一步测度某一产业与多个产业间的空间紧密程度，进而来判断产业结构水平多样化的难易程度。

二 空间紧密度

我们应用式（3.17）测度制造业细分产业的空间紧密度，然后将之与中国实际的 RCA 值进行比较，从而判断中国制造业的产业结构水平多样化的难易程度。

表 4-11 对比了制造业 14 个细分产业 1995—2009 年的空间紧密度（HD）变化情况。首先，从总体来看，1995 年 14 个制造业细分产业中有 6 个产业的空间紧密度大于 35%，到了 2009 年有 11 个产业的空间紧密度大于 35%，说明整体上制造业各细分产业的空间紧密度在加大，从一种产业的产品生产和出口扩大到本产业或其他产业产品生产和出口的可能性

在提高。1995年6个空间紧密度大于35%的细分产业中有4个分布在低技术制造业中,占低技术制造业的66.7%,有2个分布在中技术制造业中,占中技术制造业的50%。其中,空间紧密度最高的是橡胶与塑料制品业和其他非金属矿物制品业。高技术制造业的所有4个细分产业空间紧密度均小于35%,且只有化学工业高于30%。2009年11个空间紧密度大于35%的细分产业中包括了全部4个中技术制造业的细分产业,4个低技术制造业的细分产业以及3个高技术制造业。中、高技术制造业的比例大幅提高。其中,4个中技术制造业的细分产业空间紧密度平均增长率均超过了40%,橡胶与塑料制品业更是达到了45%以上。高技术制造业的交通运输设备制造业和机械设备制造业的空间紧密度上升幅度较大,由1995年的26.43%和22.54%提高为2009年的36.34%和35.44%。

平均增长率的数据显示14个制造业细分产业中有10个细分产业的空间紧密度出现增长,且增长率排名前二位的产业都属于高技术制造业,分别为交通运输设备制造业和机械设备制造业。其中,交通运输设备制造业空间紧密度平均增长率为3.29%。中技术制造业的4个细分产业空间紧密度平均增长率保持在1%左右的增长速度,增长速度相对稳定,相互之间的差距不大。低技术制造业中有4个细分产业的空间紧密度出现下降,分别为食品饮料制造及烟草加工业(-0.24%)、服装皮革及鞋类制品业(-0.29%)、纺织业(-1.66%)和其他制造业及可再生品(-0.98%)。

以上分析说明了经过1995—2009年15年的发展,空间紧密度由中心到外围的分布已经从中技术制造业——低技术制造业——高技术制造业发展为中技术制造业——高技术制造业——低技术制造业,中技术制造业和高技术制造业细分产业的生产中某种或某些要素或能力迁移到其他细分产业变得更为容易,因此水平多样化生产的难度较低。这与Hausmann和Klinger(2006)研究结果基本趋势一致。他们测度了空间紧密度最高的15个产业和空间紧密度最低的15个产业。空间紧密度最高的15个产业中有14个产业是金属、橡胶、汽车部件、机械等中高技术产业,而空间紧密度最低的15个产业则主要由农业、矿物开采等低技术产业组成。当然Hausmann和Klinger(2006)的产业分类方式与我们略有不同,研究的国家范围和时间跨度也与我们有差异,因此在具体数值上肯定会与我们的研究结果有所不同。[①]

表4-11　制造业14个细分产业空间紧密度变化（1995—2009年）　　单位:%

产业	1995年	1997年	1999年	2001年	2003年	2005年	2007年	2009年	平均增长率
食品饮料制造及烟草加工业	38.12	34.44	38.69	30.21	37.01	36.29	38.69	36.86	0.24
纺织业	35.59	37.96	37.14	41.43	37.34	33.34	37.14	28.16	-1.66
服装皮革及鞋类制品业	37.96	41.35	39.44	41.41	33.14	32.91	39.44	36.46	-0.29
木材制品业	34.11	38.09	40.91	33.74	40.10	35.23	40.91	39.61	1.07
纸浆、纸张、纸制品、印刷及出版	29.68	36.6	36.14	30.12	36.54	36.05	36.14	37.59	1.70
其他制造业及可再生品	37.87	37.96	40.19	39.64	45.39	38.37	40.19	33.01	-0.98
石油加工、炼焦及核燃料加工业	34.15	35.96	34.21	33.57	43.54	33.46	34.21	40.69	1.26
橡胶与塑料制品业	41.29	39.06	39.38	33.33	38.96	41.38	39.38	45.8	0.74
其他非金属矿物制品业	40.51	37.79	35.38	42.14	43.31	42.63	35.38	43.35	0.49
金属制品业	34.94	36.43	35.00	33.39	40.97	42.79	35.00	42.2	1.36
化学工业	33.38	32.75	33.46	18.74	35.16	23.36	33.46	37.14	0.77
机械设备制造业	22.54	26.14	25.69	29.61	30.05	29.06	25.69	35.44	3.29
电气机械及光学器材制造业	19.79	29.2	24.99	25.29	25.44	25.28	24.99	20.66	0.31
交通运输设备制造业	26.43	24.66	22.16	30.6	28.45	35.47	22.16	36.34	2.30

本书的空间紧密度是以20个国家为对象进行测度的，其结果具有一般性，为了验证中国制造业细分产业的空间紧密度是否符合以上规律，我们借鉴Felipe等（2010）的做法，将空间紧密度与中国制造业细分产业的显示性比较优势进行比较。图4-3显示了1995年和2009年的对比，从图4-3中可以发现，1995年6个空间紧密度大于35%的细分产业中，中国均不具备比较优势，因此虽然具有水平多样化的潜力，但无法真正实现产品生产多样化；而经过了15年的发展，到2009年，中技术制造业的橡胶与塑料制品业、其他非金属矿物制品业；低技术制造业的服装皮革及鞋类制品业在保持空间紧密度大于35%的同时比较优势也获得提升（RCA＞1），因此具备了水平多样化能力，除此之外，高技术制造业的电气机械及光学器材制造业，低技术制造业的木材制品业和其他制造业及可再生品也

[①] Hausmann和Klinger（2006）采用的是Leamer（1984）的产业分类方式，研究了1998—2000年的空间紧密度变化情况，研究的范围涵盖108个国家。

具备了水平多样化的能力。同时，我们发现，高技术制造业的化学工业、机械设备制造业的显示性比较优势接近1，具有水平多样化的潜力。总之，通过空间紧密度与中国比较优势的对比我们认为中国制造业细分产业的空间紧密度由中心向外围还没有完成中技术制造业+高技术制造业+低技术制造业的分布，主要仍然以中技术制造业和低技术制造业更为接近中心，生产中某种或某些要素或能力迁移到其他细分产业变得更为容易，因此水平多样化生产的难度较低。但是部分高技术制造业的水平多样化潜力已经显现，电气机械及光学器材制造业已经具备了水平多样化的能力。

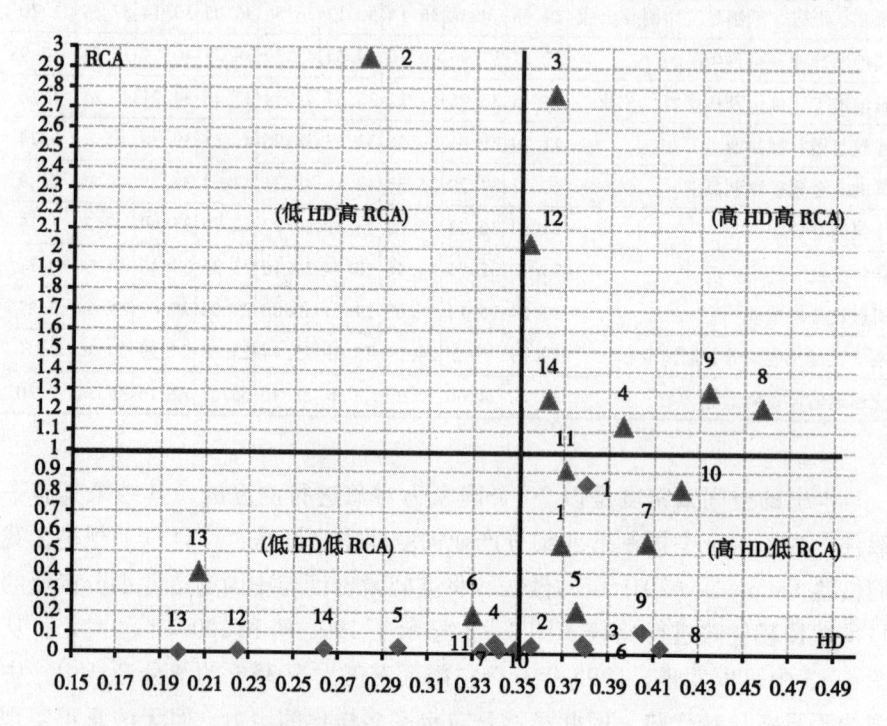

图 4-3 中国制造业 14 个细分产业 HD 与 RCA 的比较

注：◆代表 1995 年，▲代表 2009 年。

三 方向数据统计

由式（3.19）—式（3.21）计算 1995—2009 年平均水平多样化程度的 θ 值。表 4-12 中的 θ 越大，说明第 t 年度相对于第 $t-1$ 年度的产业的方向变动程度越大，相对而言，1995—2009 年各年的方向变动程度都比较平均。

表 4-12　　　　　制造业 14 个细分产业的方向数据统计

年份	M 值	θ
1997	0.994225	0.1075°
1999	0.997958	0.0639°
2001	0.983388	0.1825°
2003	0.984834	0.1744°
2005	0.991044	0.1339°
2007	0.985284	0.1718°
2009	0.983324	0.1829°

表 4-12 中 θ 构成的角度数列 $\{\theta\}$ 的数值分布于角度区间 [max$\{\theta\}$, min$\{\theta\}$]，称为弧上数据。若描述产业结构变动的弧上方向数据取自弧上的均匀分布总体，则产业结构呈渐变的过程，若上述数据取自由峰分布总体，则渐变过程被破坏，至少存在一个突变点（方英、虞海侠、王锦慧，2013）。因此我们要对弧上数据的均匀性进行检验以确定产业结构变动的渐变性。(0°, 360°] 内某一角度区间内弧上方向数据的均匀性检验，等价于将这些数据顺时针旋转最小值再"放大"到 (0°, 360°] 的均匀性检验。对于表 4-12 给出的 $\{\theta\}$，最小角度值不为 0°，需要进行旋转。由于 max$\{\theta\}$ = 0.1829°，min$\{\theta\}$ = 0.0639°，于是顺时针旋转 0.0639°，再"放大" 360°/(0.1829° - 0.0639°) 倍，得出 $\{\theta'\}$ 的表达式：

$$\theta'_t = \frac{360°(\theta_t - \min\{\theta_t\})}{\max\{\theta_t\} - \min\{\theta_t\}} = \frac{360°(\theta_t - 0.0639°)}{0.1829° - 0.0639°} \quad (4.1)$$

经数据旋转并"放大"到 (0°, 360°] 后，和 max$\{\theta\}$ 均对应 min$\{\theta\}$，样本量为 8 - 1 = 7，依照 Rayleigh 检验法，假设检验为 H_0：$\{\theta'\}$ 取自圆上均匀分布总体，H_1：$\{\theta'\}$ 的数据取自圆上有峰分布总体。假设检验的计算过程见表 4-13。其中 $\bar{C}$、$\bar{S}$、$\bar{R}$ 的计算公式如式 (4.2) 所示。

$$\begin{cases} \bar{C} = \frac{1}{n}\sum_{t=1}^{n}\cos\theta'_t \\ \bar{S} = \frac{1}{n}\sum_{t=1}^{n}\sin\theta'_t \\ \bar{R} = (\bar{C}^2 + \bar{S}^2)^{\frac{1}{2}} \end{cases} \quad (4.2)$$

根据式 (4.2) 计算得 $\bar{C}$ = 0.50355, $\bar{S}$ = 0.14774, $\bar{R}$ = 0.5248, 查

Rayleigh 检验拒绝域临界值表（见附件），$n=7$，$\bar{R} < \bar{R}_{0.01}$，所以 $\{\theta'\}$ 取自圆上均匀分布总体，即 $\{\theta'\}$ 在 $[0.0639°, 0.1829°)$ 取自圆上均匀分布总体，说明制造业 1995—2009 年的结构演变过程是渐变过程。

表 4 – 13　$\{\theta'\}$ 取自圆上均匀分布总体 Rayleigh 检验的计算过程

年份	θ	θ'	$\sin\theta'$	$\cos\theta'$
1997	0.1075°	131.847731	-0.098998	0.995088
1999	0.0639°	-0.051429	-0.051406	0.998678
2001	0.1825°	358.738487	0.562102	0.827068
2003	0.1744°	334.234286	0.940963	0.338509
2005	0.1339°	211.713277	-0.941337	-0.337469
2007	0.1718°	326.368739	-0.349368	0.936986
2009	0.1829°	359.948571	0.972231	-0.234022
Σ			1.034188	3.524837

由以上分析可以得出，制造业产品空间距离所引发的产业结构水平多样化变动是一个渐变过程，具体表现在：一国潜在的比较优势制造业细分产业与既有的比较优势制造业细分产业集合的距离越近，其在未来实现比较优势的难度越低。由于本书运用了 14 个三位 ISIC Rev.4 细分产业的 20 国跨年数据样本，因此该结论是具有一般性的。

第四节　本章小结

本章基于第三章提出的改进的分析框架和产业结构变动的测度方法，分别对 1995—2009 年中国制造业的产业结构垂直专业化和水平多样化变动情况进行了测度并做了分析。

首先，基于 SNA—08 框架的垂直专业化分工的核算方法，我们比较了基于供给使用表的对称型投入产出表与中国现行投入产出表的差别，并利用对称型世界投入产出表测算了中国制造业的垂直专业化程度及国外增值部分的国别来源（19 个经济体），得到以下结论：第一，中国制造业整体垂直专业化分工程度增长迅速，从 1995 年的 13.80% 提高到 2009 年的 23.06%，增长了 67.1%，年均增长率为 3.74%。第二，中国制造业垂直化分工国外增值部分的国别来源呈现多样化分散趋势，19 个经济体总计占比从1995年的82.17%下降至2009年的67.65%，降幅达到17.67%，平均降幅为1.38%；新兴工业经济体和发达国家是中国制造业垂直专业化分工国外增值份额的主要来源地，新兴市场经济体作为来源地增长迅速，与中国形成垂直专业化分工的潜力巨大。第三，中国制造业14个细分产业的垂直专业化分工程度差异较大，在7个份额上升的细分产业中，包括3个高技术细分产业和3个中技术细分产业，说明中技术制造业和高技术制造业特别是高技术制造业的进口中间投入品的依赖程度在增加。第四，中国制造业细分产业进行垂直专业化分工时其国外增值份额的国别来源基本符合各经济体的比较优势，同时垂直专业化分工国外价值占比的大小与地理距离的远近可能会影响各经济体份额增长率的变化。

其次，利用产品空间距离理论，我们测度了制造业细分产业的产品空间距离以及空间紧密度，并以空间紧密度与中国制造业细分产业的显示性比较优势指数进行比较，得到以下结论：第一，两两产业间的空间距离值显示 $\varphi_{i,j}$ 大于0.4的比例占到35.24%，其中产品空间距离最近的产业以低技术制造业为主，也就是说，低技术制造业的某些产业比如纺织业、服装皮革及鞋类制品业等生产过程中某种（些）要素或能力"跳跃"转移到其他产业的产品生产比较容易，解释了中国在这些产业具备了比较优势因而容易带动其他低技术制造业的比较优势发挥。第二，1995—2009年的 $\varphi_{i,j}$ 变动趋势显示产品空间距离最接近的产业由以低技术制造业为主逐步转向以"中技术制造业+低技术制造业"为主的格局。第三，空间紧密度的变化显示，整体上制造业各细分产业的空间紧密度在提高，从一种产业的产品生产和出口扩大到本产业或其他产业产品生产和出口的可能性在提高。高技术制造业空间紧密度的增速明显，20个国家的制造业细分产业比较发现空间紧密度分布由中心向外围以"中技术制造业+高技术制造业+低技术制造业"为趋势。空间紧密度与中国制造业细分产业的显示性比较优势的对比发现，1995—2009年，中国制造业细分产业空间紧密度趋向于中心的产业数增加，说明产业结构水平多样化程度得到提升，空间紧密度分布还没有达到"中技术制造业+高技术制造业+低技术制造业"的格局，目前中技术制造业和低技术制造业的空间紧密度较高。

第五章

中国制造业结构变动的经济增长效应

在产业结构问题的研究中，一个极为重要的内容是如何评价或确定产业结构变动的有效性（马俊和王宵鹏，1991）。如前文所述，较早关注制造业对经济增长作用的学者是 Kaldor（1968），Kaldor 运用 12 个 OECD 发达国家 1953—1963 年的数据验证了制造业是经济增长的"发动机"，之后大量学者采用一国或多国的数据按照 Kaldor 第一定律进行了实证分析。其中 Gilberto（2006）、Heather 和 Thirlwall（2003）、Jesus 和 Matteo（2009）等学者的研究都证明了这一模型对发展中国家依然具有适用性。本章研究中国制造业结构变动的经济增长效应从两个方面展开：其一，从制造业整体的角度对 Kaldor 第一定律和第二定律进行验证，为了不失一般性，我们选取了包括中国在内的 15 个经济发展速度较快的发展中国家作为研究对象，采用 1995—2009 年的跨国面板数据，目的是实证检验制造业是否依然是经济增长的动力和引擎，以及在此过程中对生产率和就业的影响[①]；其二，我们深入到制造业细分产业，从垂直专业化和水平多样化的视角重点分析中国制造业结构变动的经济增长效应，我们采用中国制造业 14 个细分产业 1995—2009 年的面板数据，构建面板数据的 VAR 模型（PVAR），通过模型估算、脉冲响应函数和方程分解等方法对中国制造业结构变动的经济增长效应进行深入研究。

[①] 出于整体性的需要，本章第一节对 Kaldor 定律的验证部分包括了 Kaldor 第一定律和第二定律的验证，前者主要针对制造业整体的经济增长效应，后者实际上验证了制造业整体的劳动生产率效应和就业效应，对中国制造业细分产业结构变动的经济增长效应由本章第二节建立 PVAR 模型进行分析，而细分产业生产率效应和就业效应由本书第七章和第八章运用面板数据分别阐述。

第一节 Kaldor 定律验证

一 制造业整体的发展现状

1965年以来的数据显示，在东亚、南亚、拉丁美洲、中东和北非、撒哈拉以南的非洲五大发展中国家分布较广的区域之中，经济发展较慢的南亚、中东和北非、撒哈拉以南的非洲三大区域制造业占GDP比重一直在15%及以下，经济发展较快的东亚和拉丁美洲1965年两地区制造业占GDP的比重大致相同，约25%，到1980年，东亚的制造业占GDP比重已升至35%，此时拉丁美洲的制造业占GDP比重维持在25%左右，差距为10%，到了20世纪80年代末90年代初，拉丁美洲的制造业急剧衰退，而东亚的制造业却出现空前繁荣，成为世界制造业的主要基地（Dani Rodrik，2007）。我们根据各国GDP增长速度，同时考虑统计数据的获得性和一致性选取了东亚（中国、印度尼西亚、马来西亚、菲律宾和泰国）、拉丁美洲（墨西哥、巴西、哥斯达黎加、哥伦比亚和智利）和非洲（埃及、南非、肯尼亚、摩洛哥和安哥拉）三个地区中经济发展速度较快的15个发展中国家（见表5-1），继续考察20世纪90年代初（1993年）到2010年制造业的变化情况。

表5-1 15个发展中国家GDP年均增长率及排名（1993—2010年） 单位:%

国家	GDP年均增长率	世界排名	国家	GDP年均增长率	世界排名
中国	10.333	5	泰国	4.076	78
安哥拉	9.622	6	摩洛哥	3.997	81
马来西亚	5.559	33	巴西	3.386	102
埃及	4.783	52	哥伦比亚	3.366	104
哥斯达黎加	4.715	54	肯尼亚	3.324	106
智利	4.609	59	南非	3.171	112
印度尼西亚	4.471	64	墨西哥	3.529	149
菲律宾	4.273	74	世界	2.780	

资料来源：World Bank WDI 数据库，缺11个国家的数据，共204个国家的排名。

进入20世纪90年代以来，东亚、拉美和非洲发展中国家的制造业差距依然较大。图5-1显示，1993—2010年东亚5国年均制造业增加值占

GDP 比重始终保持在 25% 以上，2000—2006 年是近 20 年里东亚制造业发展最快的时期，其中 2003 年制造业增加值占 GDP 比重超过 30%，达到 30.1%，2008 年以后，制造业增加值占 GDP 比重逐步下降，接近 90 年代初的水平。1993 年，拉美 5 国年均制造业增加值占 GDP 比重还维持在 20% 以上，为 21.05%，从 1994 年开始到 2010 年，除了 1999 年重回 20% 以上达到 20.01% 以外，其他年份制造业增加值占 GDP 比重均出现震荡下行，2010 年下降至 15.48%，比 1993 年降低了 5.57 个百分点。相比于东亚和拉美，非洲 5 国制造业增加值占 GDP 比重较低，始终在 15% 以下，1998 年最接近 15%，达到 14.72%，之后一直到 2010 年呈现稳中有降的情况，2010 年达到近 20 年来的最低点，制造业增加值占 GDP 比重为 12.54%。从东亚、拉美和非洲的整体情况来看，东亚和拉美、非洲的差距在加大，拉美和非洲的差距在缩小，主要原因是拉美发展中国家制造业下降的程度较大。

中国的制造业增加值占 GDP 比重高于东亚 5 国的平均值，也远高于拉美和非洲的发展中国家。除了 2010 年跌破 30%，达到 29.62%，其他年份均在 30% 以上，制造业大国和"全球制造业中心"的地位依然稳固。

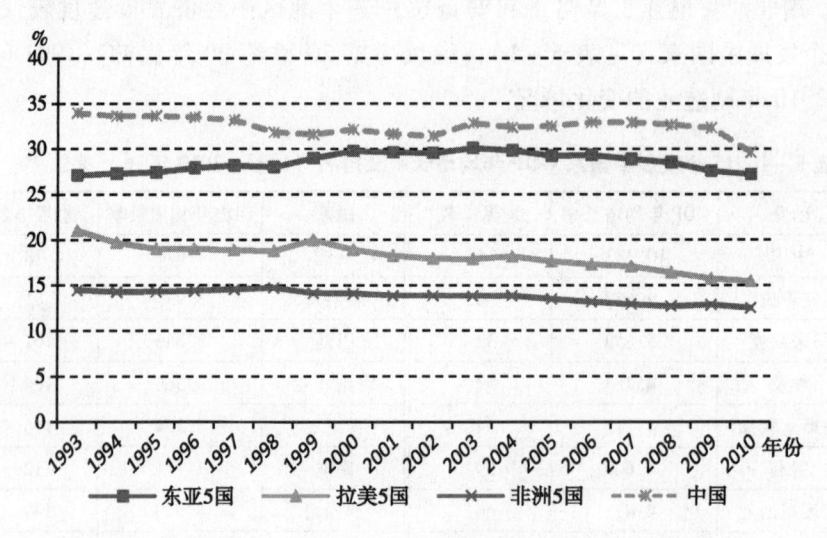

图 5-1　东亚、拉美和非洲制造业增加值占 GDP 比重的比较

资料来源：由笔者根据 World Bank WDI 的数据计算得到。

从制造业本身的增长率变化来看（见图 5-2）：首先，1997 年之前，东亚 5 个发展中国家制造业增加值的平均增长率明显高于拉美和非洲，均为10%以上，拉美和非洲则徘徊为0—5%，而从2000年开始，差距慢慢缩小，2003年拉美的制造业增加值增长率超过东亚，2005年开始直至2010年，非洲的制造业增加值增长率超过东亚和拉美，并在2006年达到近20年来增速最高的一年，达到13.36%；其次，制造业增加值的增长率受世界经济周期影响较为明显，1998年亚洲金融危机导致东亚5个发展中国家的制造业增加值出现负增长，拉美也受金融危机的滞后影响在2000年和2001年出现负增长，相对而言，非洲5个发展中国家受1998年金融危机影响较小，增长率虽有下降但仍达到2.49%。但在2008年美国金融危机中包括东亚、拉美和非洲在内的15个发展中国家均受到了显著的冲击，2009年东亚和拉美的制造业增加值增长率分别为-1.98%和-6.18%，非洲的制造业增加值增长率勉强维持正值，为0.25%。

总体上看，近20年间中国制造业增加值增长率虽高于东亚、拉美和非洲的平均值，但出现了较为明显的波动，1993年，中国制造业增加值增长率接近20%，达到18.71%，但之后一路下行，1997年增长率低于10%，为9.85%，1997—2009年增长率出现较大幅度的波动，2010年中国制造业增加值增长率首次低于东亚5国的平均值，为9%（东亚5国平均值为10.14%）。

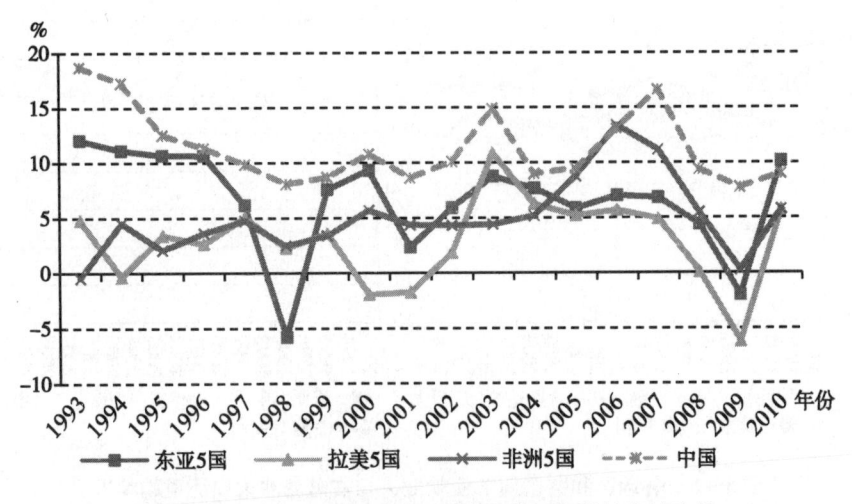

图 5-2　东亚、拉美和非洲制造业增加值增长率的比较

资料来源：由笔者根据 World Bank WDI 的数据计算得到。

除了产出以外，就业也是考察一国制造业发展状况的重要来源。图5-3显示了20世纪90年代初至2010年东亚、拉美和非洲之间以及地区内部工业部门就业人口占总就业人口比重的变化情况。从总体上看，拉美5国和非洲3国工业部门就业人口占总就业人口比重的平均值要高于东亚5国的平均值，东亚5国的平均值基本在22%左右。

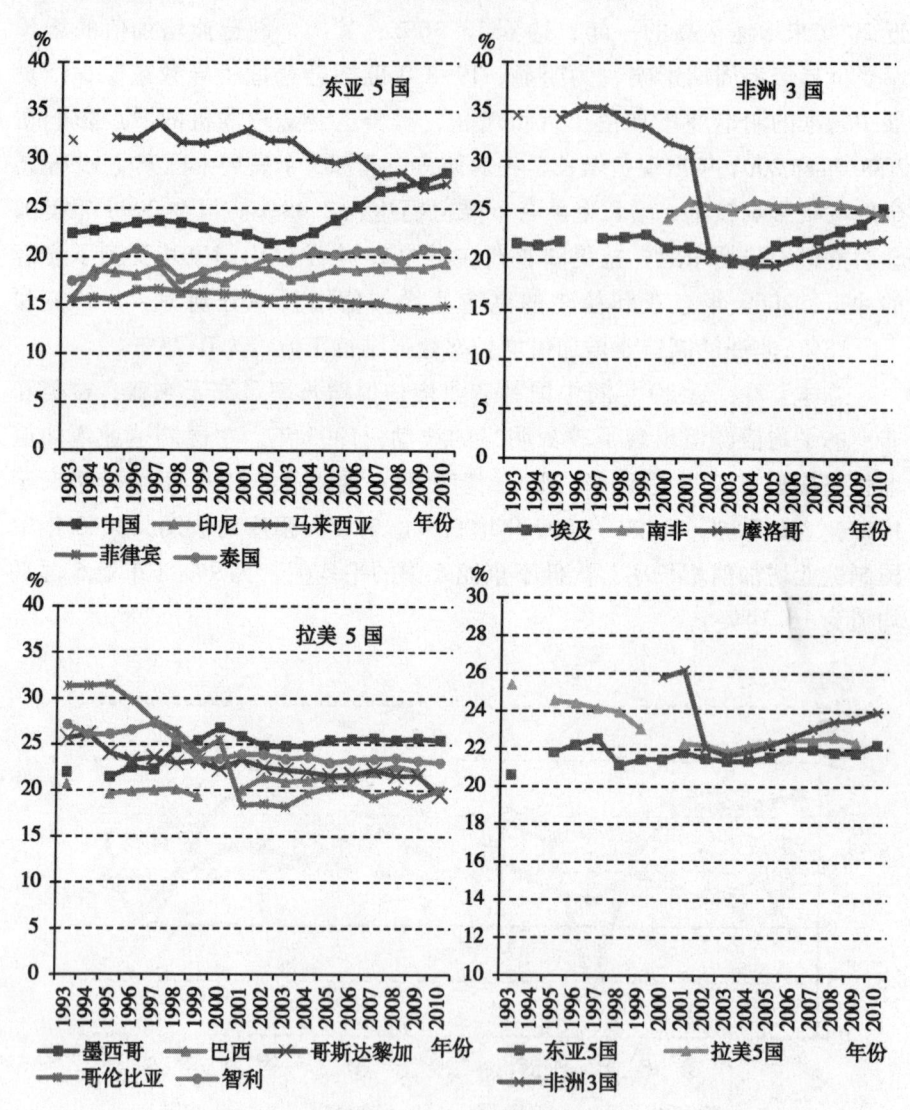

图5-3　各地区和各国间工业就业人口占总就业人口比重的情况

注：马来西亚、墨西哥和摩洛哥缺1994年的数据，巴西缺1994年、2000年和2010年的数据，埃及缺1996年的数据，南非缺1993—1999年的数据，肯尼亚只有2005年的数据，安哥拉缺1993—2010年的数据，因此图5-3中非洲只考虑3个国家的情况。

资料来源：由笔者根据World Bank WDI的数据计算得到。

从各地区内部来看，东亚 5 国中马来西亚工业部门就业人口占总就业人口的比重最高，1993—2004 年均在 30% 以上，2005—2010 年也达到 25% 以上；中国工业部门就业人口占总就业人口的比重列第二位，稳中有升，1993—2002 年维持在 20%—25%，2003 年开始逐步上升，到 2010 年比重达到 28.7%，超过马来西亚成为 5 国中最高；泰国、印度尼西亚和菲律宾工业部门就业人口占总就业人口的比重相对稳定，泰国和菲律宾分别以 20% 和 15% 为准线上下浮动，而印度尼西亚则在 15%—20% 变动。拉美 5 国中，哥伦比亚工业部门就业人口占总就业人口的比重下降得最为显著，从 1993 年的 31.4% 下降到 2010 年的 20%，下降了 11.4 个百分点；其余 4 个国家比较稳定，基本在 20%—27% 波动。非洲 3 个国家中，摩洛哥工业部门就业人口占总就业人口的比重在 1996—2005 年出现剧烈下降，从 1996 年的 35.5% 一直下降到 2005 年的 19.5%，降幅近 45%，2006 年开始有所恢复，2010 年达到 22.1%；南非的比重一直在 25% 左右，埃及的比重稳步上升，到 2010 年超过摩洛哥和南非达到 25.3%。

值得注意的是，中国的制造业增加值占 GDP 比重和制造业增长率虽然在东亚、拉美及非洲 15 个发展中国家中处于领先，只有东亚的马来西亚和泰国能与之接近，但制造业的就业比重却不高。

二 Kaldor 定律

（一）Kaldor 第一定律

Kaldor 认为制造业在经济发展过程中具有重要作用，制造业部门的产出增长越快，GDP 的增长越快，因此，Kaldor 第一定律可以概括为：制造业是经济增长的"发动机"。虽然卡尔多本人（1968）用 12 个 OECD 发达国家 1953—1963 年的数据对这一定律进行了验证，但 Gilberto（2006）、Heather 和 Thirlwall（2003）、Jesus 和 Matteo（2009）等学者的研究都证明了这一模型对发展中国家依然具有适用性。Kaldor 第一定律的线性表达式可以概括为：

$$q_i = a_i + b_i m_i \qquad (5.1)$$

其中，i 代表国家，q 和 m 分别代表总产出增长率和制造业产出增长率。按照 Kaldor 的设想，b 应该大于 0，表示 q 与 m 正相关。由于制造业生产是整个生产中的一个重要的组成部分，所以式（5.1）可能产生伪回归。为了解决这一问题，Thirlwall（1983）和 Bairam（1991）分别提出了新的模型形式。Thirlwall 将总生产增长率与制造业生产增长率和非制造业生产增长率的差进行回归：

$$q_i = c_i + d_i(m_i - nm_i) \quad (5.2)$$

其中，d 表示非制造业产出增长率。$d > 0$ 表示制造业与非制造业产出增长率之差正相关于总生产增长率，这就证明了制造业部门在经济增长中的"发动机"地位。

Bairam 将非制造业生产增长率与制造业生产增长率进行回归，导出下列第一法则表达形式：

$$nm_i = u_i + v_i m_i \quad (5.3)$$

$v > 0$ 表明制造业产出增长对非制造业产出增长有积极的正向作用。Kaldor 第一定律的理论解释主要有两个方面：一是制造业产出和就业的扩张导致劳动力的转移，使就业从低生产率部门（或隐性失业）转移到高生产率的工业部门，其结果是导致整个经济体生产率的提高和传统部门的产出下降或没有影响；二是制造业存在静态和动态规模报酬递增。静态规模报酬递增表现在企业生产规模扩大带来的平均成本下降、产量扩大，而动态规模报酬递增主要指的是生产的外部性和"干中学"现象等（Gilberto, 2006）。本书对以上 3 个方程均进行验证。

（二）Kaldor 第二定律（Verdoorn 定律）

Kaldor 第二定律或称为 Verdoorn 定律阐明了制造业劳动生产率的增长率与制造业产出增长率之间存在积极正向关系。虽然 Verdoorn 在 1949 年发表的文章中已经论述了制造业部门是经济增长的主导产业或称为增长的"发动机"，强调了在经济增长的过程中，制造业部门有较快的产出增长，而其他的部门则是被动地对经济做出反应的观点，但没有引起足够注意，当 Kaldor 在他 1966 年那次就职演讲中再次提到 Verdoorn 的时候，才引起了人们对这一问题的广泛讨论。该定律可以表达为：

$$p_i = \alpha + \beta m_i \quad (5.4)$$

其中，p 和 m 分别表示制造业的劳动生产率增长率和制造业产出增长率。由于 $p = m - e$ 即生产率增长率等于产出增长率减劳动投入增长率，则：

$$e_i = -\alpha + (1 - \beta) m_i \quad (5.5)$$

由于制造业产出增长的同时如果就业下降了，则劳动生产率的提高有可能是就业下降造成的，而非规模报酬递增的结果，Kaldor 于是在 1975 年提出式（5.5），把就业变动纳入方程并将产出增长率作为外生变量，以反驳 Rowthorn（1975）的质疑。本书对式（5.4）和式（5.5）进行验证，考虑数据的可得性和可比性，根据 Jesus 和 Matteo（2009）的方法将用劳动生产率弹性（ln$P$）、就业弹性（ln$E$）和制造业产出弹性（ln$M$）来代替 p、e 和 m，方程转换为：

$$\ln P_i = \gamma + \eta \ln M_i \tag{5.6}$$
$$\ln E_i = \alpha' + \beta' \ln M_i \tag{5.7}$$

其中，E、M 和 P 分别表示制造业就业数、制造业产出增加值和劳动生产率。

三 面板数据实证分析

本节根据上述 Kaldor 第一定律、第二定律对式（5.1）至式（5.3）、式（5.6）和式（5.7）进行估计。

（一）数据来源

本章选取东亚、拉美和非洲各 5 个发展中国家 1993—2010 年的面板数据进行研究，如前文所述，这 15 个国家在所有发展中国家中属于发展速度较快的行列。GDP 增长率、制造业产出增长率、农业产出增长率、服务业产出增长率和制造业产出增加值数据均来自联合国 WDI 数据库。其中，制造业部门的就业数等于总劳动力人数 ×（1 - 失业人数占总劳动力人数的比重）×工业部门就业人数占总就业人数的比重，制造业产出增加值以不变的美元价格计算（2005 年），劳动生产率的单位为美元/人。

（二）面板数据单位根检验

为了防止出现伪回归，有必要对相关数据进行单位根检验。在面板数据下，我们用 4 种方法综合考虑了相同根和不同根的情形，分别为 LLC（Levin-Lin-Chut）检验、IPS（Im-Pesaran-Shin）检验、Fisher-ADF 检验及 Fisher-PP 卡方检验。

1. 假设所有的个体都具有相同的单位根：LLC 检验

LLC 检验适用于相同根的情况，其原理是采用 ADF 检验式形式，但使用的却是 ΔY_{it} 和 Y_{it} 的剔除自相关和确定项影响、标准化后的代理变量。具体做法是首先从 ΔY_{it} 和 Y_{it} 中剔除自相关和确定项影响，并将其标准化，成为代理变量，然后用代理变量做 ADF 回归。尽管 LLC 检验是最为广泛的面板单位根检验方法之一，但它也存在一定的局限性。其缺陷主要在于以各纵剖面时间序列一阶滞后项的回归系数在零假设和备择假设下都是以相同的假设为前提的,为此 Im、Pesaran 和 Shin 等学者提出了 IPS 法加以改进。

2. 假设所有的个体都具有不同的单位根:IPS 检验、Fisher-ADF 检验和 Fisher-PP 检验

IPS (Im-Pesaran-Shin) 检验适用于不同根的情况,其检验放松了对各纵剖面时间序列一阶滞后项的回归系数必须为相同这一约束条件,因此克服了 LLC 检验的缺陷。同时,IPS 还通过蒙特卡洛模拟研究了 IPS 检验的有限样本性质,发现在小样本下,IPS 检验要明显优于 LLC 检验。但 IPS 检验也存在明显的不足,IPS 检验在其基本框架中,假设所有纵剖面时间序列具有相同长度的观测期 T,并且所有的各纵剖面时间序列也具有相同的滞后阶数,这些假设都只适用于平衡面板数据(balanced panel data),对于非平衡面板数据则无法处理。

为了克服 LLC 检验和 IPS 检验的不足,Maddala 和 Wu 基于 Fisher 的统计量,利用相互独立的各时间序列的 ADF 检验的显著性水平 P 值对数和检验 IPS 假设,简称组合 P 值检验。与以前的面板单位根检验比较,组合 P 值检验不仅弥补了 IPS 检验的不足,即允许各时间序列具有不同长度的观测期 T 和不相等的滞后阶数,而且,组合 P 值检验是精确检验(exact tests),以前的面板单位根检验均为渐近检验。

其次,Choi 也基于 Stouffer 等的逆正态检验和 George (George,1977) 的 Logit 检验(Logit test),提出了单位根检验式 Fisher-ADF 检验,又称崔仁检验,他是基于 Fisher 原理,首先对每个个体做 ADF 检验,用得到的 N 个 ADF 统计量所对应的概率值 P 的和来构造两个统计量。

根据以上面板数据单位根检验的方法及优劣势比较,我们对各变量进行上述指标的计量分析,结果见表 5 – 2。结果显示 q_i、m_i、nm_i 以及 $(m_i - nm_i)$ 拒绝含有单位根,序列均为平稳。lnE 和 lnM 存在单位根,序列不平稳,经过一阶差分以后,ΔlnE 和 ΔlnM 拒绝含有单位根。

表5 – 2　　　　　　　　变量的面板单位根检验结果

	检验统计量				是否平稳
	LLC	IPS	Fisher-ADF	Fisher-PP	
q_i	– 12.170 (0.000)	– 9.754 (0.000)	199.143 (0.000)	194.549 (0.000)	是

续表

	检验统计量				是否平稳
	LLC	IPS	Fisher-ADF	Fisher-PP	
m_i	-8.070 (0.000)	-8.047 (0.000)	114.082 (0.000)	130.656 (0.000)	是
nm_i	-13.318 (0.000)	-13.160 (0.000)	202.740 (0.000)	291.870 (0.000)	是
$m_i - nm_i$	-10.903 (0.000)	-10.860 (0.000)	164.020 (0.000)	230.063 (0.000)	是
$\ln E$	0.141 (0.556)	1.810 (0.965)	16.612 (0.865)	23.238 (0.506)	否
$\ln M$	-2.502 (0.006)	1.142 (0.873)	11.811 (0.982)	14286 (0.940)	否
$\ln P$	-2.152 (0.016)	1.424 (0.923)	14.213 (0.942)	18.003 (0.803)	否
$\Delta \ln E$	-7.972 (0.000)	-9.145 (0.000)	129.517 (0.000)	148.525 (0.000)	是
$\Delta \ln M$	-9.474 (0.000)	-8.823 (0.000)	115.623 (0.000)	128.625 (0.000)	是
$\Delta \ln P$	-12.258 (0.000)	-12.039 (0.000)	152.848 (0.000)	173.877 (0.000)	是

注：括号里显示的是各统计量的 P 值。

（三）面板数据协整检验

面板协整检验方法实际上是将传统的协整检验方法推广到面板数据上。协整检验的基本思想是对于不平稳的时间序列，如果它们之间的线性组合可以构成平稳序列，则这些时间序列之间存在协整关系。检验方法主要有基于残差的 DF 和 ADF 检验（Kao 检验）、基于残差的 LM 检验、Pedroni 检验和 Johanson 检验等，本书采用的是 Pedroni（Engle-Granger）法。Pedroni（2000；2004）将 Engle-Granger 两步法推广到面板数据的协整检验上，可以允许截距及时间趋势，并适用于非平衡面板数据（巴蒂著，白仲林等译，2010）。

表 5-3   面板数据协整检验

方法		Panel v-Statistic	Panel rho-Statistic	Panel PP-Statistic	Panel ADF-Statistic
q_i 与 m_i 协整检验	统计量	-0.035321	-3.758017	-4.791577	-2.443630
	P 值	0.5141	0.0001	0.0000	0.0073
q_i 与 $(m_i - nm_i)$ 协整检验	统计量	-0.418305	-4.054776	-4.920787	-3.712175
	P 值	0.6621	0.0000	0.0000	0.0001
nm_i 与 m_i 协整检验	统计量	0.116422	-7.067343	-11.37910	-7.399243
	P 值	0.4537	0.0000	0.0000	0.0000

续表

方法		Panel v-Statistic	Panel rho-Statistic	Panel PP-Statistic	Panel ADF-Statistic
$\Delta \ln P$ 与 $\Delta \ln M$ 协整检验	统计量	3.490876	-8.123599	-8.692334	-1.433803
	P 值	0.0002	0.0000	0.0000	0.0758
$\Delta \ln E$ 与 $\Delta \ln M$ 协整检验	统计量	1.044597	-8.559827	-12.97742	-4.657912
	P 值	0.1481	0.0000	0.0000	0.0000

Pedroni 指出，每一个标准化的统计量都趋于正态分布，并且其通过蒙特卡洛模拟发现，在小样本的条件下，组间统计量比组内统计量有更好的检验力度。Pedroni 协整检验的原假设是不具有协整关系的。具体检验结果如表 5-3 所示，q_i 与 m_i，q_i 与 $(m_i - nm_i)$ 以及 nm_i 与 m_i 协整检验结果中除了 Panel v-Statistic 其他统计量都表明存在协整关系。$\ln P$ 与 $\ln M$ 的一阶协整检验除了 Panel ADF-Statistic 其他统计量都表明存在同阶（一阶）协整关系，$\ln E$ 与 $\ln M$ 的一阶协整检验除了 Panel v-Statistic 其他统计量都表明存在同阶（一阶）协整关系。因此，总体来看，检验结果表明各变量间存在协整关系。

（四）回归结果分析

Kaldor 第一定律的验证结果见表 5-4。可以发现，与大部分学者的测算结果相一致的是，1993—2010 年，东亚、拉美和非洲等 15 个发展速度较快的发展中国家的制造业在经济增长中仍然发挥着重要的作用。3 个回归方程同时采用个体固定效应模型和个体随机效应模型，通过 Hausman 检验排除了个体随机效应模型，因此采用个体固定效应模型。制造业增长率每提高 1 个单位，可以带动国内生产总值增长 0.347 个单位，制造业增长率减去非制造业（农业和服务业）增长率的变化对国内生产总值也有正向影响，从而证实了制造业是经济增长的"发动机"，同时，我们也可以发现，制造业对非制造业的发展有积极的作用，制造业增长率每提高 1 个单位可以带动非制造业部门的增长率提高 0.516 个单位。

表 5-4　　　　　　　　Kaldor 第一定律（方程1）

	因变量为 q				因变量为 mn	
	(1)	(2)	(3)	(4)	(5)	(6)
常数项	2.955** (15.04)	2.832** (11.73)	4.448** (22.01)	4.443** (10.98)	4.438** (10.90)	4.637** (8.73)

续表

	因变量为 q				因变量为 mn	
	(1)	(2)	(3)	(4)	(5)	(6)
m	0.347** (12.77)	0.375** (14.51)			0.516** (8.41)	0.562** (9.65)
m − mn			0.065* (1.97)	0.077* (2.38)		
R^2	0.555	0.447	0.260	0.220	0.372	0.268
N	252	252	252	252	252	252
F 值	21.08	202.05	5.95	5.53	10.02	91.49
Prob > F	0.000	0.000	0.000	0.000	0.000	0.000
	固定效应	随机效应	固定效应	随机效应	固定效应	随机效应
Hausman 检验	P = 0.000 采用固定效应模型		P = 0.013 采用固定效应模型		P = 0.018 采用固定效应模型	

注 **表示参数在5%的水平上显著，*表示参数在10%的水平上显著；括号内显示的是各统计量的T值。

Kaldor 第二定律的验证结果见表 5 - 5，Hausman 检验接受原假设，应采用随机效应模型。为了消除可能存在的异方差对面板数据的影响，采用 FGLS 对面板数据的回归方程进行校正（Gilberto，2006）。从表 5 - 5 的结果来看，制造业产出增加值的弹性与劳动生产率的弹性存在一定的关联，R^2 为 0.606，F 值统计量为 24.52，这表明在 1993—2010 年包括中国在内的 15 个经济发展速度较快的发展中国家制造业可能存在 Verdoorn 的规模递增效应。进一步对就业变动和制造业产出的回归分析显示（见表 5 - 5），虽然采用 FGLS 进行了校正，ΔlnM 的系数为正（0.285），且在 5% 的水平上显著，但是方程拟合并不理想，拟合优度不佳，R^2 仅为 0.167。这和 Gilberto（2006）、Heather 和 Thirlwall（2003）、Jesus 和 Matteo（2009）等学者对发展中国家进行 Kaldor 定律验证的结果不一致，表明生产率递增效应可能存在就业变动的影响。也就是说，从 20 世纪 90 年代初到 2010 年近 20 年的时间里，包括中国在内的 15 个经济发展速度较快的发展中国家的制造业对经济增长来说扮演着重要角色，但制造业劳动生产率的提高可能不是完全来自制造业的规模报酬递增效应，而是有部分来自制造业部门就业的减少。回顾图 5 - 3，在 15 个国家中，马来西亚工业部门就业人数占总就业人数的比重最高，但近 20 年一直在下降，其他大部分国家这一比重或是较低，或是趋于下降，中国工业部门就业人数占总就业人数的比重虽然从 2003 年开始逐步提高,但 Jesus 和 Matteo (2009) 指出,相比于 80 年代,90 年代以来中国已失去了数以百万计的制造业就业岗位,许多发达的工业化国家也存在制造业就业岗位的流失,但中国发生岗位流失时的国民收入相比工业化国家来说要低得多。

表 5 – 5　　　　　　　　　　Kaldor 第二定律

	因变量为 ΔlnP				因变量为 ΔlnE		
	(1)	(2)	(3)	(4)	(5)	(6)
常数项	-0.004* (-1.938)	-0.004* (-2.02)	-0.004* (-2.260)	0.005* (2.63)	0.005* (2.63)	0.004* (2.809)
ΔLnM	0.763** (11.283)	0.767** (12.208)	0.725** (14.396)	0.254** (4.42)	0.239** (4.48)	0.285** (5.737)
R^2	0.447	0.432	0.606	0.116	0.09	0.167
N	204	204	204	204	204	204
F 值	12.85	153.46	24.52	2.08	20.72	3.18
Prob > F	0.000	0.000	0.000	0.000	0.000	0.000
	固定效应	随机效应	校正:FGLS	固定效应	随机效应	校正:FGLS
Hausman 检验	P=0.862 采用随机效应模型			P=0.491 采用随机效应模型		

注:**表示参数在 5% 的水平上显著,*表示参数在 10% 的水平上显著;括号内显示的是各统计量的 T 值。

第二节　制造业细分产业结构变动的经济增长效应

在运用传统方法(Kaldor 第一定律)验证了制造业整体的经济增长效应基础上,我们进一步从垂直专业化和水平多样化视角深入分析中国制造业细分产业的经济增长效应是否存在及程度如何,在计量方法上我们运用了面板 VAR 模型。

一　面板 VAR 模型的设定

向量自回归模型(Vector Autoregression Model,VAR)的推广使用源于著名计量经济学家 Sims (1980) 发表的著名文献。[①] 至今,VAR 模型已

[①] Sims Christopher A., "Maeroeconomics and Reality", *Econometrica*, 1980 (48): 1-48.

由最初的二维扩展到多维，并在实际中特别是经济和金融领域得到极为广泛的运用。① 其最大的优势在于可以解决联立方程中的偏倚问题，该模型是包含多个方程的非结构化模型。VAR 模型不以经济理论为基础，而是基于数据的统计性质来建立模型，其建模思想是把每一个外生变量作为所有内生变量滞后值的函数来构造的，进而将单变量自回归模型拓展为多变量时间序列（李嫣怡等，2013）。由于 VAR 模型中的各个方程右边没有非滞后的内生变量，因此可以用最小二乘法来进行估计，不仅可以研究相互联系的多变量间动态关系，还可以分析随机扰动项和各种外在冲击对系统的影响。如果是平稳的时间序列变量可以直接建立 VAR 模型，进行稳定性检验，并通过格兰杰因果检验、脉冲响应函数和方差分析；如果是同阶非平稳的时间序列变量，则往往先采用协整检验（最常用的方法是 Johansen 协整检验）判断各变量之间是否存在长期关系，进而构造矢量误差修正模型进行分析。

　　随着面板数据的大量应用，面板数据自回归模型（PVAR）开始被国内外学者广泛使用，PVAR 模型不仅具有传统 VAR 模型的优势，而且可以通过扩大样本量减少多重共线性的问题，对时间序列长度的要求也大大缩短。自从 Holtz – Eakin（1988）首次提出 PVAR 以来，Chamberlain（1982；1984）、Holtz Eakin 等（1988）发展了 PVAR 的微观面板数据模型，Pesaran 和 Smith（1996）、Canova 和 Marcet（1997）、Hsiao 等（1998）规范了动态宏观 PVAR 模型的方法。Garcia Ferrer 等（1987），Zellner 和 Hong（1989），Zellner、Hong 和 Min（1991）提供了 PVAR 贝叶斯收缩估计和预测模型。② 从国内的研究来看，根据中国知网和维普的文献统计，应用 PVAR 研究经济增长问题的文献主要自 2010 年出现，且集中在金融发展、投资和消费对经济增长的效应领域（见表 5 – 6）。彭穗生（2011）应用 PVAR 对 1993—2009 年中国 31 个省市区工业发展与经济增长间相互影响和冲击的动态关系进行了验证，发现采矿业中的煤产量、制造业中的汽车产量、电力燃气及水的生产和供应业中的发电量与建筑业中的钢材产量对经济增长冲击作用较小。

---

① 经济和金融时间序列往往涉及多个变量。
② 详细内容参见 F. Canova 和 M. Ciccarelli（2004）的阐述。

表 5-6　　　　　　　　与经济增长有关的 PVAR 文献

主题	作者	来源	年份
国际直接投资与经济增长	魏立佳等	首都经济贸易大学学报	2011
卫生投资与经济增长	何彬等	中国卫生经济	2010
公共投资与经济增长	郭小东等	学术研究	2007
中国工业发展与经济增长	彭穗生	经济论坛	2011
生产性服务业与经济增长	王琢卓等	经济经纬	2012
金融结构、产业结构与经济增长	李剑	金融发展研究	2013
工业所有制结构与经济增长	丁永健等	大连理工大学学报	2011
消费结构与经济增长	王怡等	统计与决策	2012
能源消费与经济增长	苏素等	价格理论与实践	2012
经济增长与环境污染	段显明等	中国人口·资源与环境	2012
金融业发展与经济增长	金春雨等	管理评论	2013
人口结构、储蓄与经济增长	赵文哲等	国际金融研究	2013
金融发展、技术进步与经济增长	段军山等	经济经纬	2013
银行集中度与经济增长	张鹏等	现代财经：天津财经学院学报	2012

据笔者所知，至今国内没有研究垂直专业化与水平多样化对经济增长效应的面板数据分析，本书以中国制造业 14 个细分产业 1995—2009 年的数据为对象构建 PVAR 模型，用以刻画垂直专业化与水平多样化的经济增长效应。根据 AIC 和 SC 最小化原则，本书选择滞后一期的 PVAR 模型，模型设定为：

$$Y_{i,t} = \alpha_i + \beta_t + AY_{i,t-1} + \varepsilon_{i,t}; \quad Y_{i,t} = \begin{bmatrix} \ln GDP \\ \ln VE \\ \ln HD \end{bmatrix} \quad (5.8)$$

其中，i 代表中国制造业的细分产业，t 代表年份；$\ln GDP$，$\ln VE$ 和 $\ln HD$ 分别代表细分产业经济增长、垂直专业化程度和水平多样化程度，同时取对数以保证模型的稳定性；A 为 3×3 维的系数矩阵，α_i 代表个体效应，体现不同细分产业的个体异质性，β_t 代表时间效应，体现每一时期的变化，$\varepsilon_{i,t}$ 代表误差项。

二　面板 VAR 模型的估计及分析

（一）单位根检验

为了保证面板数据的平稳性，我们需要对各数据进行单位根检验。由

第五章 中国制造业结构变动的经济增长效应

于普通 ADF 方法在面板数据的单位根检验方面相对低效,因此选择面板数据常用的检验方法来检验平稳性。从表 5-7 中可以发现,三个变量中只有水平多样化程度的检验统计量显著,说明经济增长和垂直专业化存在单位根,数据不平稳。经过一阶差分以后,三个变量的检验统计量都显著,说明所有变量都为不包含单位根的平稳数据。

表 5-7　　　　　　　　　变量的面板单位根检验结果

	检验统计量				是否平稳
	LLC	IPS	Fish-ADF	Fish-PP	
$\ln GDP$	3.770 (0.999)	6.071 (0.999)	1.045 (0.999)	0.923 (0.999)	否
$\ln VE$	-9.888 (0.000)	-1.184 (0.118)	41.582 (0.027)	41.767 (0.0259)	否
$\ln HD$	-9.0185 (0.000)	-3.267 (0.000)	59.720 (0.000)	63.192 (0.000)	是
$D-\ln GDP$	-5.437 (0.000)	-1.586 (0.046)	40.059 (0.039)	38.693 (0.052)	是
$D-\ln VE$	-11.261 (0.000)	-3.144 (0.000)	56.502 (0.000)	69.434 (0.000)	是
$D-\ln HD$	-14.608 (0.000)	-5.823 (0.000)	89.222 (0.000)	127.220 (0.000)	是

注:D 表示一阶差分,括号里显示的是各统计量的 P 值。

(二)面板 VAR 模型的结果

估计结果见表 5-8,我们主要关心的是当经济增长作为被解释变量时,垂直专业化和水平多样化对其作用如何,也就是表中第一列的情况。从表 5-8 中可以发现,垂直专业化在滞后第一期时对经济增长的影响较大,而水平多样化在滞后第二期时对经济增长的影响较大,且两者对经济增长均产生正向影响。值得注意的是,VAR 模型一般不会因为某一变量的滞后期不显著而去掉该变量,而是会为每一个方程保留变量,这些变量代表了变量之间的动态影响关系,而要具体分析这些影响关系需要借助脉冲响应函数(IRF)和方差分解等工具来实现。

表 5-8　　　　　　　　　　PVAR 的主要估计结果

内生解释变量	被解释变量		
	DLNGDP	DLNVE	DLNHD
D-lnGDP(-1)	0.047249 (-0.1178) [0.40110]	0.104331 (-0.21781) [0.47900]	0.175295 (-0.13814) [1.26895]
D-lnGDP(-2)	0.183639 (-0.14691) [1.25004]	-0.19603 (-0.27163) [-0.72169]	-0.36703 (-0.17228) [-2.13049]
D-lnVE(-1)	0.104719 (-0.05874) [1.78261]	0.339221 (-0.10862) [3.12302]	-0.00067 (-0.06889) [-0.00975]
D-lnVE(-2)	0.001499 (-0.03892) [0.03852]	0.009966 (-0.07196) [0.13850]	0.009941 (-0.04564) [0.21782]
D-lnHD(-1)	0.099971 (-0.11129) [0.89832]	-0.07647 (-0.20577) [-0.37164]	-0.93352 (-0.1305) [-7.15315]
D-lnHD(-2)	0.217339 (-0.11748) [1.84998]	-0.06379 (-0.21723) [-0.29364]	-0.27166 (-0.13777) [-1.97185]
C	0.218225 (-0.04209) [5.18446]	0.039128 (-0.07783) [0.50274]	0.050243 (-0.04936) [1.01785]

注：( ) 内的数字代表估计值的标准差，[ ] 内的数字代表 T 值。

（三）脉冲响应函数

由于系数只是反映了一个局部的动态关系，并不能捕捉全面复杂的动态关系，而研究者往往关注的是一个变量变化对另一个变量的全部影响过程，在这种情况下通过绘制 IRF 脉冲响应函数可以比较全面地反映各个变量之间的动态影响（李嫣怡等，2013）。为了更清楚地了解中国制造业细分产业经济增长、垂直专业化和水平多样化这三个变量的动态特征，尤其是分析垂直专业化和水平多样化对经济增长的效应大小与趋势，我们测度了脉冲响应函数，并将脉冲响应图绘制于图 5-4 中。图中实线表示各变量受冲击后的走势，两侧虚线表示走势的两倍标准误差。

我们主要关注第一行的 3 张图，分别代表中国制造业 14 个细分产业经济增长变动一个标准差对经济增长本身的脉冲响应函数图，垂直专业化

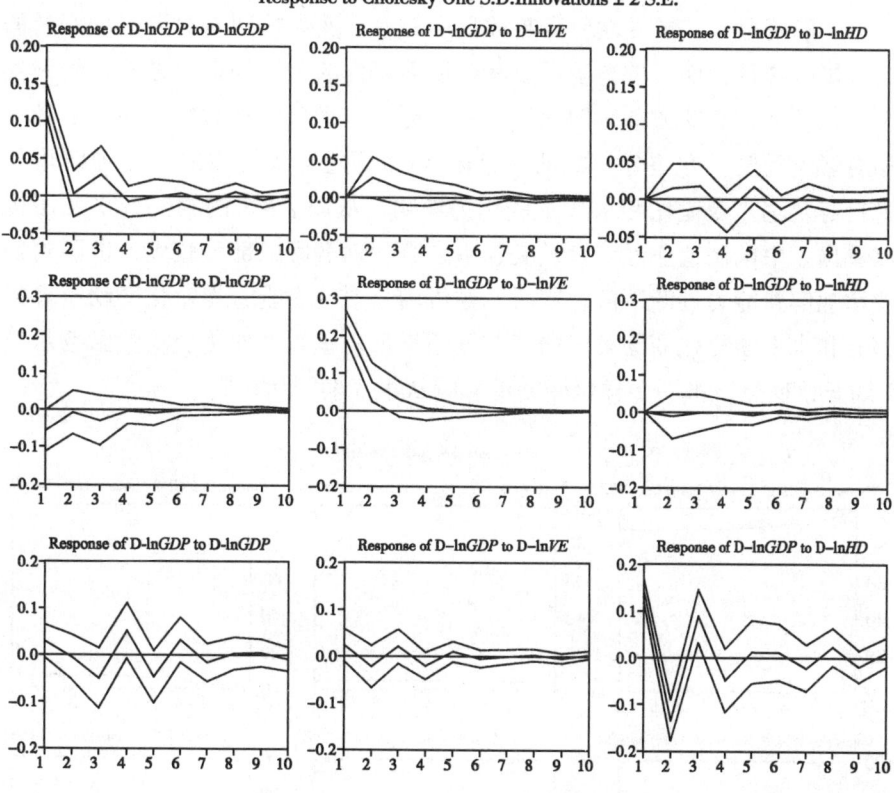

图 5-4　PVAR 模型脉冲响应函数结果

程度变动一个标准差对经济增长本身的脉冲响应函数图，水平多样化程度变动一个标准差对经济增长本身的脉冲响应函数图。图中显示，经济增长受自身冲击的影响最大，在本期给经济增长一个单位冲击后，D-lnGDP 随即增加 0.1276，之后下降较快，并出现波动，经济增长对来自垂直专业化的一个标准差的冲击在第 1 期没有影响，第 2 期达到顶峰，第 3 期开始趋于下降并逐渐稳定，作用时滞 1 期，长期来看大部分影响为正。经济增长对来自水平多样化的一个标准差的冲击在第 1 期也没有影响，第 3 期达到最大，为 0.0175，从第 2 期到第 7 期出现波动效应，影响不稳定，第 8 期开始趋于稳定，长期来看存在微弱正向影响。因此，从脉冲响应的分析可以得出制造业细分产业的结构变动在长期内对经济增长确实发挥了作用，能够带来正向影响。

(四) 方差分解

一般情况下,脉冲响应函数捕捉的是一个变量的冲击对另一个变量的动态影响路径,而方差分解可以将模型系统内的一个变量的方差分解到各个扰动项上,因此方差分解提供了关于每个扰动项因素对模型各个变量的相对影响程度。方差分解的结果见图 5-5。同样我们主要关注经济增长受自身及垂直专业化和水平多样化的影响,从图 5-5 的第一行 3 张图可以看出,中国制造业经济增长变动由自身变动解释的部分较大,但随着期数增加解释能力逐渐下降,同时,经济增长变动由垂直专业化变动解释的部分和水平多样化变动解释的部分逐渐增加,垂直专业化变动的影响从第 3 期开始稳定,水平多样化变动的影响从第 6 期开始稳定。

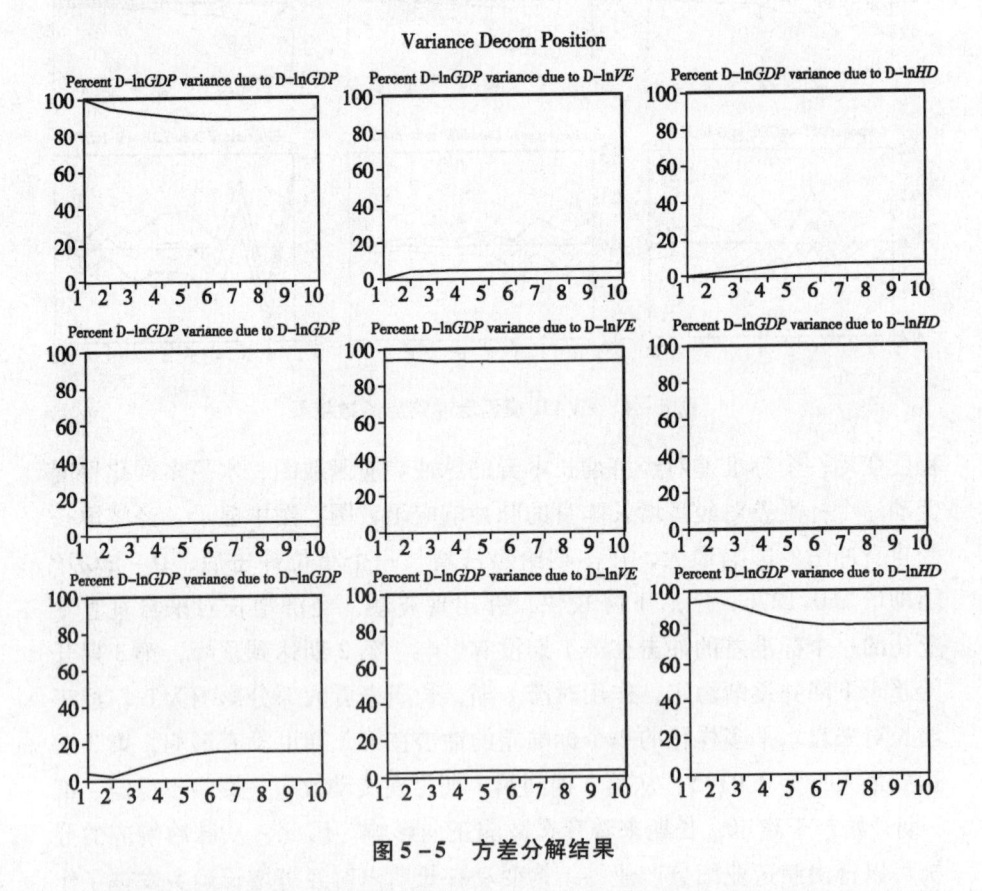

图 5-5　方差分解结果

总结上述 PVAR 的实证分析结果,我们得出的结论是,垂直专业化和水平多样化对经济增长均产生正向的效应,虽然垂直专业化和水平多样化对经济增长的解释能力不高，分别为5%和7%左右，但依然证明了制造业结构变动的垂直专业化和水平多样化具有经济增长的效应。

第三节 本章小结

为了证实20世纪90年代初到2010年近20年时间制造业是否依然在经济增长中发挥着重要作用，本章选取了东亚、拉美和非洲的15个经济发展速度较快的发展中国家的面板数据，通过验证Kaldor定律来分析制造业整体的经济增长效应。本章通过进一步构建面板VAR模型，从垂直专业化和水平多样化的视角实证分析了中国制造业细分产业结构变动的经济增长效应。所得结论如下：

首先，本章证实了"制造业是经济增长的引擎"，包括中国在内的15个经济发展速度较快的发展中国家在过去的近20年虽然制造业增速放缓，有些国家被认为已经完成了工业化，但制造业产出增长依然能够显著地带动整个经济体的产出增长，同时，制造业对其他非制造业也有明显的拉动效应。因此，即使在所有发展中国家中这15个国家的工业化水平已处于比较高的地位，但仍然需要重视工业，包括制造业，同时，不能把制造业和非制造业比如服务业割裂开来，正如王俊杰（2012）的研究指出，把服务业看作独立于工业的产业是一些学者在研究服务业对经济增长的作用时存在一个根本缺陷。实际上，服务业的需求很大程度上是工业需求的衍生需求，是经济增长的衍生物，工业部门才是经济增长的引擎。

其次，Kaldor第二定律的研究发现15个发展中国家的制造业产出增长与劳动生产率提高存在一定的关系，但劳动生产率的提高除了可能是制造业规模报酬递增的结果以外，也有可能是由于制造业部门就业的流失形成的。因此，在保持增长和进一步提高劳动生产率的同时稳定就业，做到两者协调一致是发展中国家制造业应对国际分工不断深化和世界产业格局重塑的挑战的必要措施。有关这方面的问题目前已涌现出了一些理论成果，如Gilberto（2006）认为对外贸易的拓展、专业化分工和金融深化有效地降低了拉美发展中国家制造业的生产成本，对制造业的规模报酬递增发挥了积极作用，因此减少制造业就业水平能够提高劳动生产率水平；Jesus和Matteo（2009），王德文、蔡昉和林松华（2008）认为20世纪90年代以来经济结构调整带来了制造业国有企业的就业数量锐减，这是导致中国制造业迅速增长而就业总量增长缓慢的重要因素。金碚、吕铁和邓洲（2011）认为当工业增长主要依靠资本增长推动时资本深化和增加就业之间便会产生矛盾，甚至出现资本排挤就业的情况。具体到每个发展中国家所面临的国内外环境差异，有关制造业增长与结构变动所引发的生产率变化和就业变动问题值得进一步深入研究，这也是本书第七章和第八章研究的内容。

最后，本章通过PVAR模型的参数估计、脉冲响应函数和方差分解进一步证实了开放经济条件下中国制造业融入国际新型分工的过程中垂直专业化和水平多样化存在经济增长效应，即制造业细分产业参与垂直专业化能够促进经济增长，同时，产品空间紧密度的提高、水平多样化程度的加深亦有助于经济增长，两者都呈现出长期正向影响趋势。

第六章

中国制造业结构变动的产业关联效应

本章我们从产业关联效应入手,来分析制造业结构变动的有效性问题,国内学者普遍采用的测度产业关联效应的方法之一是影响力系数和感应度系数,然而使用至今有很多学者对影响力系数和感应度系数的传统公式提出质疑,也有很多学者改进了传统的方法,比如刘起运(2002)、杨灿(2005)、沈利生(2010)等,由于影响力系数和感应度系数的测度主要采用投入产出表数据,本章利用第三章所提出的基于供给使用表的对称型投入产出表(WIOT)对传统测度方法进行改进,在将影响力系数和感应度系数改进的同时提出中间需求拉动力系数和中间需求推动力系数两个指标,从静态和动态两方面对上述4个指标进行测度,从而对中国制造业结构变动的关联效应进行分析。

第一节 产业关联效应的传统测度方法

自诞生至今,投入产出分析技术的应用日益广泛,并向可持续发展领域、创新领域、生产率领域延伸,但投入产出分析的核心部分还是集中在分析生产过程中投入产出关联的变化(王岳平和葛岳静,2007)。利用投入产出表可以计算出许多具有重要经济含义的系数,形成投入产出系数系统。其中,从不同层次上分,可有流量系数、直接系数系列、完全系数系列;从不同方向上分,可有投入系数系列、产出系数系列。在系数分析中,刘起运(2002)认为结构分析占有重要位置,其中最常用的是影响力系数和感应度系数。中国投入产出学会课题组(2006)将影响力系数定义为反映国民经济某一部门增加一个单位最终使用时,对国民经济各部门所产生的需求波及程度,即一个产业影响其他产业的波及程度。一般来说,影响力系数较大的产业部门对社会生产具有较大的辐射能力。

影响力系数①F_j的计算公式为：

$$F_j = \frac{\sum_{i=1}^{n} \overline{b_{ij}}}{\frac{1}{n}\sum_{i=1}^{n}\sum_{j=1}^{n} \overline{b_{ij}}} \quad (j=1, 2, \cdots, n) \tag{6.1}$$

其中，$\sum_{i=1}^{n} \overline{b_{ij}}$ 为里昂惕夫逆矩阵的第 j 列之和，$\frac{1}{n}\sum_{i=1}^{n}\sum_{j=1}^{n} \overline{b_{ij}}$ 为里昂惕夫逆矩阵的列和的平均值。

当 $F_j > 1$ 时，表示第 j 部门的生产对其他部门所产生的波及影响程度超过社会平均影响水平（即各部门所产生波及影响的平均值）；当 $F_j = 1$ 时，表示第 j 部门的生产对其他部门所产生的波及影响程度等于社会平均影响水平；当 $F_j < 1$ 时，表示第 j 部门的生产对其他部门所产生的波及影响程度低于社会平均影响水平。影响力系数 F_j 越大，表示第 j 部门对其他部门的拉动作用越大。

同样，中国投入产出学会课题组（2006）将感应度系数定义为反映国民经济各部门平均增加一个单位最终使用时，某一部门由此而受到的需求感应程度，计算公式如下：

感应度系数 E_i 计算公式为：

$$E_i = \frac{\sum_{j=1}^{n} \overline{b_{ij}}}{\frac{1}{n}\sum_{i=1}^{n}\sum_{j=1}^{n} \overline{b_{ij}}} \quad (i=1, 2, \cdots, n) \tag{6.2}$$

其中，$\sum_{j=1}^{n} \overline{b_{ij}}$ 为里昂惕夫逆矩阵的第 i 行之和，$\frac{1}{n}\sum_{i=1}^{n}\sum_{j=1}^{n} \overline{b_{ij}}$ 为里昂惕夫逆矩阵的行和的平均值。

当 $E_i > 1$ 时，表示第 i 部门受到的感应程度高于社会平均感应度水平（即各部门所受到的感应程度的平均值）；当 $E_i = 1$ 时，表示第 i 部门受到的感应程度等于社会平均感应度水平；当 $E_i < 1$ 时，表示第 i 部门受到的感应程度低于社会平均感应度水平。

运用传统方法进行影响力系数和感应度系数计算的国内学者不胜枚

---

① 影响力系数的定义及公式参见国家统计局国民经济核算司编：《2002年中国投入产出表》。

举，然而，沈利生（2010）指出运用传统影响力系数公式进行计算会得出"古怪"的结论，即如果按传统的影响力或影响力系数的大小来确定优先发展的部门（行业），应该是影响力或影响力系数小的部门。[①] 重新审视传统影响力系数公式，沈利生发现，其根本缺陷在于测算过程中所运用的竞争型投入产出表的里昂惕夫逆矩阵存在不合理性。竞争型投入产出表的里昂惕夫逆矩阵要求一个经济体是封闭（既无出口也无进口）的经济，或半封闭（只有出口没有进口，或有进口产品但不进入生产过程）的经济，中间投入流量都是国内产品。当一个经济体是开放型经济，有进口产品进入生产过程时，情况就不同了。

现实世界当中，大部分国家和地区都奉行开放经济策略，而且自20世纪90年代以来，随着经济全球化的不断深入，开放经济的国际分工形式从产业间发展到产业内进而扩展到产品内部，由此形成的产品内垂直型分工将价值链切片，分散到一个产品生产的不同工序当中，表面上由某国生产的最终产品，其生产过程中可能进口了大量的中间产品，或者说产品生产的国外价值增值比例很高；反之，亦然。因此，由竞争型投入产出表得到的里昂惕夫逆矩阵 $B = (I-A)^{-1}$ 相当于把进入生产过程的进口产品视作（或等同于）国内产品，并由此产生了相应的直接消耗和间接消耗，结果与本国国内各部门的实际消耗不符，以里昂惕夫逆矩阵的列和作为各个部门的影响力也不符合现实情况。

为了校正上述不合理性，沈利生利用刘遵义等（2007）提出的非竞争型投入产出模型把竞争型投入产出表的中间投入部分拆分成国内中间产品和进口中间产品，最终产品拆分成国内最终产品和进口最终产品，并进行影响力系数[②]的计算。计算结果与传统公式计算的结果相比较发现排序发生了明显的变化。张芳（2011）针对中国加工贸易的特点，也利用刘遵义等（2007）的方法编制了针对加工贸易的非竞争型投入产出表，进而计算了加工出口生产的产业关联效应（中间投入比率）和波及效应（影响力系数）。

以上两位学者注意到了运用竞争型投入产出表计算影响力系数的缺

[①] 详细解释参见沈利生《重新审视传统的影响力系数公式——评影响力系数公式的两个缺陷》，《数量经济技术经济研究》2010年第2期。

[②] 沈利生在文章中将之称为拉动力系数。

陷，并采用编制非竞争型投入产出表的方法将进口中间产品与本国中间产品区分开来，对产业关联分析有重要的启示。但是，编制非竞争型投入产出表的过程中无法将中间投入直接分解为进口部分和国内部分，只能通过采用严格假定的方式进行估算，假定的不同使国内和进口的中间投入存在较大差异，从而导致最终测算的结果也不尽相同。本书采用基于供给使用表的对称型投入产出表准确区分各产业部门中间投入的进口部分和国内部分，测算影响力系数与感应度系数；另外，本书还利用最新的 WIOT 提供的数据，以中美为例分析两国产业关联的中间需求拉动力系数和中间供给推动力系数。[①]

第二节　改进的中国制造业关联效应测度方法

一　影响力系数和感应度系数的改进

2012 年，世界投入产出表（World Input-Output Table, WIOT）由世界投入产出数据库项目组负责编制并推出，该项目组包括了格罗宁根大学等欧洲 11 个大学和研究机构的专家学者。编制了包括法国、德国、意大利、荷兰、丹麦等 27 个欧盟国家（地区）和美国、巴西、中国、印度、日本等 13 个非欧盟国家总共 40 个经济体，35 个产业和 59 种产品 1995—2009 年（部分国家编制到 2011 年）的国际投入产出表。

作为国际投入产出表，WIOT 相较于已有的 EUIIOT（欧盟国家间投入产出表）和 AIIOT（亚洲国际投入产出表）来说，其优势主要体现在：①涵盖的国家和地区广泛，不仅包括欧盟和亚洲的国家，还涉及了北美、南美、大洋洲的国家；②时间跨度较长，包含了从 1995—2009 年的相关数据，部分国家的数据已更新到 2011 年，如日本；③编制 WIOT 的基础数据主要是各国的供给表和使用表，并以各国国民经济核算数据和国际贸易数据为补充。供给表和使用表是世界国民经济核算账户 SNA—08 鼓励使用的核算工具，可用于比较和比对不同来源的数据，从而改进整个经济信息系统的一致性。

与非竞争型投入产出表相比，以供给表和使用表为基础编制的对称型

[①] 中间需求拉动力系数和中间供给推动力系数的称法参见李晓和张建平（2009）。

投入产出表自然地将中间投入和最终使用的国内部分 D 和进口部分 M 加以区分，不需要像非竞争型投入产出表那样进行人为的假定。（见表 3 - 7）

$$\sum_j A_{i,j,k}^D + F_{i,k}^D + E_{i,k}^D = X_{i,k} \tag{6.3}$$

$$\sum_j A_{i,k}^M + F_{i,k}^M + E_{i,k}^M = M_{i,k} \tag{6.4}$$

其中，k 表示国家，i 和 j 代表产业，F 表示国内最终使用，E_i^M 表示再出口，令 $a_{i,j,k}^D = \frac{x_{i,j,k}^D}{X_{j,k}}$，$a_{i,j,k}^M = \frac{x_{i,j,k}^M}{X_{j,k}}$，则：

$$\sum_j a_{i,j,k}^D X_{j,k} + F_{i,k}^D + E_{i,k}^D = X_{i,k} \tag{6.5}$$

$$\sum_j a_{i,j,k}^M + F_{i,k}^M + E_{i,k}^M = M_{i,k} \tag{6.6}$$

简化式形式为：

$$A^D + F^D + E^D = X$$
$$X = (I - A^D)^{-1}(F^D + E^D) \tag{6.7}$$
$$A^M + F^M + E^M = M$$
$$M = A^M(I - A^D)^{-1}(F^D + E^D) + (F^M + E^M) \tag{6.8}$$

其中，$(I - A^D)^{-1} = B^D$ 为 k 国内产品的里昂惕夫逆矩阵，每一个元素 $\bar{b}_{i,j,k}^D$ 代表 k 国 j 部门一单位（国内）最终产品对 i 部门的完全消耗（完全需求）；$M - (F^M + E^M)$ 的部分为进口中间投入用于国内生产的部分；$A^M(I - A^D)^{-1} = B^M$ 为进口产品完全消耗系数矩阵，每一个元素为 $b_{i,j,k}^M$，其列向量之和即为影响力，代表满足对某一部门产生的一单位最终需求需要各部门多少单位的产出，体现了该部门在整体上对各部门产生的后向关联大小，既包括直接影响，也包括间接影响。在此基础上，我们可以得出影响力系数的计算公式为：

$$F_{j,k} = \frac{\sum_i b_{i,j,k}^M}{\frac{1}{n}\sum_i \sum_j b_{i,j,k}^M} \tag{6.9}$$

感应度系数的计算公式为：

$$E_{i,k} = \frac{\sum_j b_{i,j,k}^M}{\frac{1}{n}\sum_i \sum_j b_{i,j,k}^M} \tag{6.10}$$

二 中间需求拉动力系数与中间需求推动力系数

将某国的对称型投入产出表进行拓展,利用世界供给使用表,我们可以编制世界对称型投入产出表(见表3-9),运用该表可以使我们进一步探究两国间中间需求的拉动力作用和推动力作用。

世界对称型投入产出表内部存在完整的数量均衡关系。三个区域分别是国家1、国家2和世界其他国家,均采用ISIC Rev.2 的标准产业分类方式,每个产业的产出分解为中间使用和最终使用。行表示中间使用,列表示中间投入。

行的中间需求与最终需求相加等于产业的总产出:

$$\sum_{\varepsilon}\sum_{\eta} A_{\varepsilon\eta} + \sum_{\varepsilon}\sum_{\eta} F_{\varepsilon\eta} = \sum_{\varepsilon} X_{\varepsilon} \quad (\varepsilon, \eta = 1, 2, ROW) \quad (6.11)$$

列的中间投入和附加值相加等于总投入:

$$\sum_{\eta}\sum_{\varepsilon} A_{\varepsilon\eta} + \sum_{\varepsilon} V_{\eta} = \sum_{\eta} X_{\eta} \quad (6.12)$$

总产出等于总投入:

$$\sum_{\varepsilon}\sum_{\eta} A_{\varepsilon\eta} + \sum_{\varepsilon}\sum_{\eta} F_{\varepsilon\eta} = \sum_{\eta}\sum_{\varepsilon} A_{\varepsilon\eta} + \sum_{\varepsilon} V_{\eta} \quad (6.13)$$

以中美为例,分析 WIOT 交易矩阵中的中间需求拉动力系数和中间需求推动力系数。将 WIOT 表中间投入(中间使用)部分中的中国制造业14个细分产业数据和美国制造业14个细分产业数据分别提取,分别用 AC 和 AU 表示,其余国家的14个细分产业数据全部归为 AR,形成简化的矩阵见表6-1,其中 i, j 代表细分产业,$A_{i,j}^{C \leftrightarrow U}$ 代表中美之间中间产品的相互投入与需求,$A_{i,j}^{C \rightarrow U}$ 代表中国出口 i 产业的中间产品被美国 j 产业吸收,$A_{i,j}^{C \leftarrow U}$ 代表美国 i 产业需求的中间产品由中国 j 产业提供,以此类推。则中美制造业的中间需求拉动力系数(PA)的公式可表示为:

$$PA_i^{U \rightarrow C} = \frac{\dfrac{\sum_{j=1}^{14} A_{i,j}^{U \rightarrow C}}{\sum_{j=1}^{14} A_{i,j}^{U \rightarrow W}}}{\dfrac{\sum_{j=1}^{14} A_{i,j}^{C \rightarrow U}}{\sum_{j=1}^{14} A_{i,j}^{C \rightarrow W}}} \quad (6.14)$$

其中,$U \rightarrow W$ 表示美国对世界的出口,包括美国对中国($U \rightarrow C$),

美国对美国（$U \rightarrow U$），以及美国对其余国家（$U \rightarrow R$）。式（6.14）中，分子代表美国制造业第 i 个细分产业向世界贡献的中间需求中被中国制造业吸收的部分，反映了中国制造业对美国 14 个细分产业的需求拉动；分母代表中国制造业第 i 个细分产业向世界贡献的全部中间需求中由美国吸收的部分，反映了美国制造业整体发展对中国 14 个细分产业的需求拉动，$PA_i^{U \rightarrow C}$ 为两种需求拉动力的比较。

同理，将矩阵的数据进行列向汇总，可以得到中美制造业的中间需求推动力系数（PSA）公式为：

$$PSA_j^{U \rightarrow C} = \frac{\dfrac{\sum_{i=1}^{14} A_{i,j}^{U \rightarrow C}}{\sum_{i=1}^{14} A_{i,j}^{C \rightarrow W}}}{\dfrac{\sum_{i=1}^{14} A_{i,j}^{C \rightarrow U}}{\sum_{i}^{14} A_{i,j}^{U \rightarrow W}}} \qquad (6.15)$$

其中，分子代表中国制造业第 j 个细分产业吸收的全部中间投入中由美国制造业供给的部分，反映了美国制造业发展对中国 14 个细分产业的供给推动；分母代表美国制造业第 j 个细分产业吸收的中间投入中由中国制造业供给的部分，反映了中国制造业对美国 14 个细分产业的供给推动，代表两种供给推动力的比较。

表 6 – 1　　　　　　　　中美间中间需求/推动矩阵

	A^C	A^U	A^R
A^C	$A_{i,j}^{C \leftrightarrow C}$（$A_{i,j}^{C \rightarrow C}$, $A_{i,j}^{C \leftarrow C}$）	$A_{i,j}^{U \leftrightarrow C}$（$A_{i,j}^{C \rightarrow U}$, $A_{i,j}^{C \leftarrow U}$）	$A_{i,j}^{C \leftrightarrow R}$（$A_{i,j}^{C \rightarrow R}$, $A_{i,j}^{C \leftarrow R}$）
A^U	$A_{i,j}^{U \leftrightarrow C}$（$A_{i,j}^{U \rightarrow C}$, $A_{i,j}^{U \leftarrow C}$）	$A_{i,j}^{U \leftrightarrow U}$（$A_{i,j}^{U \rightarrow U}$, $A_{i,j}^{U \leftarrow U}$）	$A_{i,j}^{U \leftrightarrow R}$（$A_{i,j}^{U \rightarrow R}$, $A_{i,j}^{U \leftarrow R}$）
A^R	$A_{i,j}^{R \leftrightarrow C}$（$A_{i,j}^{R \rightarrow C}$, $A_{i,j}^{R \leftarrow C}$）	$A_{i,j}^{R \leftrightarrow U}$（$A_{i,j}^{R \rightarrow U}$, $A_{i,j}^{R \leftarrow U}$）	$A_{i,j}^{R \leftrightarrow R}$（$A_{i,j}^{R \rightarrow R}$, $A_{i,j}^{R \leftarrow R}$）

第三节　中国制造业产业关联效应的静态分析

一　影响力及影响力系数

利用传统公式（6.1）和改进公式（6.9）可以分别计算中国制造业14个细分产业的影响力及影响力系数，为便于比较，我们选取了WIOT最新的2009年对称型投入产出表数据将两种公式计算的结果同时列于表6-2中。

观察表6-2可以发现，按传统公式和改进公式计算的结果存在较为明显的差异：

（1）从影响力的数据上看，按照传统公式计算的14个细分产业影响力均大于1，而按照改进公式计算的影响力则均小于1，之所以如此是因为进口产品作为中间投入进入生产过程时，需要扣除完全消耗的进口产品价值，故任一细分产业的影响力（即1单位最终产品拉动的产出）都要小于1。

（2）从影响力系数上看，14个细分产业中按照传统公式计算影响力系数大于1的共有6个细分产业，其中包括所有3个中技术制造业，3个低技术制造业和1个高技术制造业，表明以中技术制造业和低技术制造业为主的细分产业波及带动程度高于社会平均水平（各行业平均水平）。按照改进公式计算的影响力系数大于1的细分产业增加到9个，包括5个低技术制造业，3个中技术制造业和1个高技术制造业，表明以低技术制造业为主的波及带动程度进一步提高。低技术制造业的食品饮料制造及烟草加工业、纺织业、服装皮革及鞋类制品业，中技术制造业的其他非金属矿物制品业，高技术制造业的交通运输设备制造业按照传统公式计算影响力系数小于1，但按照改进公式计算影响力系数大于1，表明这些细分产业的实际波及带动程度高于而非低于社会平均水平。相反，高技术制造业的化学工业按传统公式计算影响力系数大于1（1.3302），波及带动程度高于社会平均水平，但按照改进公式计算影响力系数小于1，仅为0.8540，实际波及带动程度低于社会平均水平。

（3）从影响力系数排序结果来看，按照基于供给使用表的对称型投入产出表和新公式得到的影响力系数排序结果，与按竞争型里昂惕夫逆矩阵和传统公式得到的影响力系数排序结果也存在差异,在 14 个细分产业中,按传统公式的影响力系数或影响力的大小排在前 3 位的细分产业以高、中技术制造业为主,包括了所有的 1 个高技术制造业(排名第一的化学工业);2 个中技术制造业(排名第二的金属制品业;排名第三的橡胶与塑料制品业)。但当按照新公式的影响力系数或影响力的大小排序时,排名前 3 位的则为中、低技术制造业,分别为中技术制造业的其他非金属矿物制品业(第 1 名);低技术制造业的食品饮料制造及烟草加工业(第 2 名)和木材制品业(第 3 名)。高技术制造业中,除了交通运输设备制造业排名位于 10 名之内(第 6 名)以外,其余的排名均落到了 10 名之后。

从以上分析可以发现,按照改进公式计算的结果符合开放经济条件下中国制造业参与产品内垂直化分工的现实,计算方法是合理的。影响力、影响力系数的计算及排序结果虽然没有同沈利生的研究结果完全相反,但也显示了本书所提出的中国制造业的比较优势依然为中技术制造业和低技术制造业的结论。

表 6-2 传统公式和改进公式计算的影响力及影响力系数对比(2009 年)

序号	产业	传统公式			改进公式		
		影响力	影响力系数	排序	影响力	影响力系数	排序
1	食品饮料制造及烟草加工业	1.5021	0.7155	14	0.9855	1.1021	2
2	纺织业	1.9994	0.9523	7	0.9657	1.0801	4
3	服装皮革及鞋类制品业	1.9320	0.9202	9	0.9485	1.0608	5
4	木材制品业	2.4194	1.1524	4	0.9676	1.0822	3
5	纸浆、纸张、纸制品、印刷及出版	2.4816	1.1820	4	0.9053	1.0124	8
6	石油加工、炼焦及核燃料加工业	2.2337	1.0639	5	0.8989	1.0053	9
7	化学工业	2.7927	1.3302	1	0.7636	0.8540	13
8	橡胶与塑料制品业	2.6285	1.2520	3	0.9197	1.0286	7
9	其他非金属矿物制品业	1.5416	0.7343	13	0.9898	1.1069	1
10	金属制品业	2.7014	1.2867	2	0.8813	0.9856	10
11	机械设备制造业	1.9223	0.9156	10	0.8614	0.9634	11
12	电气机械及光学器材制造业	1.9467	0.9272	8	0.7425	0.8304	12
13	交通运输设备制造业	1.7286	0.8234	11	0.9289	1.0388	6
14	其他制造业及可再生品	1.5622	0.7441	12	0.7595	0.8494	14

二 感应度及感应度系数

利用传统式（6.2）和改进式（6.10）我们可以分别计算中国制造业14个细分产业的感应度及感应度系数，结果列于表6-3中。

观察表6-3可以发现，按传统公式和改进公式计算的结果存在巨大差异：

（1）从感应度系数上看，14个细分产业中按照传统公式计算感应度系数大于1的共有6个细分产业，其中包括所有4个高技术制造业，1个中技术制造业和1个低技术制造业，表明高技术制造业为主的细分产业受到的感应程度高于社会平均感应度水平（各产业所受到的感应程度平均值）。按照改进公式计算的影响力系数大于1的细分产业增加到9个，但所有高技术制造业的感应度系数均小于1，而所有低技术制造业的感应度系数都大于1，表明按照改进公式的计算方法，低技术制造业而非高技术制造业受到的感应程度高于社会平均水平。

（2）从感应度系数排序结果来看，按照基于供给使用表的对称型投入产出表和新公式得到的感应度系数排序结果，与按竞争型里昂惕夫逆矩阵和传统公式得到的感应度系数排序结果大相径庭，在14个细分产业中，按传统公式的感应度系数或感应度的大小排在前7位的细分产业以高技术制造业为主，包括了所有的4个高技术制造业（排名第一的电气机械及光学器材制造业；排名第四的交通运输设备制造业；排名第五的化学工业；排名第六的机械设备制造业）；2个中技术制造业（排名第二的金属制品业；排名第七的橡胶与塑料制品业）；1个低技术制造业（排名第三的纺织业）。但当按照新公式的感应度系数或感应度的大小排序时，高技术制造业全部落到了第10名之后（排名第一的电气机械及光学器材制造业变成了排名第十四；排名第四的交通运输设备制造业变成了排名第十；排名第五的化学工业变成了排名第十一；排名第六的机械设备制造业变成了排名第十二），与之相反，在6个低技术制造业中和4个中技术制造业中，分别有5个细分产业和2个细分产业进入了前7的排名。特别是中技术制造业的石油加工、炼焦及核燃料加工业从排名第十四变成了排名第一，低技术制造业的其他制造业及可再生品和食品饮料制造及烟草加工业，分别从排名第十三和第十二变成了排名第二和第四。上述分析表明，相对于高技术制造业来说，中技术制造业和低技术制造业的需求拉动作用更明显，对国民经济推动作用更大，也深刻反映了中、低技术制造业的基础性作用。

表6-3 传统公式和改进公式计算的感应度及感应度系数对比（2009年）

序号	产业	传统公式			改进公式		
		感应度	感应度系数	排序	感应度	感应度系数	排序
1	食品饮料制造及烟草加工业	1.5905	0.7576	12	0.9658	1.0801	4
2	纺织业	2.5762	1.2271	3	0.9022	1.0090	9
3	服装皮革及鞋类制品业	1.6070	0.7655	11	0.9623	1.0762	5
4	木材制品业	1.7503	0.8337	9	0.9708	1.0857	3
5	纸浆、纸张、纸制品、印刷及出版	1.8668	0.8892	8	0.9201	1.0291	7
6	石油加工、炼焦及核燃料加工业	1.0720	0.5106	14	0.9925	1.1100	1
7	化学工业	2.3746	1.1310	5	0.8575	0.9590	11
8	橡胶与塑料制品业	1.9646	0.9358	7	0.9102	1.0179	8
9	其他非金属矿物制品业	1.6306	0.7767	10	0.9496	1.0620	6
10	金属制品业	2.8763	1.3700	2	0.7821	0.8747	13
11	机械设备制造业	2.2868	1.0893	6	0.8514	0.9522	12
12	电气机械及光学器材制造业	4.0677	1.9375	1	0.6110	0.6833	14
13	交通运输设备制造业	2.4946	1.1882	4	0.8586	0.9602	10
14	其他制造业及可再生品	1.2342	0.5879	13	0.9841	1.1006	2

三 中间需求拉动力系数和中间需求推动力系数

利用式（6.14）和式（6.15）我们同样可以分别计算中美制造业之间的中间需求拉动力系数和中间需求推动力系数，结果列于表6-4中。

表6-4 中间需求拉动力系数和中间需求推动力系数对比（2009年）

序号	产业	中间需求拉动力系数	中间需求推动力系数
1	食品饮料制造及烟草加工业	3.0051	4.2227
2	纺织业	5.3006	0.0587
3	服装皮革及鞋类制品业	3.0437	0.0062
4	木材制品业	2.5905	0.3671
5	纸浆、纸张、纸制品、印刷及出版	3.5144	1.0537
6	石油加工、炼焦及核燃料加工业	3.6283	2.2479

续表

序号	产业	中间需求拉动力系数	中间需求推动力系数
7	化学工业	2.1630	0.7678
8	橡胶与塑料制品业	1.3184	0.3472
9	其他非金属矿物制品业	1.3828	0.0672
10	金属制品业	2.4641	0.2361
11	机械设备制造业	6.3678	0.2841
12	电气机械及光学器材制造业	3.1087	0.0803
13	交通运输设备制造业	1.8103	3.1220
14	其他制造业及可再生品	1.5187	4.6175

(1) 中间需求拉动力系数。表6-4显示，中美之间的中间需求拉动力系数全部大于1，美国制造业对中国制造业的拉动作用要远高于中国制造业对美国制造业的拉动作用。其中，在6个低技术制造业中有4个细分产业的拉动力系数高于所有制造业拉动力系数的平均值（2.9440），分别为纺织业，纸浆、纸张、纸制品、印刷及出版，服装皮革及鞋类制品业，食品饮料制造及烟草加工业，表明美国这些细分产业的需求带动了中国相应产业的发展，也印证了开放经济条件下中国的制造业与美国开展垂直化分工过程中低技术制造业依然具有较强的比较优势，与此同时，部分中技术制造业和高技术制造业也在与美国的垂直专业化分工中慢慢形成了自身的优势，如机械设备制造业、电气机械及光学器材制造业和石油加工、炼焦及核燃料加工业。

(2) 中间需求推动力系数。中美之间的中间需求推动力系数有5个大于1，说明美国的这些细分产业对中国制造业的推动作用要大于中国细分产业对美国制造业的推动作用。其中，中国低技术制造业的其他制造业及可再生品和食品饮料制造及烟草加工业，高技术制造业的交通运输设备制造业受美国制造业发展的推动作用最强。之所以低技术制造业会受美国制造业的推动作用原因之一是前文曾描述过的近年来某些低技术制造业与国外跨国公司合作经营日益增长。其余9个中间需求推动力系数小于1，中国的这些细分产业对美国制造业的推动作用要大于美国细分产业对中国制造业的推动作用。其中，美国的服装皮革及鞋类制品业和纺织业受中国制造业发展的推动作用最强，这也验证了中国制造业对美国的出口比较优势主要存在于纺织业和服装皮革及鞋类制品业的现实。

第四节 中国制造业关联效应的动态分析

一 影响力系数和感应度系数

从动态的角度分析，1995—2009年，中国制造业14个细分产业的影响力系数和感应度系数的变化情况如表6-5所示。

（1）影响力系数。1995—2009年有8个细分产业的影响力系数呈上升趋势，包括5个低技术制造业和3个中技术制造业。其中，纺织业，服装皮革及鞋类制品业，木材制品业和纸浆、纸张、纸制品、印刷及出版业4个低技术制造业的影响力系数从小于1上升为大于1，表明经过15年的发展，这些细分产业的波及影响程度从低于社会平均影响水平变化为超过社会平均影响水平；有6个细分产业的影响力系数呈下降趋势，包括所有4个高技术制造业，1个中技术制造业和1个低技术制造业。其中，机械设备制造业、交通运输设备制造业2个高技术制造业的影响力系数从大于1下降为小于1，表明随着时间的推移，这些细分产业的波及影响程度从超过社会平均影响水平变化为低于社会平均影响水平。总之，中、低技术制造业，特别是低技术制造业对其他细分产业的拉动作用在提高，而高技术制造业则在下降。

（2）感应度系数。1995—2009年有9个细分产业的感应度系数呈现上升趋势，包括全部6个低技术制造业和3个中技术制造业。其中，纺织业、服装皮革及鞋类制品业2个低技术制造业的感应度系数从小于1上升为大于1，表明受到的感应程度从低于社会平均感应度水平变化为超过社会平均感应度水平；有5个细分产业的感应度系数呈现下降趋势，包括所有4个高技术制造业和1个中技术制造业，其中交通运输设备制造业的感应度系数从大于1下降为小于1，表明随着时间的推移，该细分产业受到的感应程度从超过社会平均感应度水平变为低于社会平均感应度水平。总之，15年间社会对低技术制造业的需求在提高，而对高技术制造业的需求则在下降。

影响力系数和感应度系数动态分析可以得出，中低技术制造业，特别是低技术制造业在当前中国制造业的发展中仍然发挥着显著作用，其重要性不可忽略。

表 6-5　　中国制造业 14 个细分产业影响力系数和
感应度系数的变化（1995—2009 年）

序号	产业	1995 年 影响力系数	1995 年 感应度系数	2009 年 影响力系数	2009 年 感应度系数	1995—2009 年 影响力系数	1995—2009 年 感应度系数
1	食品饮料制造及烟草加工业	1.0935	1.0558	1.1021	1.0801	0.0086	0.0243
2	纺织业	0.9411	0.9239	1.0801	1.0090	0.139	0.0851
3	服装皮革及鞋类制品业	0.9872	0.9994	1.0608	1.0762	0.0736	0.0768
4	木材制品业	0.9739	1.0224	1.0822	1.0857	0.1083	0.0633
5	纸浆、纸张、纸制品、印刷及出版	0.9494	1.0201	1.0124	1.0291	0.063	0.009
6	石油加工、炼焦及核燃料加工业	1.0365	1.0897	1.0053	1.1100	-0.0312	0.0203
7	化学工业	0.8668	0.9780	0.8540	0.9590	-0.0128	-0.019
8	橡胶与塑料制品业	1.0104	1.0174	1.0286	1.0179	0.0182	0.0005
9	其他非金属矿物制品业	1.1009	1.0143	1.1069	1.0620	0.006	0.0477
10	金属制品业	0.9611	0.9350	0.9856	0.8747	0.0245	-0.0603
11	机械设备制造业	1.0522	0.9952	0.9634	0.9522	-0.0888	-0.043
12	电气机械及光学器材制造业	0.9132	0.8773	0.8304	0.6833	-0.0828	-0.194
13	交通运输设备制造业	1.0426	1.0026	1.0388	0.9602	-0.0038	-0.0424
14	其他制造业及可再生品	1.0713	1.0690	0.8494	1.1006	-0.2219	0.0316

二　中间需求拉动力系数和中间需求推动力系数

进一步从动态的角度分析中美制造业 14 个细分产业的中间需求拉动力系数和中间需求推动力系数的变化情况如表 6-6 所示。观察表 6-6 可以发现，1995—2009 年，中间需求拉动力系数和中间需求推动力系数发生了"巨大"的变动，1995 年中间需求拉动力系数除了化学工业大于 1 之外其余 13 个细分产业均小于 1，到了 2009 年所有细分产业的拉动力系数均出现上升（均大于 1），其中上升速度排在前三位的分别是机械设备制造业、纺织业和电气机械及光学器材制造业，这说明改革开放以前中国制造业参与国际分工的程度很低，包括美国在内的其他国家的制造业需求对中国制造业的发展起到的拉动作用非常小。与之相反，1995—2009 年中间需求推动力系数除了石油加工、炼焦及核燃料加工业出现上升以外，其余 13 个细分产业均出现了下降，降幅排在前三位的分别是交通运输设备制造业、其他制造业及可再生品和纸浆、纸张、纸制品、印刷及出版，这说明了美国制造业发展对中国细分产业的供给推动作用在减弱，究其原因，主要是国际分工日益深化后美国的许多制造业纷纷移向海外，本国制造业的发展放缓，制造业发展对包括中国在内的其他发展中国家的供给推动作用也相应地减弱，典型的例子是以汽车业为代表的交通运输设备制造业。

表 6-6 中美制造业 14 个细分产业关联效应动态变化（1995—2009 年）

序号	产业	1995 年 中间需求拉动力系数	1995 年 中间需求推动力系数	2009 年 中间需求拉动力系数	2009 年 中间需求推动力系数	1995—2009 年 中间需求拉动力系数	1995—2009 年 中间需求推动力系数
1	食品饮料制造及烟草加工业	0.5291	7.6015	3.0051	4.2227	2.4760	-3.3788
2	纺织业	0.4765	2.9019	5.3006	0.0587	4.8241	-2.8432
3	服装皮革及鞋类制品业	0.1487	0.3447	3.0437	0.0062	2.8950	-0.3385
4	木材制品业	0.1919	3.6492	2.5905	0.3671	2.3986	-3.2821
5	纸浆、纸张、纸制品、印刷及出版	0.4329	15.5982	3.5144	1.0537	3.0815	-14.5445
6	石油加工、炼焦及核燃料加工业	0.9977	0.9982	3.6283	2.2479	2.6306	1.2497
7	化学工业	1.3617	1.6260	2.1630	0.7678	0.8013	-0.8582
8	橡胶与塑料制品业	0.0614	2.0872	1.3184	0.3472	1.2570	-1.7400
9	其他非金属矿物制品业	0.0166	0.2136	1.3828	0.0672	1.3662	-0.1464
10	金属制品业	0.2097	1.7167	2.4641	0.2361	2.2544	-1.4806
11	机械设备制造业	0.5688	4.6635	6.3678	0.2841	5.7990	-4.3794
12	电气机械及光学器材制造业	0.1052	3.9024	3.1087	0.0803	3.0035	-3.8221
13	交通运输设备制造业	0.1634	35.3531	1.8103	3.1220	1.6469	-32.2311
14	其他制造业及可再生品	0.1467	25.8720	1.5187	4.6175	1.3720	-21.2545

第五节 本章小结

本章从产业关联的角度对产业结构变动的有效性进行分析。首先指出传统的影响力系数和感应度系数的计算公式利用竞争型投入产出表存在缺陷，竞争型投入产出表把进入生产过程的进口产品视作（或等同于）国内产品，并由此产生了相应的直接消耗和间接消耗，结果与本国国内各部门的实际消耗不符。对一些学者采用非竞争型投入产出表我们认为是对竞争型投入产出表的改进，但其采用较为严格假定的方式来区分进口中间投入和国内中间投入在分析的准确性方面有所欠缺，由此本章提出采用基于供给使用表的对称型投入产出表（WIOT）改进传统影响力系数和感应度系数能够有效解决上述问题。然后，我们以此为依据进一步提出中间需求拉动力系数和中间需求推动力系数两个指标，并以中美为例，来测度两国之间相互的中间需求（中间投入）对产业的关联效应。

静态分析的结果显示：改进的影响力系数和感应度系数测度方法与传统方法相比结果有较大不同：一是影响力和感应度的值均小于1而非大于1；二是在制造业各细分产业中，中技术制造业和低技术制造业的影响力系数和感应度系数均高于高技术制造业，中国制造业的比较优势依然为中技术制造业和低技术制造业，两者的需求拉动作用更明显。中美之间的中间需求拉动力系数显示美国制造业对中国制造业的拉动作用要高于中国制造业对美国制造业的拉动作用，中间需求推动力系数显示，中国低技术制造业的其他制造业及可再生品和食品饮料制造及烟草加工业，高技术制造业的交通运输设备制造业受美国制造业发展的推动作用最强，美国的服装皮革及鞋类制品业和纺织业受中国制造业发展的推动作用最强。

动态分析的结果显示：1995—2009年影响力系数和感应度系数动态变化表明中技术制造业和低技术制造业，特别是低技术制造业在当前中国制造业的发展中仍然发挥着显著作用，其重要性不可忽略。1995—2009年中美之间的中间需求拉动力系数变化表明美国的制造业需求对中国制造业发展的拉动作用在增强，而中间需求推动力系数变化表明美国制造业发展对中国细分产业的供给推动作用在减弱。

第七章

中国制造业结构变动的生产率效应

回顾本书第五章研究制造业结构变动的经济效应中,我们对 Kaldor 第二定律也给予了验证,得出结论制造业产出增长与劳动生产率提高存在一定的关系,但同时我们也提出了一个有待解决的遗留问题,即在开放经济条件下,考虑到国际分工深入到产品内部,制造业的变动对生产率和就业究竟是否产生影响及产生多大的影响。因此,本章围绕产业结构变动的生产率效应展开论述。不同于第五章第一节我们运用简单的劳动生产率数据初步分析制造业发展对生产率的影响,我们首先运用 DEA-Malmquist 指数法对全要素生产率、技术进步变动与技术效率变动进行分解。其次利用分解公式测度并分析了 1995—2009 年中国制造业各细分产业的全要素生产率、技术进步变动与技术效率变动状况,在此基础上从产业结构垂直专业化变动和产业结构水平多样化变化的视角出发,借鉴 Coe 和 Helpman (1995) 的思想构建了中国制造业结构变动对生产率影响的模型并进行实证分析。以同样视角为出发点,最后我们借鉴 Feenstra 等 (1999) 的思想构建了中国制造业结构变动对就业影响的模型并进行实证分析。

第一节 1995—2009 年中国制造业
生产率的测度与分析

迄今为止,分析生产率变化的计量分析技术得到了长足的发展,早期学者普遍采用的简化处理方法——索洛余值估计原理受到越来越多学者们的批评。索洛余值估计原理假设资本投入的产出弹性为 0.3,劳动力投入为 0.7,在资本投入增长率、劳动力投入增长率和人均实际 GDP 增长率已知的前提下,基于 OLS 方法用索洛余值来估计个体的全要素生产率的增长率。这种估计方法的可靠性和精确度都较低,于是研究方法逐步发展到随机前沿生产函数法（SFA）、无分配法（DFA）等参数方法和非参数方法，并在实证研究中加入面板数据进行分析。

一 理论模型选择及变量选取

（一）理论模型的选择

相对于参数方法来说，目前测度全要素生产率最为流行的是非参数方法，非参数方法又以数据包络分析法（DEA）为主，但值得注意的是，单独使用DEA方法无法进行全要素生产率方面的测算，还需要与Malmquist指数法相结合才能实现，即DEA-Malmquist指数法。

DEA模型最早是由Charnes、Cooper和Rhodes于1978年以相对效率概念为基础提出，用于评价多个具有相同类型的多投入和多产出的决策单元是否为技术有效和规模有效。该模型建立在规模报酬不变的假设之上，简称为CCR模型，之后，Banker、Charnes和Cooper（1984）提出了建立在规模报酬可变条件下的VRS模型，简称为BCC模型。Caves、Christensen和Diewert（1982）在CCR模型基础上提出DEA-Malmquist指数法。该模型将DEA和Malmquist指数法相结合，简称为CCD模型。随后，该方法不断地涌现出新的研究成果，如Färe等（1989；1994a；1994b）、Ray和Desli（1997）等。

DEA-Malmquist指数法首先根据DEA的基本思想确定生产前沿面，然后得到距离函数，最后通过距离函数来度量决策单元之间的相对效率。其中距离函数是该方法中的核心、概念，既可以从投入角度，也可以从产出角度来定义。基于投入角度的距离函数是在给定产出的条件下，投入向量能够向生产前沿面缩减的程度；基于产出角度的距离函数是在给定投入的条件下，产出向量的最大扩张幅度（郝然，2011）。在DEA基础上引入Malmquist指数的方法，优势在于：一是不需要要素的价格信息以及经济均衡假设，避免了相关的理论假设所形成的约束条件；二是可以对全要素生产率的变动进行更为细致的分解研究。

（二）变量选取

（1）行业选择。本书主要研究中国制造业1995—2009年的结构变动对全要素生产率及技术效率、技术进步的影响，因此在行业选择上依然遵照ISIC Rev.4分类方式，选择WIOD数据库中的14个制造业细分产业，并根据OECD产业R&D含量具体分为高技术制造业、中技术制造业和低技术制造业。

（2）投入产出变量选取。在全要素分析中，作为投入变量的资本存量应为直接或间接地构成生产能力的资本投入数量。资本存量的度量是一个复杂的过程，WIOD 数据库所提供的社会经济账户（SEA）包含对就业（工作人员和受教育程度的人数），资本存量，总产出和现价及不变价工业增加值的相关数据，且行业分类与 ISIC Rev. 4 保持一致，这为我们的研究带来便利。因此，资本存量采用 WIODSEA 的不变价格固定资本形成总额。劳动投入严格来说应该用劳动时间表示，但由于劳动时间数据无法得到，因而在许多文献中广为使用的是劳动力人数，比如徐毅和张二震（2008）。WIODSEA 提供了有关劳动时间的两个指标，就业人员总工时数（Total hours worked by persons engaged）和员工总工时数（Total hours worked by employees），我们采用前者作为劳动投入数据。产出要素由工业增加值表示，WIODSEA 同样给出了制造业各细分产业不变价格的增加值指标。

（3）产业结构变动。如前文所述，制造业结构变动可以从垂直专业化角度和水平多样化的角度分析，产业结构变动的数据沿用本书第四章测算的结果。

二　Malmquist 生产率指数分解

根据 Färe 等的基本原理及方法，把每一个行业看作一个生产决策单位，先确定每一年各行业生产最佳前沿面，再把每一个行业的生产同最佳前沿面进行比较就可以对各个行业的技术效率和生产率变化进行测度（李小平等，2006）。t 时刻技术水平为 s^t 的产出距离函数可表示为：

$$D(x^t, y^t) = \inf\{\theta(x^t, y^t | \theta) \in s^t\}$$

其中，$s^t = f(x^t, y^t | t \text{ 时期}, x \text{ 可以生产 } y)$ （7.1）

采用 DEA-Malmquist 指数法，全要素生产率可以被分解为两个 Malmquist 指数的几何平均数，公式为：

$$M(x^{t+1}, y^{t+1}, x^t, y^t) = \left[\frac{D_{CRS}^t(x^{t+1}, y^{t+1}) D_{CRS}^{t+1}(x^{t+1}, y^{t+1})}{D_{CRS}^t(x^t, y^t) D_{CRS}^{t+1}(x^t, y^t)}\right]^{\frac{1}{2}} \quad (7.2)$$

$M(x^{t+1}, y^{t+1}, x^t, y^t)$ 指数中使用了 t 期和 $t+1$ 期的规模报酬不变的距离函数，$D_{CRS}^t(x, y)$ 和 $D_{CRS}^{t+1}(x, y)$ 与两对投入和产出向量 (x^t, y^t)、(x^{t+1}, y^{t+1}) 组合。

Malmquist 指数可以分解为技术效率的变化与技术进步的变化：$M =$

$EF \times TE$。M 为两时期之间的 Malmquist 生产率变化指数;EF 是技术效率变化指数,用来测度两时期之间每个观察对象到最佳实践边界的追赶程度;TE 是技术进步变化指数,用来测度两时期之间技术边界的移动(李小平,2008),分别用距离函数表示为:

$$EF = \frac{D_{CRS}^{t+1}(x^{t+1}, y^{t+1})}{D_{CRS}^{t}(x^{t}, y^{t})} \tag{7.3}$$

$$TE = \left[\frac{D_{CRS}^{t}(x^{t+1}, y^{t+1}) D_{CRS}^{t}(x^{t}, y^{t})}{D_{CRS}^{t+1}(x^{t+1}, y^{t+1}) D_{CRS}^{t+1}(x^{t}, y^{t})}\right]^{\frac{1}{2}} \tag{7.4}$$

$M > 1$ 表示生产率进步,$EF > 1$ 表示技术效率的改善,$TE > 1$ 表示技术进步;反之,亦然。

三 中国制造业全要素生产率及其分解的状况分析

本部分采用产出导向的 DEA 方法,利用 Deap 2.1 软件测度了 1995—2009 年中国制造业 14 个细分产业按低技术制造业、中技术制造业和高技术制造业分类的平均生产率指数及其分解技术效率和技术进步的变化情况,结果见表 7-1。

1995—2009 年,所有细分产业平均全要素生产率增长率为 0.01%,技术效率平均增长率为 2.07%,技术进步平均增长率为 -1.15%。虽然全要素生产率增长的大体趋势为正,但增长率较低,其中技术效率的提高是全要素生产率增长的主要原因。我们的结果与郭炳南(2011)、李小平(2006)的结果相比都有较大的差异,上述两位学者的测算结果都认为技术进步增长是全要素生产率增长的主要原因,且李小平测算的技术效率平均增长率为负。导致差异的原因可能有:一是数据原因,我们用的数据的时间跨度与两位学者有所不同,郭炳南研究的时间跨度为 2000—2008 年,李小平研究的时间跨度为 1999—2003 年,并且在工业增加值和固定资产净值的数据上两位学者都采用了一定的折算方法,而我们的研究数据采用 WIOD 数据库提供的统一数据;二是在行业选择上两位学者所选取的行业数及统计口径与我们不一致,这可能导致前沿技术行业的变动,使测算结果有所不同;三是我们测算中、低技术制造业和高技术制造业的技术进步平均增长率为负,这导致了整个制造业技术进步的平均增长率为负,同时全要素生产率的增长率较低。

从制造业细分产业的进一步分析可以发现,1995—2009 年,高技术制造业和低技术制造业比中技术制造业有更高的技术效率，而技术进步则主要出现在中技术制造业。14个细分产业中全要素生产率平均增长速度大于1的主要分布在高技术制造业的4个细分产业及中技术制造业的石油加工、炼焦及核燃料加工业中，其中，平均增长速度最高的是石油加工、炼焦及核燃料加工业，其次是电气机械及光学器材制造业，第三位是交通运输设备制造业。14个细分产业中技术效率平均增长率除了低技术制造业的服装皮革及鞋类制品业和中技术制造业的其他非金属矿物制品业、金属制品业以外，其余都大于1，其中平均增长速度最高的前三位都在高技术制造业中。14个细分产业中技术进步平均增长速度大于1的只有中技术制造业中的石油加工、炼焦及核燃料加工业，其中平均增长速度最低的细分产业都出现在低技术制造业中，包括服装皮革及鞋类制品业（平均增长率为 -0.055%）、木材制品业（平均增长率为 -0.0519%）、纺织业（平均增长率为 -0.0441%）。

表7-1 各细分产业平均全要素生产率（M_i）、技术效率（EF）和技术进步增长指数（TE）（1995—2009年）

分类	细分产业	平均 M 全要素生产率	平均 EF 技术效率	平均 TE 技术进步
低技术制造业	食品饮料制造及烟草加工业	0.9803	1.0007	0.9850
	纺织业	0.9701	1.0096	0.9559
	服装皮革及鞋类制品业	0.9391	0.9929	0.9450
	木材制品业	0.9886	1.0414	0.9481
	纸浆、纸张、纸制品、印刷及出版	0.9817	1.0169	0.9677
	其他制造业及可再生品	0.9477	1.0094	0.9403
	平均	0.9663	1.0118	0.9570
中技术制造业	石油加工、炼焦及核燃料加工业	1.1370	1.0000	1.1370
	橡胶与塑料制品业	0.9971	1.0360	0.9629
	其他非金属矿物制品业	0.9297	0.9606	0.9729
	金属制品业	0.9700	0.9893	0.9880
	平均	1.0085	0.9965	1.0152

续表

分类	细分产业	平均 M 全要素生产率	平均 EF 技术效率	平均 TE 技术进步
高技术制造业	化学工业	1.0247	1.0397	0.9934
	机械设备制造业	1.0041	1.0264	0.9867
	电气机械及光学器材制造业	1.0734	1.0851	0.9961
	交通运输设备制造业	1.0676	1.0824	0.9970
	平均	1.0425	1.0584	0.9933
	总平均	1.0001	1.0207	0.9885

第二节 制造业结构变动对生产率影响的实证分析

一 实证模型的设定

本节我们以中国制造业为研究对象，检验制造业结构变动对生产率产生何种影响。根据 Coe 和 Helpman（1995）的经济增长模型，假设在开放经济中一个劳动力（L）、物质资本（K）和知识资本（S），产出（Y）共同组成的某行业 i 的生产函数，用 Cobb-Douglas 生产函数来表示为：

$$Y_{it} = AK_{it}^{\alpha}L_{it}^{\beta}S^{\gamma} \tag{7.5}$$

定义全要素生产率：$TFP = Y/L^{\alpha}K^{\beta}$，则可以得到全要素生产率：

$$TFP = AS^{\gamma} \tag{7.6}$$

借鉴 CH（1995）的思想，开放经济下一国知识资本的获取不仅可以来自国内也可以来自国外，依据本书第四章和第五章的阐述，开放经济条件下国际分工深入到产品内部使来自国外的研发资本通过产业结构的垂直专业化（VE）和水平多样化（HD）对本国行业的技术进步产生效应，因此本书构建了如下计量模型：

$$g_{it} = \beta_0 + \beta_1 R\&D_{it} + \beta_2 VE_{it} + \beta_3 HD_{it} + \beta_4 VEHD_{it} + \beta_5 VE_{it}R\&D_{it} + \beta_6 HD_{it}R\&D_{it} + \beta_7 VE_{it}HD_{it}R\&D_{it} + \lambda_i + \eta_t + \varepsilon_{it} \tag{7.7}$$

为了消除各变量数据可能存在的非平稳性，我们对等式两边取对数，同时对回归方程中的各变量作一阶差分：

$$\Delta \ln g_{it} = \Delta \beta_0 + \beta_1 \Delta \ln R\&D_{it} + \beta_2 \Delta \ln VE_{it} + \beta_3 \Delta \ln HD_{it} +$$

$$\beta_4 \Delta \ln VEHD_{it} + \beta_5 \Delta \ln VE_{it}R\&D_{it} + \beta_6 \Delta \ln HD_{it}R\&D_{it} +$$
$$\beta_7 \Delta \ln VE_{it}HD_{it}R\&D_{it} + \lambda_i + \eta_t + \varepsilon_{it} \qquad (7.8)$$

式（7.8）中，对各变量 X_{it} 来说，$\Delta X_{it} = X_{it} - X_{it-1}$，一阶差分虽然会损失最早年份（我们研究的是1995年）的样本数据，但差分后的方程因消除了数据的非平稳性，回归结果的可靠性得以保证。

其中，下标 i 表示各细分产业，t 表示各个年份，β_0 为常数项，λ_i 为随细分产业变化而不随时间变化的效应，η_t 为随时间而不随细分产业变化的效应，ε_{it} 为误差项，g_{it} 表示生产率增长率，分别用全要素生产率增长、技术效率改进和技术进步替代，$R\&D_{it}$ 表示本国研发支出，VE_{it} 表示开放经济条件下产业结构的垂直专业化水平，HD_{it} 表示开放经济条件下产业结构的水平多样化水平。本模型还引入研发投入与垂直专业化、水平多样化及交互作用的交叉项，以考察产业结构的垂直专业化变动和水平多样化变动通过对研发投入的作用是否促进了技术吸收能力和配套能力，进而影响生产率的变化。

生产率的测度方式采用本章第一节的 DEA-Malmquist 指数法计算得到，VE 和 HD 的数据来自本书第四章的测度结果，本国 R&D 的数据采用分行业大中型企业研发投入占工业总产值的比重，数据来自各年的《中国科技统计年鉴》和《中国统计年鉴》。

二 实证结果及分析

按照面板数据建立模型的基本程序，我们使用 STATA 12 统计软件进行处理和测度。为了降低采用面板数据回归产生序列相关和异方差问题的可能性，从而导致实际操作中普通最小二乘法失效，我们通过 Hausman 检验判定应选择固定效应模型还是随机效应模型。经过 LLC（Levin-Lin-Chut）检验、IPS（Im-Pesaran-Shin）检验、Fisher-ADF 及 Fisher-PP 卡方检验4种面板单位根检验拒绝单位根存在，数据序列平稳。

表7-2的方程（1）至方程（3）是因变量为技术进步增长指数的一阶差分的回归结果。首先我们发现3种模型的回归结果中，14个制造业细分产业的R&D资本的回归系数符号都比较稳定，R&D资本系数显著为负，系数值为 -0.5836— -0.6761。这和郭炳南等（2011）的结论相反，说明制造业国内的R&D资本没有促进制造业的技术进步增长。张海洋（2005）把这一现象归结为高科技行业步入调整期，行业竞争加剧，生产

效率下降所致。刘小平（2006）认为行业本身使用的 R&D 资本的投入结构不恰当、使用效率不高也有可能造成国内的 R&D 资本没有促进制造业的技术进步增长。我们认为，目前普遍存在的 R&D 投入的成果转化率不高，R&D 投入对企业核心竞争力的培育存在相对滞后以及对 R&D 资本的法律保护依然不够健全等因素也可能造成这一结果的出现。方程（1）和方程（3）都显示产业结构的垂直专业化对技术进步产生显著的正向影响，系数值分别为 0.1052 和 0.1098，这说明中国制造业在参与国际分工的过程中受到了正向的技术溢出效应。但是产业结构的垂直专业化与 R&D 资本的交互作用却显示对技术进步产生显著的负向影响，系数值分别为 -0.3041 和 -0.3246，表明中国制造业在参与国际分工的过程中对于国外先进技术的吸收能力和配套能力还比较低下。方程（2）和方程（3）都显示产业结构水平多样化的统计结果不显著，说明产业结构的水平多样化并没有带来中国制造业的技术进步，产业结构的水平多样化与 R&D 资本的交互作用也得出了同样的结论。

方程（4）至方程（6）是因变量为技术效率增长指数的一阶差分的回归结果。我们发现三种模型的回归结果中，国内制造业 R&D 资本的回归系数符号稳定为正，系数值为 0.3042—0.6212。这一结果与技术进步的回归方程结果相反，说明国内制造业的 R&D 资本促进了各细分产业技术效率的增长。这可能与细分产业的技术效率的正向增长有关。从表 7-2 可以看出，各细分产业技术效率的平均增长率出现了正值，这说明长期以来一直在宣传和强调的提高管理能力、发挥企业运营效率等软性技术效率方面在中国制造业细分产业的企业中得到了落实，并产生了效果。方程（5）和方程（6）都显示产业结构的水平多样化对技术效率产生显著的正向影响，系数值分别为 0.6430 和 0.6113，这说明中国制造业细分产业之间通过某种相似要素或能力①的迁移促进了各产业技术效率的提高，扩大了不同产品的生产和出口。产业结构的水平多样化与 R&D 资本的交互作用也得出了同样的正向影响结论。方程（4）和方程（6）都显示产业结构的垂直专业化并没有带来中国制造业的技术效率的增长，产业结构的垂直专业化与 R&D 资本的交互作用也得出了同样的结论。而产业结构的垂

---

① 根据 Hausmann（2006；2007）等学者的论述，所谓相似能力的内涵非常丰富，其中包含了管理能力、策划能力等诸多方面。

直专业化与水平多样化的交互作用及与 R&D 资本的交互作用统计结果均不显著。

方程（7）至方程（9）是因变量为全要素生产率增长指数的一阶差分的回归结果。和方程（1）至方程（3）相似，我们发现在 3 种回归结果中，国内 R&D 资本的回归系数符号为负，其值为 -0.4902— -0.4813。结果表示国内的 R&D 资本对制造业各细分产业全要素生产率的影响为负。李小平（2006）也得出了类似的结论，并认为这可能和目前不完善的市场环境有关。一个完善的市场竞争环境能够合理地配置各行业之间的 R&D 资本投入和使用，促使企业减少成本、消除管理和组织的非效率而改善企业的全要素生产率；但当市场不完善时，这种资源的动态分配效应将会受到扭曲并不能实现。产业结构的垂直专业化带来的全要素增长率的影响与方程（4）和方程（6）一致，均显示为负，说明垂直专业化不能促进全要素生产率的提高，比较方程（1）和方程（3）说明垂直专业化主要对技术进步产生作用。垂直专业化与 R&D 资本的交互作用与方程（1）、方程（3）、方程（4）、方程（6）一致。产业结构的水平多样化对全要素生产率的影响以及水平多样化与 R&D 资本交互作用对全要素生产率的影响与方程（2）和方程（3）一致，都显示为负向作用。

表 7-2　　　　　　　　　　　　回归结果

	技术进步 (TE) ($\Delta\ln TE$)			技术效率 (EF) ($\Delta\ln EF$)			全要素生产率 ($\Delta\ln TFP$)		
	(1)	(2)	(3)	(4)	(5)	(6)	(7)	(8)	(9)
常数项	0.048 * (1.25)	0.055 * (1.27)	0.054 * (1.39)	0.031 * (2.10)	0.029 * (2.15)	0.037 ** (2.56)	0.014 ** (4.47)	0.022 ** (5.95)	0.019 ** (5.92)
$\Delta\ln R\&D$	-0.594 * (-6.60)	-0.6761 ** (-6.79)	-0.5836 ** (-6.24)	0.4370 ** (4.96)	0.6212 ** (4.91)	0.3042 ** (4.63)	-0.4868 ** (-5.08)	-0.4813 ** (-5.11)	-0.4902 ** (-5.27)
$\Delta\ln VE$	0.1052 ** (8.72)		0.1098 ** (8.02)	-0.1308 ** (-8.44)		-0.127 ** (-8.58)	-0.1295 ** (-8.36)		-0.1249 ** (-8.87)
$\Delta\ln HD$		-0.6844 ** (-6.35)	-0.5297 ** (-6.05)		0.6430 ** (7.41)	0.6113 ** (4.77)		-0.4006 ** (-5.29)	-0.4009 ** (-6.27)
$\Delta\ln VEHD$			0.3136 (0.19)			0.9929 (0.14)			0.2217 (0.045)
$\Delta\ln VE_{it}R\&D_{it}$	-0.3041 * (-1.63)		-0.3246 * (-1.75)	-0.1412 * (-1.57)		-0.1063 * (-1.51)	-0.2110 * (-1.39)		-0.2300 * (-1.54)
$\Delta\ln HD_{it}R\&D_{it}$		-0.6700 ** (-6.21)	-0.5108 ** (-5.36)		0.3036 ** (7.42)	0.2050 ** (4.22)		0.571 ** (5.85)	0.4840 ** (6.27)
$\Delta\ln VE_{it}HD_{it}R\&D_{it}$			0.2263 (0.14)			-0.2056 (3.01)			0.554 (0.10)

续表

	技术进步 (TE) ($\Delta \ln TE$)			技术效率 (EF) ($\Delta \ln EF$)			全要素生产率 ($\Delta \ln TFP$)		
	(1)	(2)	(3)	(4)	(5)	(6)	(7)	(8)	(9)
R^2	79.80	84.41	75.69	74.88	82.89	62.32	79.14	84.41	75.81
N	84	84	84	84	84	84	84	84	84
F 值	32.07	23.40	23.13	25.28	11.4	63.5	32.96	23.40	24.27
Prob > F	0.003	0.000	0.003	0.003	0.003	0.000	0.000	0.000	0.003
Hausman 检验	随机效应	随机效应	随机效应	随机效应	随机效应	随机效应	随机效应	随机效应	随机效应

注：括号内为 t 统计特征值，** 和 * 分别表示在 5% 和 10% 的显著性水平显著。

以上分析说明目前来看，中国参与国际分工过程在垂直专业化方向得到了国外 R&D 资本的溢出效应，但自身的吸收、消化和配套能力还有待加强，否则制造业仍容易陷入微笑曲线的低端；水平多样化有助于制造业的技术效率的增进，正如 Hausmann 和 Klinger（2008）对南非的研究得出的结论，单一的产业集聚或单一化的产业发展正是南非长期以来经济难以腾飞的原因之一。

我们的研究中中国制造业的国内 R&D 资本对技术进步、技术效率和全要素生产率的影响与世界上很多国家的情况不一致，从表 7-2 中可以发现国内 R&D 资本对技术进步、技术效率和全要素生产率的影响都为负，如何改变国内 R&D 资本的这一负向影响需要引起我们的重视。

第三节　本章小结

通过本章的理论和实践发现，首先 1995—2009 年中国制造业 14 个细分产业按低技术制造业、中技术制造业和高技术制造业分类的平均生产率指数及其分解技术效率和技术进步的变化情况显示，所有细分产业平均全要素生产率增长率为 0.01%，技术效率平均增长率为 2.07%，技术进步平均增长率为 -1.15%。虽然全要素生产率增长的大体趋势为正，但增长率较低，其中技术效率的提高是全要素生产率增长的主要原因。高技术制造业和低技术制造业比中技术制造业有更高的技术效率，而技术进步则主要出现在中技术制造业。全要素平均增长率最高的是石油加工、炼焦及核燃料加工业，其次是电气机械及光学器材制造业，最后是交通运输设备制造业；技术效率平均增长率最高的是电气机械及光学器材制造业、交通运输设备制造业和化学工业；技术进步平均增长率最高的是石油加工、炼焦及核燃料加工业。

其次，就制造业结构变动对全要素生产率及其分解的实证分析显示，产业结构垂直专业化主要对技术进步发挥作用，产业结构水平多样化主要对技术效率进步产生作用。具体来看，产业结构的垂直专业化对技术进步产生显著的正向影响，系数值分别为0.1052和0.1098，这说明中国制造业在参与国际分工的过程中受到了正向的技术溢出效应，产业结构的水平多样化并没有带来中国制造业的技术进步，制造业国内的R&D资本系数显著为负，说明R&D资本没有促进制造业的技术进步增长。产业结构的水平多样化对技术效率产生显著的正向影响，系数值分别为0.6430和0.6113，产业结构的垂直专业化并没有带来中国制造业的技术效率的增长。产业结构的垂直专业化和水平多样化带来的全要素增长率的影响为负，说明它们不能促进全要素生产率的提高，但是水平多样化和国内R&D资本的交互作用对全要素生产率的增长发挥了积极作用。

第八章

中国制造业结构变动的就业效应

在上一章分析制造业细分产业垂直专业化和水平多样化所带来的全要素生产率效应的基础上,本章我们进一步围绕制造业结构变动的就业效应进行分析。首先从细分产业的就业人数和劳动工时数,不同技能劳动者的工时数等角度分析中国制造业的就业情况,然后利用 Feenstra 和 Hanson (1999) 的三要素短期成本函数推导高技能劳动相对需求的回归方程式并运用面板数据进行实证分析,从垂直专业化和水平多样化的视角检验制造业细分产业结构变动的就业效应。

第一节 中国制造业细分产业就业变动轨迹

本书第五章第一节对东亚、拉美和非洲各五国工业部门的就业情况做了大体的描述,在东亚 5 国中,中国工业部门就业人口占总就业人口的比重列第二位,稳中有升,1993—2002 年维持在 20%—25%,在东亚 5 国中排名第二,2003 年开始超过 1/4 的比例直至 2010 年比重达到 28.7%,超过马来西亚成为 5 国中比例最高的国家。本部分我们深入中国制造业的细分产业内部,进一步分析劳动者的就业情况。

一 劳动者就业人数变化

图 8-1 和表 8-1 显示了 1995—2009 年中国制造业细分产业的劳动者就业人数变化情况。图 8-1 按照高、中、低技术制造业三种分类方式描绘了劳动者就业人数的变化趋势。从图 8-1 中可以发现:①中国制造业的劳动力就业人数主要集中在低技术制造业中。1995 年,低技术制造业的劳动者就业人数大约为 0.37 亿人,中技术制造业和高技术制造业的劳动者就业人数分别约为 0.36 亿人和 0.31 亿人,而到了 2009 年低技术

制造业的劳动者就业人数增长约为 0.67 亿人，中技术制造业和高技术制造业的劳动者就业人数分别约为 0.39 亿人和 0.42 亿人，低技术制造业的就业人数与中、高制造业就业人数的差距进一步拉大。②高技术制造业的劳动者就业人数在 2007 年前后逐步超越中技术制造业的就业人数成为第二大就业部类。高技术制造业的劳动者就业人数与中技术制造业的劳动者就业人数自 1999 年左右开始趋于越来越接近态势，到了 2007 年左右完成了对中技术制造业的超越。③三类制造业部门总体的劳动者就业人数呈现出波动上行的趋势。低技术制造业就业人数自 1995 年开始逐步上升，1999 年前后开始缓慢回落，2003 年左右开始快速上升，其增长速度在美国金融危机前后开始放缓，但仍然保持了上升趋势。中技术制造业和高技术制造业劳动者就业人数的变化趋势较为一致，都在 2001 年加入 WTO 的几年中达到就业人数的低端，并在 2003 年以后稳步上升，2003—2009 年这一时期高技术制造业就业人数的增速稍快于中技术制造业。

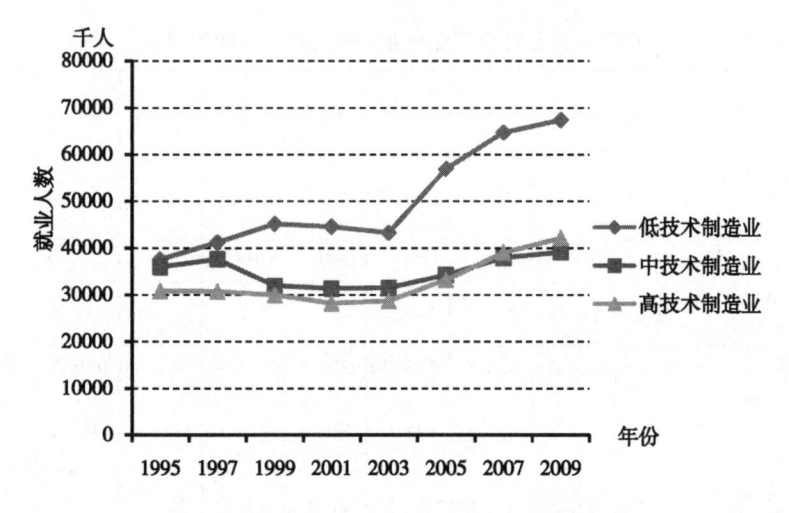

图 8-1 中国制造业劳动者就业人数变化情况

资料来源：根据 WIOD 数据库数据整理。

表 8-1 进一步描绘了 1995—2009 年中国制造业各细分产业劳动者的就业人数变化。1995 年劳动者就业人数排名前五位的细分产业分别为纺织业、其他非金属矿物制品业、食品饮料制造及烟草加工业、金属制品业和化学工业，其中包括了 2 个低技术制造业（纺织业、食品饮料制造及烟草加工业）、2 个中技术制造业（其他非金属矿物制品业、金属制品业）和 1 个高技术制造业（化学工业）。2009 年排名前五位的细分产业发生了

变化，高技术制造业的机械设备制造业跃居第二位，中技术制造业的橡胶与塑料制品业排名第四，其他 3 个细分产业分别为低技术制造业的纺织业、食品饮料制造及烟草加工业和高技术制造业的化学工业。

从 1995—2009 年各细分产业劳动者就业人数的平均增长率来看，14 个细分产业中有 12 个细分产业的就业人数出现了上升，有 2 个细分产业的就业人数出现了下降。在就业人数上升的 12 个细分产业中平均增长率超过 5% 的有 6 个，达到一半，其中有 3 个分布在低技术制造业（木材制品业，服装皮革及鞋类制品业，纸浆、纸张、纸制品、印刷及出版），中技术制造业为 1 个（橡胶与塑料制品业），高技术制造业有 2 个，分别为交通运输设备制造业和机械设备制造业。平均增长率最高的是交通运输设备制造业，为 16.62%，其次为木材制品业，为 8.36%。就业人数出现下降的 2 个细分产业均属于中技术制造业，平均降幅最大的是其他非金属矿物制品业（-3.09%），其次是金属制品业（-0.19%）。

表 8-1　　中国制造业细分产业就业人数（1995—2009 年）　　单位：万人

细分产业	1995 年	1997 年	1999 年	2001 年	2003 年	2005 年	2007 年	2009 年	平均增长率（%）
食品饮料制造及烟草加工业	1059.2	1252.5	1356.3	1248.7	1053.2	1373.0	1464.3	1512.9	2.58
纺织业	1566.2	1521.5	1566.8	1575.1	1652.4	1935.5	2187.2	2239.9	2.59
服装皮革及鞋类制品业	253.3	297.3	398.6	395.4	437.9	571.4	654.2	678.3	7.29
木材制品业	334.5	429.3	496.5	523.7	579.7	805.6	967.8	1028.7	8.36
纸浆、纸张、纸制品、印刷及出版	452.6	523.8	613.1	638.6	526.6	918.1	1108.5	1186.2	7.12
其他制造业及可再生品	93.2	95.2	87.4	76.4	75.7	87.1	93.1	96.9	0.28
石油加工、炼焦及核燃料加工业	750.6	762.5	664.8	644.7	651.9	684.4	778.7	823.2	0.66
橡胶与塑料制品业	478.9	621.3	750.2	742.2	778.3	1015.1	1172.5	1224.3	6.93
其他非金属矿物制品业	1341.2	1356.5	929.2	927.4	913.3	872.4	898.6	864.5	-3.09
金属制品业	1032.4	1026.8	849.7	821.7	802.9	856.1	946.1	1004.8	-0.19
化学工业	1002.0	990.2	717.0	739.8	808.2	916.1	1109.8	1203.2	1.32

续表

细分产业	1995年	1997年	1999年	2001年	2003年	2005年	2007年	2009年	平均增长率（%）
机械设备制造业	697.5	749.0	795.2	798.9	892.8	1132.4	1429.1	1587.5	6.05
电气机械及光学器材制造业	458.1	463.6	413.2	395.6	426.9	474.5	570.5	628.4	2.28
交通运输设备制造业	928.2	868.8	1071.9	888.3	743.1	799.6	7979	7986	16.62

资料来源：根据 WIOD 数据库数据计算获得。

二 劳动者工时数变化

表8-2至表8-3和图8-2至图8-4显示了1995—2009年中国制造业细分产业的劳动者工时数。劳动者的工时数作为劳动投入要素是测度劳动生产率及全要素生产率的重要组成部分，比如O'Mahony和P. Timmer（2009）分析了1995—2005年欧洲25个国家制造业、能源及服务业劳动者工时投入数并测度了劳动投入占产出增长中的贡献率，研究表明所有国家的劳动工时数都出现了增加，劳动投入对产出增长的贡献率也较高，同时劳动工时数的结构发生了变化，高技术劳动者的工时数出现增长。反观国内，由于数据的限制，大量文献在测度和分析全要素生产率的时候往往用劳动人数来代替劳动工时数，因此对中国制造业劳动投入的工时数的相关分析较为缺乏。WIOD数据库给出了较完整的中国各产业1995—2009年劳动工时数的详细数据，上文分析中国制造业全要素生产率的时候已经用到了该数据库，这里我们按照O'Mahony和P. Timmer（2009）的思路先分析1995—2009年中国制造业细分产业劳动工时数的变化趋势，然后分析不同技能劳动者劳动工时数的变化情况。

表8-2　细分产业劳动工时数占工业劳动总工时数比重（1995—2009年）

单位：%

细分产业	1995年	1997年	1999年	2001年	2003年	2005年	2007年	2009年	平均增长率
食品饮料制造及烟草加工业	1.83	2.08	2.16	1.86	1.50	1.83	2.15	2.21	1.36
纺织业	2.91	2.72	2.66	2.81	2.90	3.16	3.29	3.25	0.79

续表

细分产业	1995年	1997年	1999年	2001年	2003年	2005年	2007年	2009年	平均增长率
服装皮革及鞋类制品业	0.47	0.51	0.63	0.78	0.88	1.07	0.95	0.94	5.08
木材制品业	0.58	0.70	0.73	0.79	0.87	1.14	1.19	1.21	5.39
纸浆、纸张、纸制品、印刷及出版	0.77	0.87	1.00	0.96	0.76	1.24	1.47	1.51	4.93
其他制造业及可再生品	0.17	0.17	0.17	0.10	0.09	0.09	0.17	0.18	0.41
石油加工、炼焦及核燃料加工业	1.38	1.40	1.27	0.92	0.83	0.88	1.50	1.63	1.20
橡胶与塑料制品业	0.84	1.03	1.21	1.19	1.23	1.51	1.59	1.59	4.66
其他非金属矿物制品业	2.42	2.44	1.76	1.64	1.41	1.63	1.53	1.53	-3.22
金属制品业	1.91	1.86	1.66	1.38	1.24	1.32	1.68	1.83	-0.31
化学工业	1.94	1.90	1.42	1.19	1.20	1.43	1.94	2.07	0.46
机械设备制造业	1.39	1.46	1.67	1.60	1.85	2.56	2.77	3.09	5.87
电气机械及光学器材制造业	0.90	0.90	0.83	0.63	0.65	0.72	0.95	1.02	0.90
交通运输设备制造业	1.56	1.36	1.70	1.45	1.27	1.32	1.16	1.15	-2.15

资料来源：根据 WIOD 数据库数据计算获得。

表8-2显示了1995—2009年中国制造业细分产业劳动工时数占工业劳动总工时数的比重，从表8-2中可以发现，1995年劳动工时数占工业劳动总工时数比重大于1%的有8个细分产业，其中纺织业所占比重最高，为2.91%，排在第二位、第三位的分别是其他非金属矿物制品业和化学工业，比重分别为2.42%和1.94%，2009年劳动工时数占工业劳动总工时数比重大于1%的细分产业增加为12个，其中排名前三位的分别是纺织业（3.25%）、机械设备制造业（3.09%）和食品饮料制造及烟草加工业（2.21%）。从变化趋势来看，劳动工时数占工业劳动总工时数比重增幅最大的是机械设备制造业，平均增长率达到5.87%，其次是木材制品业为5.39%。有3个细分产业工时占比出现下降，分别为其他非金属矿物制品业（-3.22%）、交通运输设备制造业（-2.15%）和金属制

品业（-0.31%）。在此基础上，我们更关心的是各细分产业中不同技能劳动者的工时占比及变化情况。

表8-3汇总了1995—2009年中国制造业三个大类中不同技能劳动者所占工时数比例的变化。总体来看，在高中低三类制造业中，高技能劳动者和中技能劳动者所占工时数的比重均有所上升而低技能劳动者工时数占比有所下降，但高技能劳动者的工时投入在三类制造业中都不足10%，因此无法改变中国制造业劳动者工时投入仍以中低技能劳动者为主的现状。也进一步证实了前文所述的，虽然中国高技术制造业无论是在产值还是出口量方面均有大幅提高，有些产品的生产和出口甚至占到了世界前列，但实际产出的贡献当中高技能的劳动投入所占比重依然偏低。

表8-3 不同技能劳动者工时数比重的变化（1995—2009年） 单位：%

产业	技能	1995年	1997年	1999年	2001年	2003年	2005年	2007年	2009年
低技术制造业	高技能	0.88	1.01	1.16	1.33	1.53	1.94	1.89	2.10
	中技能	30.17	31.82	33.50	35.21	34.51	33.39	32.46	33.08
	低技能	68.95	67.17	65.34	63.46	63.96	64.67	65.65	64.83
中技术制造业	高技能	1.77	2.01	2.29	2.60	2.98	3.78	3.70	4.08
	中技能	37.51	39.23	40.94	42.66	41.83	40.44	39.47	40.03
	低技能	60.73	58.76	56.77	54.75	55.20	55.79	56.83	55.90
高技术制造业	高技能	3.19	3.62	4.10	4.63	5.30	6.72	6.59	7.24
	中技能	45.16	46.90	48.60	50.24	49.22	47.46	46.49	46.92
	低技能	51.65	49.48	47.31	45.13	45.48	45.83	46.92	45.85

资料来源：根据WIOD数据库数据计算获得。

图8-2至图8-4更加直观地显示了不同技能劳动者投入工时数所占比重的变化情况，可以发现高技能劳动的工时投入占比很小，而在中低技能劳动者的工时占比中，出现变化最大的是高技术制造业，从1999年开始，中技能劳动者的工时投入占比超过低技能劳动者（48.60%：47.31%），之后除了在2007年中技能劳动者的工时投入有所回落以外，其余年份中技能劳动者的工时投入占比均最高，这说明在高技术制造业中，劳动者所投入的技能水平确在逐步上升。

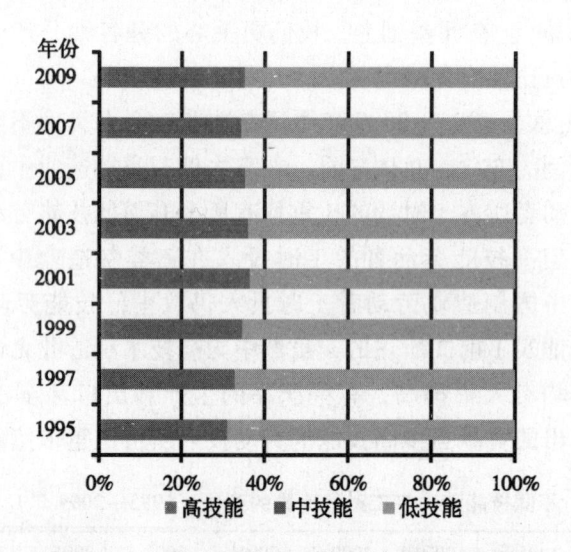

图8-2 低技术制造业不同技能工时占比变化

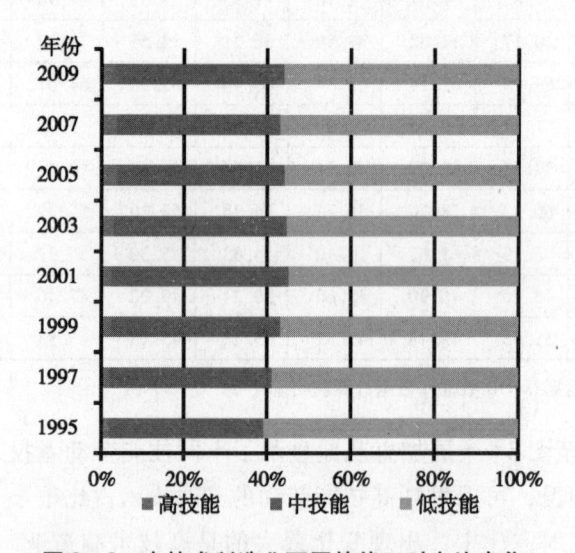

图8-3 中技术制造业不同技能工时占比变化

第二节 制造业结构变动对就业的影响的实证分析

本节在对中国制造业各细分产业的劳动者就业人数、就业总工时数及工资情况进行分析的基础上提出中国制造业结构变动对就业影响的实证模型并加以验证。

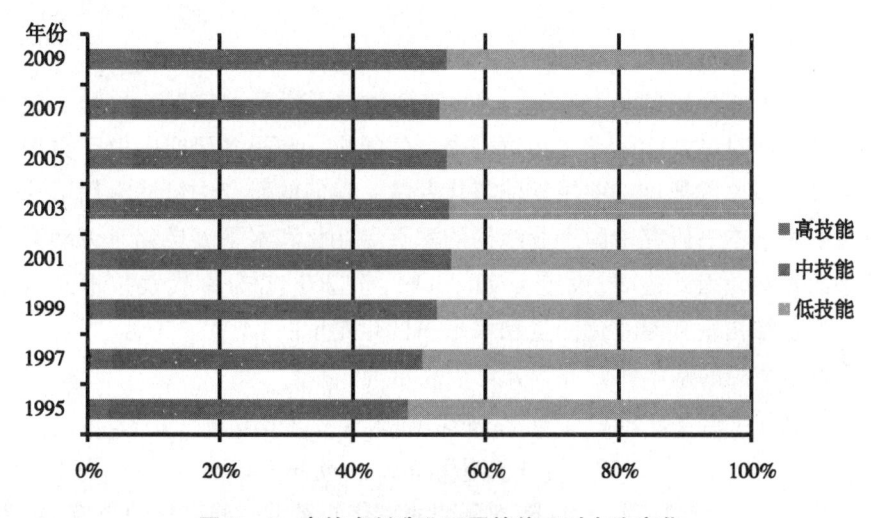

图 8-4 高技术制造业不同技能工时占比变化

一 实证模型的设定与数据来源

(一) 实证模型的设定

我们利用 Feenstra 和 Hanson (1999) 的三要素短期成本函数来推导高技能劳动相对需求的回归方程式。假定生产商品 i 需要投入资本 K_i，高技能劳动 H_i 和低技能劳动 L_i。假定生产函数为 $Y_i = G_i(L_i, H_i, K_i, Z_i)$。其中，$Z_i$ 代表影响产量的外生的结构性变量，在短期中资本存量是给定的，企业的决策是选择劳动力的组合使成本最小化。成本函数的一般形式为 $C_i(w_L, w_H, K_i, Y_i, Z_i)$，其中，$w_L$ 和 w_H 分别为低技能劳动和高技能劳动的工资水平。将成本函数作对数型的泰勒二次展开，可以得到现行的超越对数成本函数，该函数是非同位函数，要素之间可以具有替代或互补关系。Feenstra 和 Hanson 在研究中使用了超越对数成本函数，之后该方法在国外研究中广泛使用，国内也有不少学者的实证研究中进行了采用，比如徐毅和张二震 (2008)、高越和王学真 (2012) 等。基础回归方程式为：

$$S_{it} = \beta_0 + \beta_1 \ln(w_H/w_L)_{it} + \beta_2 \ln(K/Y)_{it} + \beta_3 \ln Y_{it} + \beta_4 Z_{it} + \mu_{it} \tag{8.1}$$

其中，i 代表产业，t 代表时间，因变量 S_{it} 是支付给高技能劳动的支出占总劳动成本的份额，份额的高低反映了生产对高技能劳动里的需求大小，用公式表示为：

$$S_{it} = \frac{w_{Ht}H_{it}}{w_{Ht}H_{it} + w_{Lt}L_{it}} \tag{8.2}$$

第一个解释变量 $\ln(w_H/w_L)_{it}$ 指的是相对工资变动情况，反映了由于替代效应而对高技能劳动力相对需求产生影响。在很多研究中由于数据不可得等一些原因把这一项用其他替代变量，我们的研究中依然沿用了这一变量。由于本书研究中国产业结构的垂直专业化和水平多样化对劳动需求带来的影响，因此将 Z_{it} 设定为 TE_{it}、VE_{it} 和 HD_{it}，分别代表技术进步变量、产业结构垂直专业化变量和水平多样化变量。

本书使用的基本回归方程式可以表示为：

$$\begin{aligned}S_{it} = & \beta_0 + \beta_1 \ln(w_H/w_L)_{it} + \beta_2 \ln(K/Y)_{it} + \beta_3 \ln Y_{it} + \beta_4 TE_{it} \\ & + \beta_5 VE_{it} + \beta_6 HD_{it} + \lambda_i + \eta_t + \varepsilon_{it}\end{aligned} \tag{8.3}$$

其中，β_0 为常数项，λ_i 为随细分产业变化而不随时间变化的效应，η_t 为随时间而不随细分产业变化的效应，β_1 反映了对高技能劳动力的相对需求，β_2 反映了实物资本投入与高技能劳动使用的关系，若 β_2 为正表示高技能劳动与实物资本是互补的；反之亦然。β_3 反映了产出增加值的变化是否影响劳动者技能的变化，若 β_3 为正表示有积极影响，若为零则不能拒绝生产函数是同位的。β_4 反映了技术进步对劳动者技能提升的影响，若为正表示技术进步有利于扩大对高技能劳动力的需求。β_5 和 β_6 分别反映了产业结构垂直专业化和水平多样化对劳动者技能提升的影响，若为正表示垂直专业化和水平多样化促进了劳动者技能提升，导致了对高技能劳动相对需求的扩大，若为负则阻碍了劳动者技能的提升，导致了对低技能劳动相对需求的扩大。

(二) 数据来源

与前文一样，我们选择 14 个制造业细分产业作为研究对象，其中包括 6 个低技术制造业细分产业，4 个中技术细分产业和 4 个高技术细分产业。

产业结构的垂直专业化（VE_{it}）和水平多样化（HD_{it}）数据来源于本书第四章的测算，其细分产业选择口径都一致。

产出（Y）数据和资本存量（K）数据分别用各细分产业的增加值和固定资本存量表示，数据均来自 WIOD 的 SEA 数据库。资本产出比（K/Y）数据为固定资本存量和增加值的比例。

技术进步（TE）数据来自本章第一节按照 DEA-Malmquist 指数法测算

结果。

高技能劳动的工资份额（S）。S 是支付给高技能劳动的工资占总劳动成本的份额。由于中国没有关于高技能劳动力与低技能劳动力和与之相关的数据统计，也缺乏相应的工资数据，许多学者采用替代的方法，如高越和王学真（2012）等，其准确度和精确度受到了一定的限制。事实上，WIOD 数据库提供了完整的不同技能劳动报酬的数据，且按照不同产业加以分类，因此满足了我们研究的需要。

表 8-4 显示了 1995—2009 年三种制造业产业类型中不同技能劳动者报酬占比的变化情况，从表 8-4 中可以看出，①不论是低技术制造业、中技术制造业还是高技术制造业，其中的高技能劳动者的收入都呈现明显的上升趋势，上升速度最快的是高技术制造业，从 1995 年的 4.20% 上升为 2009 年的 10.50%，高技能劳动者收入占比超过 10%。②三种制造业产业类型中高技能劳动者的报酬在 2003—2005 年均出现了较大幅度的增长，之前和之后均为平稳的上升趋势。

表 8-4　　　不同技能就业人员报酬占比（1995—2009 年）　　　单位：%

产业	技能	1995 年	1997 年	1999 年	2001 年	2003 年	2005 年	2007 年	2009 年
低技术制造业	高技能	1.20	1.40	1.60	1.80	2.20	2.80	2.90	3.20
	中技能	32.10	34.00	35.90	37.90	37.40	36.30	35.60	36.20
	低技能	66.70	64.60	62.50	60.30	60.40	60.90	610	60.60
中技术制造业	高技能	2.30	2.70	3.10	3.50	4.10	5.40	5.50	6.00
	中技能	38.90	41.00	43.10	45.20	44.40	43.00	420	42.80
	低技能	58.80	56.30	53.80	51.30	51.50	51.60	520	51.20
高技术制造业	高技能	4.20	4.80	5.40	6.20	7.20	9.50	9.60	10.50
	中技能	45.80	48.00	50.20	52.30	51.30	49.40	48.50	48.90
	低技能	50.00	47.20	44.40	41.50	410	41.10	41.90	40.60

资料来源：根据 WIOD 数据库数据计算获得。

二　实证结果及分析

与制造业结构变动对生产率影响的实证分析一样，我们按照面板数据建立模型的基本程序，我们使用 STATA 12 统计软件进行处理和加工。并通过 Hausman 检验在固定效应和随机效应模型之间进行选择。经过 LLC（Levin、Lin 和 Chut）检验、IPS（Im、Pesaran 和 Shin）检验、Fisher-ADF 及 Fisher-PP

卡方检验4种面板单位根检验拒绝单位根存在，数据序列平稳。

表8-5中方程（1）至方程（3）的回归结果显示，除了产业结构水平多样化这一变量以外，其余解释变量均通过了显著性水平检验。方程（1）采用了我们设定的实证模型，lnY的系数为正，表明生产函数是非同位函数，我们的实证模型设定有效。方程（2）和方程（3）分别对产业结构垂直专业化与产业结构水平多样化进行考察，lnY的系数均大于0，表明生产函数是非同位函数。

具体来看，首先我们发现3种模型的回归结果中，14个制造业细分产业的$\ln(w_H/w_L)$的回归系数符号都比较稳定，$\ln(w_H/w_L)$系数显著为正，系数值为0.2507—0.2885，说明制造业高技能劳动报酬的相对增长能够促进对高技能劳动力的需求。$\ln(K/Y)$的回归系数为负，这与高越等（2012）研究的结论刚好相反，表明资本深化与高技能劳动是替代关系，随着资本投入的增加并没有带来高技能劳动相对需求的增加。lnY的系数显著为正，表明随着产量的增加，对高技能劳动的相对需求会增加。TE的系数为正，表明技术进步是偏向高技能劳动的，随着技术进步，高技能劳动的工资份额出现增长。方程（1）和方程（2）都显示产业结构的垂直专业化对高技能劳动者的相对需求产生负向影响，系数值分别为-0.0602和-0.0599。这一结论与一些学者的研究结果恰好相反，高越等（2012）测度的系数为0.466，且解释了中国近12%的高技能劳动工资份额的上涨。对于这一相反结论的解释，我们认为中国作为发展中国家，其制造业在垂直专业化的国际分工当中依然主要承接劳动密集型的产品生产环节，而把资本密集型的生产环节外包给了发达国家，因此产业结构的垂直专业化变动没有对高技能劳动力的需求产生积极影响。方程（1）和方程（3）都显示产业结构的水平多样化对高技能劳动者的相对需求并不产生影响，回归系数不显著。我们认为这主要是因为产业结构的水平多样性主要对某一细分产业产品生产中已有要素或能力的扩大转移到另一细分产业的产品生产发挥作用，其对技术进步的效果可能不明显。这进一步证实了我们上节对生产率影响的实证结论。

表8-5　　　　　　　　　　回归结果

	(1)	(2)	(3)
常数项	-2.9724 ** (-2.4676)	-2.9090 ** (-2.4927)	-2.8549 ** (-2.3394)

续表

	(1)	(2)	(3)
$\ln(w_H/w_L)$	0.2507 * (1.7799)	0.2538 ** (1.8208)	0.2885 ** (2.0404)
$\ln(K/Y)$	-0.5313 ** (-4.6387)	-0.5309 ** (6.35)	-0.5860 ** (-5.2258)
$\ln Y$	0.2633 ** (4.1020)	0.2609 ** (4.1420)	0.2661 ** (4.0882)
TE	0.1959 * (2.1081)	0.1905 ** (2.1284)	0.2324 ** (2.5240)
VE	-0.0602 * (-1.8211)	-0.0599 * (-1.8238)	
HD	-0.0202 (-2.3511)		-0.0136 (-0.1567)
R^2	90.3639	90.3571	89.9542
N	98	98	98
F 值	38.4976	41.1251	39.2997
Prob > F	0.000	0.000	0.000
Hausman 检验	固定效应	固定效应	固定效应

注：括号内为 t 统计特征值，** 和 * 分别表示在 5% 和 10% 的显著性水平显著。

第三节 本章小结

制造业结构变动对就业的实证分析显示，产业结构水平多样化系数没有通过显著性检验，说明产业结构水平多样化对就业没有产生影响。产业结构的垂直专业化对高技能劳动者的相对需求产生负向影响，系数值分别为 -0.0602 和 -0.0599。说明中国制造业在垂直专业化的国际分工当中依然主要承接劳动密集型的产品生产环节，而把资本密集型的生产环节外包给了发达国家，因此产业结构的垂直专业化变动没有对高技能劳动力的需求产生积极影响。其他解释变量的统计结果显示制造业高技能劳动报酬的相对增长能够促进对高技能劳动力的需求。资本深化与高技能劳动是替代关系。随着产量的增加，对高技能劳动的相对需求会增加。技术进步是偏向高技能劳动的，随着技术进步，高技能劳动的工资份额将会出现增长。

第九章

结论与展望

第一节 研究结论

随着中国经济对外开放程度的日益加深,中国产业的发展越来越受到国际分工体系变化的影响,其本身的发展也在改变和影响着国际分工体系和世界产业布局。本书在梳理了国内外产业结构变动的理论进展并总结概括了产业结构测度方法和效应研究相关文献的基础上,根据制造业结构变动的机理、典型国家经验并结合中国制造业结构变动的实践模式,首先提出了测度开放经济条件下中国制造业结构变动的改进的分析框架;其次依据改进的分析框架,从产业结构垂直专业化和水平多样化两方面实证测度了中国制造业的结构变动情况,并进行了国别来源分析和国际比较;最后以卡尔多制造业增长模型为基础选择经济增长、产业关联、生产率和就业四方面对中国制造业结构变动的效应进行了实证检验。通过理论分析和实证分析相结合,本书对中国制造业结构变动进行测度并考察其产生的效应,得到了以下的结论:

(1) 中国制造业整体垂直专业化程度虽然没有达到有的学者所测算的40%甚至是50%的高位,还处于相对合理的范围之内,但垂直专业化程度在1995—2009年出现了迅速增长且存在继续深化的趋势,从1995年的13.80%提高到2009年的23.06%,增长了67.1%,年均增长率为3.74%。细分产业中,高、中技术制造业的垂直专业化程度较高,排名前三位的分别为高技术制造业的"电气机械及光学器材制造业"、"化学工业"和中技术制造业的"金属制品业",同时增速最快的也主要集中在高、中技术制造业,特别是高技术制造业的"机械设备制造业"和中技术制造业的"其他非金属矿物制品业",增速达到7%以上。说明这些产业对进口中间投入品的依赖性较大,最终产品价值中来自国外的价值增值成分较高。

具体分析中国制造业垂直化分工国外增值部分的国别来源我们发现，国别来源地从以发达国家为主逐渐转变为以新兴工业经济体和发达国家为主，部分发展中国家为辅的多元化趋势，新兴市场经济体作为来源地增长迅速，与中国形成垂直专业化分工的潜力巨大，中国制造业细分产业进行垂直专业化分工时其国外增值份额的国别来源基本符合各经济体的比较优势。

(2) 中国制造业产业结构水平多样化程度有所提高，两两之间空间距离最接近的产业组以低技术制造业为主，变动趋势逐步向"中技术制造业+低技术制造业"的格局发展，表明在生产过程中某种（些）要素或能力从低技术制造业（部分中技术制造业）的某一个细分产业"跳跃"扩散到低技术制造业（部分中技术制造业）另一个细分产业比较容易。一个细分产业同其他所有细分产业之间的空间紧密度也获得提高，虽然20国整体的制造业空间紧密度数据显示从中心向外围分布已经形成中技术制造业—高技术制造业—低技术制造业的格局，但空间紧密度与中国制造业细分产业的显示性比较优势的对比发现，1995—2009年，中国制造业细分产业空间紧密度趋向于中心的产业以中技术制造业和低技术制造业为主，表明这些细分产业的水平多样化程度较高。

(3) 运用包括中国15个经济发展速度较快的发展中国家的面板数据分析证实了制造业是经济增长的动力和引擎。在此基础上通过面板VAR模型的参数估计、脉冲响应函数和方差分解进一步证实了开放经济条件下中国制造业的细分产业在融入国际新型分工的过程中存在经济增长效应，即垂直专业化和水平多样化均存在经济增长效应。制造业细分产业参与垂直专业化能够促进经济增长；同时，产品空间紧密度的提高、水平多样化程度的加深亦有助于经济增长，两者都呈现出长期正向影响趋势。

(4) 运用基于供给使用表的对称型投入产出表在测度产业结构变动的关联效应时能够避免竞争型投入产出表把进入生产过程的进口产品视作（或等同于）国内产品，造成与本国国内各部门的实际消耗不符的缺陷，也能够降低非竞争型投入产出表人为假定进口投入品在中间投入中所占比例所引起的误差和不准确性。通过改进的影响力系数和感应度系数的测度发现中、低技术制造业的影响力系数和感应度系数均高于高技术制造业，中国制造业的比较优势依然为中技术制造业和低技术制造业，两者的辐射能力和拉动作用更明显，因此，中、低技术制造业，尤其是低技术制造业的作用不容忽视。利用基于供给使用表的对称型投入产出表还可以测度两国制造业之间的中间需求拉动力系数和中间需求推动力系数，以中美为例的测度结果显示，美国制造业对中国制造业的拉动作用要高于中国制造业对美国制造业的拉动作用，且拉动作用在逐步增强，而美国制造业发展对中国细分产业的供给推动作用在减弱，中国低技术制造业的"其他制造业及可再生品"和"食品饮料制造及烟草加工业"，高技术制造业的"交通运输设备制造业"受美国制造业发展的推动作用最强，美国的"服装皮革及鞋类制品业"和"纺织业"受中国制造业发展的推动作用最强。

（5）通过对中国制造业 1995—2009 年的全要素生产率的测度发现，中国制造业的全要素生产率呈现上升趋势，但增速较低，平均增长率为 0.01%，技术效率的增速明显，是全要素生产率提高的主要原因，平均增长率为 2.07%，技术进步出现下降，平均增长率为 -1.15%。高技术制造业和低技术制造业比中技术制造业有更高的技术效率，而技术进步则主要出现在中技术制造业。制造业的结构变动中，垂直专业化主要对技术进步发挥积极作用，水平多样化和国内 R&D 资本主要对技术效率进步产生正向影响。同时水平多样化和国内 R&D 资本的交互作用对全要素生产率产生积极作用。

（6）就制造业结构变动对就业影响的实证分析表明，产业结构水平多样化系数没有通过显著性检验，说明产业结构水平多样化对就业没有产生影响。产业结构的垂直专业化对高技能劳动者的相对需求产生负向影响，系数值分别为 -0.0602 和 -0.0599。说明中国制造业在垂直专业化的国际分工中依然主要承接劳动密集型的产品生产环节，而把资本密集型的生产环节外包给了发达国家，因此产业结构的垂直专业化变动没有对高技能劳动力的需求产生积极影响。其他解释变量的统计结果显示制造业高技能劳动报酬的相对增长能够促进对高技能劳动力的需求。资本深化与高技能劳动是替代关系。随着产量的增加，对高技能劳动的相对需求会增加。技术进步是偏向高技能劳动的，随着技术进步，高技能劳动的工资份额将会出现增长。

第二节　政策建议

基于制造业结构变动机理和典型国家的实践经验，本书从垂直专业化和水平多样化的视角提出了测度中国制造业结构变动的改进的分析框架，依据改进的分析框架实证测度了中国制造业的结构变动情况，并进一步分析得出了制造业结构变动的经济增长、产业关联、生产率和就业效应。为了促进制造业这一最活跃和参与国际分工最充分的部门未来更快更好地发展，本书提出以下几方面的政策建议。

一　统计核算角度的政策建议

加强对 SNA—08 的学习，开展中国供给使用表的编制。在国际分工形式不断演化深入到产品内部的背景下，对于作为中国经济增长的动力和主要的出口部门的制造业来说，准确测算制造业垂直专业化程度以及垂直专业化中国外增值份额（或国内增值份额）的国别来源对分析制造业的竞争力及研究其对国内生产率、就业、收入、投资模式和环境压力等的影响起着基础性的关键作用。由本书的分析可知，应用 SNA—08 框架下的供给表和使用表编制对称型投入产出表能够有效地弥补现行中国投入产出表的不足，提高中国产业结构垂直专业化程度测算的准确性、预测可靠性与国际可比性。我们需要深入开展供给使用核算的研究：一是学习 SNA—08 关于供给使用核算及投入产出分析的理论，深入理解 SNA—08 供给使用核算框架的概念和原理。二是学习美国、加拿大等先进国家以及 OECD 组织供给使用核算的经验，并结合中国实际情况有序、分步骤地尝试编制中国供给表和使用表，进而编制对称型投入产出表。2010 年 12 月中国国家统计局和 OECD 组织联合在重庆召开了"中国供给使用核算"国际研讨会，Arthur Berger、Sanjiv Mahajan 和 Brian C. Moyer 分别就供给使用核算的方法和美国、加拿大在供给使用核算的经验进行了介绍，重庆、上海、浙江、河南和河北被确定为中国供给使用核算的试点，但从作者的了解来看目前还没有形成可供数据分析的供给使用表。三是增强投入产出分析应用能力，充分挖掘投入产出表中的数据信息为中国宏观经济分析决策服务。

二　制造业结构变动角度的政策建议

（一）参与全球垂直专业化分工应与提高产业竞争力相结合

进一步扩大对外开放、融入世界经济是中国制造业未来发展的必然选择，然而，虽然 1995—2009 年中国制造业垂直专业化程度年均增长率为

8.51%，其中高技术制造业垂直专业化程度的年均增长率为 11.98%，但这种垂直专业化分工的加深和贸易的增长并不必然带来中国制造业竞争力的提高。有的观点认为，要发展壮大产业，就是要尽可能地提高参与全球垂直化分工，这一观点需要谨慎审视，中国参与全球垂直专业化分工时，如果进口大量包含技术的中间产品，本国仅完成组装工序和装配环节，那么即使产出并出口高技术产品也不能说明中国产业结构的升级。忽视了国内的价值增值而盲目参与垂直专业化分工以期带来产业发展，最终则可能会让中国制造业依然深陷价值链低端，甚至出现竞争力"明升暗降"的局面。在制造业转型和升级的过程中，把握好参与全球垂直专业化分工的"度"意义重大。目前中国高技术制造业的对外依赖性较强，因此不能过度乐观于高技术制造业产出增长和出口增长，而是要在参与垂直化分工过程中注重技术的引进、吸收，增强技术外溢，真正提升在产品价值链的高度，提高产业的实际竞争力。从本书的研究结果来看，产业结构垂直专业化与国内 R&D 资本的交互作用对制造业技术进步的影响为负，说明我国在先进技术的引进、吸收和再创新方面还存在不足。

（二）进口中间品应考虑各国的比较优势

随着技术水平的提高和分工能力的增强，不仅高、中技术制造业可以参与全球垂直专业化分工，低技术制造业也能够进行全球范围内的垂直专业化分工；不仅可以进口高技术含量的中间品，也可以进口资源型的中间品。本书的结果显示，中国低技术制造业的某些细分产业在1995—2009年垂直专业化分工水平获得了巨大的提升，同时中国制造业垂直专业化分工国外增值的国别来源也从主要依赖发达国家趋向于扩展到新兴工业化国家、新兴市场经济体及部分发展中国家。这给我们的启示是，中国制造业进口中间品需要根据各国比较优势的情况及变化予以调整，因此要加强政府引导和政策支持，实现中国制造业与各经济体垂直专业化分工的良性互动。

（三）加强与新兴市场经济体和其他发展中国家的垂直专业化合作

在未来相当长的时间内，中国工业化和制造业发展将面临日益加剧的能源、矿产供求矛盾，对能源和资源产品的进口依赖程度增强。中国几种主要的大宗矿产品的进口来源国为新兴市场经济体和部分发展中国家的比例较高，且进口规模较大。因此，除了自身加强对国内稀缺原材料等战略性资源的进口政策调控，防止盲目引进和进口的粗放型增长以外，更要重视与新兴市场经济体和其他发展中国家的垂直专业化合作，保障海外战略性资源的供给。通过制订完善的海外资源收储计划保障资金供给，同时加快资源企业"走出去"步伐，组建有国际竞争力的跨国资源性企业，加大海外资源开发力度。

（四）以有利于制造业比较优势发挥的细分产业为基础，提高产业结构的水平多样化程度

制定有利于缩小产品空间距离，加速比较优势扩散的产业名录。通过本书的研究发现我国制造业产品空间距离近，空间紧密度分布集中于中心位置的主要是中、低技术制造业，改进的影响力系数和感应度系数也表明中、低技术制造业的拉动作用更明显。因此对服装皮革及鞋类制品业、纺织业、其他非金属矿物制品业等中、低技术制造业不应该忽视其发展或是限制其发展，而是应该一方面提高这些产品的技术水平和在产品价值链中的地位，另一方面要鼓励其水平多样化发展，将生产中有比较优势的成熟的要素或能力扩散到其他产品的生产中，提高其他产品的比较优势。

对于那些具备了水平多样化潜力的制造业，比如高技术制造业的化学工业、机械设备制造业的空间紧密度大于35%，同时显示性比较优势接近1。对于这些产业应从政策和制度环境建设上给予一定的支持，完善相关法律的建设，同时提供一定的政策倾斜，比如政策性金融支持、高效的企业兼并收购服务等，争取创造出有利于其快速达到比较优势的发展空间和环境，促使其参与水平多样化，从而改善制造业结构。

（五）合理产业布局，以空间紧密度为导向，加深产业集群的程度

以往我国制造业产业集群的形式主要是以某种特定产业的中小企业和机构大量聚集于一定范围形成的竞争合作的集合体。既有买卖关系联系起来的垂直产业集群，又有包括共享市场、技术和资源的企业组成的水平产业集群。符合迈克尔·波特对产业集群的定义。通过本书的研究我们发现以空间紧密度为导向，以产品空间距离理论为基础的产业集群可以是不同产业的不同产品生产企业的组合，只要与位于空间紧密度分布中心的具有比较优势的企业空间距离接近，就意味着接受比较优势的成熟要素或能力的可能性大幅提高，成本也较低。因此，将波特的水平产业集群进一步深入到产品内，加强那些技术水平高同时空间紧密度高的产业的扩散能力，形成这类产业集群新模式能够促进我国制造业的结构升级和进一步发展。

(六)重视中、低技术制造业在产业关联中的作用

本书研究结果显示,中技术制造业和低技术制造业,特别是低技术制造业在当前中国制造业的发展中仍然发挥着显著作用,其重要性不可忽略。虽然经过30多年的经济快速发展,中国人均资本存量有了较大提升,要素禀赋结构正在不断发生量变,资本密集型和技术密集型的高技术产业的发展速度有逐步上升趋势,但到目前为止,中国要素禀赋的质变尚未发生,中国人均资本低于世界平均水平的状况仍将长期存在,中国最具比较优势和产业带动能力的产业依然是中、低技术制造业。因此,一方面通过提供宽松的融资环境等手段鼓励以中小企业为主体的轻型制造业的发展,特别是食品饮料制造及烟草加工业、木材制品业等影响力和感应度较高的制造业细分产业;另一方面重视制造业的信息化采集和改造,明确哪些产业具有国内市场需求和国内市场竞争优势,哪些产业又具有国外市场需求和国外市场竞争优势,以此为依据对于不同产业立足不同市场,发挥产业优势。

(七)继续鼓励自主创新,加快国内技术进步,提高技术效率

本书的研究显示,参与垂直专业化有利于加快技术进步,水平多样化有利于提高技术效率,但提高中国产业竞争力的关键还是要提升核心技术水平。Keller(1998)曾发现,8个OECD国家中本行业的R&D在生产率增长中的贡献达到50%左右,而外国R&D溢出的贡献分别为20%左右;Park(2003)发现韩国行业的外国R&D和国内其他行业R&D溢出对行业生产率的影响都为正,然而本书的研究结果显示国内R&D对技术进步的影响为负。因此自主创新提升国内技术水平才是根本动力。除了深化研发管理体制改革,加快培育有利于产业创新的生态环境以外,还需要着力加快科技成果转化的速度,提高科技成果转化的效率。具体来说,一是要致力于形成以企业为真正创新主体的机制。企业是最具活力和效率的主体,让企业真正成为技术创新的主体,发挥企业创新能力是提高自主创新能力的关键。需要从制度上积极推进企业不断开发新产品、新工艺,采用新的组织方式,提供必要的金融服务保障,减少新产品、新工艺使用初期的风险,从政策上鼓励与支持企业大量吸收和培养科技人才,吸引并留住人才,激发科技人才的创新激情。二是要努力跨越科技成果转化过程中的

"死亡之谷"。[①] 包括政府牵线搭桥推动以企业为主，大学研究机构和金融机构相结合的科技成果转化体系，出台一系列优惠性的财政金融和税收政策鼓励成果转化，提供科技信息沟通和信息咨询平台，以及设立创投基金等方式。

（八）提高劳动力就业水平，优化就业结构

制造业结构变动对就业的实证分析显示，产业结构的垂直专业化对高技能劳动者的相对需求产生负向影响，说明中国制造业在垂直专业化的国际分工当中依然主要承接劳动密集型的产品生产环节，而把资本密集型的生产环节外包给了发达国家。因此，对高技术制造业参与国际分工要努力提高所处价值链的地位，扩大高技能劳动力的就业人数；对中、低技术制造业要注重其在吸收劳动力方面的作用，明确中、低技术制造业中也存在高技能、中技能和低技能的劳动者，以人力资本积累为基础优化就业结构。

第三节　研究展望

产业结构变动问题虽然是一个古老的问题，但在国际分工体系出现新的发展趋势以及中国对外开放不断加深的条件下，还是有许多方面值得研究。本书基于垂直专业化和水平多样化分析了开放经济条件下中国制造业的变动情况，在制造业结构变动的测度及其效应方面作了新的尝试，但由于研究侧重点的取舍以及数据可得性等问题的制约，研究还有待于进一步探讨和完善：

第一，由于目前国内各省使用的依然是竞争型投入产出表，没有编制基于供给表和使用表的对称型投入产出表，因而本书的研究没有触及省际区域的制造业结构变动问题，而出于地理位置、经济发展水平等因素各省的制造业参与国际分工的形式和程度不尽相同，制造业结构变动也有各自

[①] 美国国家标准技术研究院一份研究报告指出，90%的科研成果还没走向市场，就被埋没在从基础研究到商品化的过程中，形成科技创新过程中的"死亡之谷"。据统计，美国高新技术项目的成功率只有15%—20%，另有60%受挫，20%破产，即使成功的项目能维持5年以上不衰的也只有5%左右，美国生物技术项目的失败率更是高达90%。在科技成果转化过程中，需要采取多种措施，克服障碍因素，使更多的科技成果跨越或跳脱"死亡之谷"。资料来源：潘教峰：《关于加快科技成果转化的若干思考》，中国经济网，2012年12月7日。

的特点，这一部分的研究值得进一步深入研究。

第二，随着中国对外开放的进一步加深，服务业参与垂直专业化和水平多样化的程度也会不断提高，本书的研究没有涉及服务业，需要在数据可得性的基础上做进一步研究。

第三，按照本书的逻辑体系在研究制造业结构变动带来的效应问题时着重分析了经济增长效应、产业关联效应、生产率效应和就业效应。而制造业结构变动所引发的比如汇率变动、能源利用、环境变化等方面也值得未来继续补充。

第四，国际分工新体系下制造业结构变动的测度除了本书提出的垂直专业化和水平多样化以外还有其他方面对传统测度方法进行补充和完善，对此还可以做深入的探讨和研究。

附 录

附表1　总体平均方向已知时用 $\overline{C}$ 检验均匀性的临界值

$$P(\overline{C} \geq C_x) = \alpha$$

n \ a	0.01	0.025	0.05	0.10	n \ a	0.01	0.025	0.05	0.10
5	0.709	0.611	0.522	0.413	20	0.365	0.309	0.260	0.204
6	0.652	0.560	0.476	0.376	21	0.302	0.254	0.254	0.199
7	0.607	0.519	0.441	0.347	22	0.348	0.295	0.248	0.194
8	0.569	0.486	0.412	0.324	23	0.341	0.288	0.243	0.190
9	0.538	0.459	0.388	0.305	24	0.334	0.282	0.238	0.186
10	0.512	0.436	0.368	0.289	25	0.327	0.277	0.233	0.182
11	0.489	0.416	0.351	0.275	30	0.30	0.25	0.21	0.17
12	0.468	0.398	0.336	0.264	35	0.28	0.23	0.20	0.15
13	0.461	0.383	0.323	0.253	40	0.26	0.22	0.18	0.14
14	0.435	0.369	0.311	0.244	45	0.25	0.21	0.17	0.13
15	0.430	0.357	0.301	0.235	50	0.23	0.20	0.16	0.13
16	0.407	0.345	0.291	0.228					
17	0.395	0.335	0.282	0.221					
18	0.384	0.326	0.274	0.215					
19	0.374	0.317	0.267	0.209					

附表2　　中国制造业各细分产业不同技能劳动者工时数变化（1995—2009年）　　单位：%

类型	产业	技能	1995年	1997年	1999年	2001年	2003年	2005年	2007年	2009年
低技术制造业	食品饮料制造及烟草加工业	高技能	1.74	1.99	2.28	2.59	2.97	3.78	3.69	4.08
		中技能	38.64	40.45	42.25	44.05	43.21	41.8	40.79	41.39
		低技能	59.62	57.56	55.47	53.36	53.82	54.42	55.52	54.53
	纺织业	高技能	0.57	0.66	0.76	0.88	1.01	1.28	1.24	1.38
		中技能	27.45	29.06	30.71	32.41	31.76	30.73	29.81	30.45
		低技能	71.98	70.28	68.53	66.71	67.23	67.99	68.95	68.17
	服装皮革及鞋类制品业	高技能	0.43	0.5	0.58	0.67	0.76	0.97	0.94	1.05
		中技能	23.25	24.7	26.21	27.77	27.19	26.27	25.43	26.02
		低技能	27.59	29.22	30.89	32.62	32.01	31.04	30.11	30.78
	木材制品业	高技能	0.65	0.76	0.87	1.01	1.15	1.47	1.42	1.58
		中技能	27.16	28.75	30.39	32.07	31.42	30.39	29.47	30.1
		低技能	71.76	70.02	68.24	66.37	66.84	67.49	68.47	67.64
	纸浆、纸张、纸制品、印刷及出版	高技能	1.12	1.28	1.47	1.67	1.92	2.45	2.39	2.65
		中技能	37.54	39.37	41.21	43.07	42.28	41	39.98	40.64
		低技能	61.34	59.35	57.32	55.26	55.8	56.55	57.63	56.71
	其他制造业及可再生品	高技能	0.76	0.88	1.01	1.17	1.34	1.7	1.65	1.83
		中技能	27	28.58	30.21	31.88	31.22	30.17	29.27	29.88
		低技能	72.24	70.54	68.78	66.95	67.44	68.13	69.08	68.29
中技术制造业	石油加工、炼焦及核燃料加工业	高技能	3.33	3.76	4.24	4.77	5.47	6.94	6.82	7.49
		中技能	49.83	51.55	53.2	54.8	53.74	51.9	50.94	51.32
		低技能	46.84	44.69	42.56	40.43	40.79	41.16	42.24	41.19

续表

类型	产业	技能	1995年	1997年	1999年	2001年	2003年	2005年	2007年	2009年
中技术制造业	橡胶与塑料制品业	高技能	1.09	1.26	1.44	1.65	1.89	2.41	2.34	2.6
		中技能	33.5	35.25	37.03	38.83	38.08	36.86	35.87	36.52
		低技能	65.41	63.49	61.53	59.52	60.03	60.73	61.79	60.88
	其他非金属矿物制品业	高技能	0.71	0.82	0.95	1.1	1.26	1.6	1.55	1.72
		中技能	27.31	28.9	30.54	32.23	31.57	30.52	29.61	30.23
		低技能	71.98	70.28	68.51	66.67	67.17	67.88	68.84	68.05
	金属制品业	高技能	1.93	2.21	2.52	2.86	3.28	4.17	4.08	4.5
		中技能	39.4	41.2	42.99	44.78	43.91	42.46	41.46	42.04
		低技能	58.67	56.59	54.49	52.36	52.81	53.37	54.46	53.46
高技术制造业	化学工业	高技能	3.25	3.68	4.17	4.7	5.39	6.83	6.7	7.36
		中技能	46.03	47.77	49.46	51.1	50.07	48.28	47.31	47.73
		低技能	50.72	48.55	46.37	44.2	44.54	44.89	45.99	44.91
	机械设备制造业	高技能	2.56	2.91	3.31	3.75	4.3	5.45	5.34	5.88
		中技能	42.06	43.84	45.6	47.33	46.39	44.79	43.79	44.3
		低技能	55.38	53.25	51.09	48.92	49.31	49.76	50.87	49.82
	电气机械及光学器材制造业	高技能	3.71	4.21	4.76	5.37	6.15	7.77	7.62	8.37
		中技能	44.86	46.55	48.21	49.8	48.73	46.88	45.93	46.3
		低技能	51.43	49.24	47.03	44.83	45.12	45.35	46.45	45.33
	交通运输设备制造业	高技能	3.25	3.68	4.16	4.68	5.37	6.81	6.69	7.35
		中技能	47.7	49.43	51.11	52.74	51.7	49.89	48.93	49.33
		低技能	49.05	46.89	44.73	42.58	42.93	43.3	44.38	43.32

附表3　　　　支付给高技能劳动的支出占总劳动成本的份额

年份 产业	1995	1997	1999	2001	2003	2005	2007	2009
食品饮料制造及烟草加工业	0.0424	0.0561	0.0741	0.0975	0.1322	0.2258	0.2232	0.2755
纺织业	0.0046	0.0062	0.0082	0.0110	0.0149	0.0252	0.0247	0.0307
服装皮革及鞋类制品业	0.0026	0.0035	0.0047	0.0064	0.0086	0.0145	0.0142	0.0176
木材制品业	0.0060	0.0081	0.0109	0.0145	0.0196	0.0331	0.0326	0.0404
纸浆、纸张、纸制品、印刷及出版	0.0174	0.0230	0.0304	0.0400	0.0542	0.0925	0.0914	0.1128
其他制造业及可再生品	0.0082	0.0108	0.0145	0.0195	0.0263	0.0447	0.0437	0.0545
石油加工、炼焦及核燃料加工业	0.1551	0.2019	0.2621	0.3387	0.4617	0.7949	0.7918	0.9703
橡胶与塑料制品业	0.0167	0.0222	0.0295	0.0391	0.0529	0.0899	0.0886	0.1097
其他非金属矿物制品业	0.0072	0.0096	0.0129	0.0172	0.0232	0.0394	0.0386	0.0479
金属制品业	0.0521	0.0689	0.0908	0.1194	0.1620	0.2769	0.2738	0.3378
化学工业	0.0499	0.0652	0.0744	0.1039	0.1586	0.2898	0.3175	0.3999
机械设备制造业	0.0916	0.1207	0.1585	0.2075	0.2819	0.4830	0.4785	0.5893
电气机械及光学器材制造业	0.1953	0.2563	0.3352	0.4365	0.5941	1.0200	1.0127	1.2445
交通运输设备制造业	0.1483	0.1938	0.2523	0.3272	0.4457	0.7661	0.7620	0.9351

参考文献

[1] Alan V. Deardorff, "Fragmentation in Simple Trade Models", *The North American Journal of Economics and Finance*, 2001 (2): 121-137.

[2] Amiti, M. and Wei S. J., "Service Offshoring and Productivity: Evidence from the United States", *NBER Working Paper*, No. 11926, *National Bureau of Economic Research*, 2008: 1-20.

[3] Arthur Berger, Coordination Between Canada's GDP Accounts. NBS-OECD "Study of Establishing China's Supply-Use Framework", Project The 1st Phase Workshop, Chongqing, China, 13-17 December, 2010: 1-10.

[4] Banker, Charnes and Cooper, "Some Models for Estimating Technical and Scale Inefficiencies in Data Envelopment Analysis", *Management Science*, 1984 (9): 1078-1092.

[5] Brian C. Moyer. Supply-Use Tables: A Framework for Harmonizing U. S. data. NBS-OECD "Study of establishing China's Supply-Use Framework", Project The 1st Phase Workshop, Chongqing, China, 13-17 December, 2010: 1-15.

[6] Canova F. and Ciccarelli M., "Forecasting and Turning Point Predictions in a Bayesian Panel VAR Model", *Journal of Econometrics*, 2004, 120 (2): 327-359.

[7] Changsuh Park, Essays on Technology Spillovers, Trade and Productivity, dissertation of PHD of University of Colorado, 2003.

[8] Charnes A., W. W. Cooper and E. Rhodes, "Measuring the Efficiency of Decision Making Units", *European Journal of Operational Research*, 1978 (2): 430-440.

[9] Coe, D. and E. Helpman, "International R&D Spillovers", *European Economic Review*, 1995 (5): 859 – 887.

[10] Daniel Bell, *The Coming of Post-Industrial Society: A Venture in Social Forecasting*, New York Basic Books, 1973.

[11] Dani Rodrik, *Industrial Development for the 21st Century: Sustainable Development Perspectives*, UN New York Basic Books, 2007.

[12] Deardorf, Alan V., "Fragmentation in Simple Trade Models", *Noah American Journal of Economics and Finance*, 2001 (12): 12 – 37.

[13] Egger H. and Egger P., "International Outsourcing and the Productivity of Low-skilled Labor in the EU", *Economic Inquiry*, 2006, 44 (1): 98 – 108.

[14] Erkin Bairam, "Economic Growth and Kaldor's Law: the Case of Turkey, 1925 – 1978", *Applied Economics*, 1991, 23 (8): 1277 – 1280.

[15] Erik Dietzenbacher, "The Measurement of Interindustry Linkages: Key Sectors in the Netherlands", *Economic Modelling*, 1992, 9 (4): 419 – 437.

[16] Fagerberg J., "Technological Progress, Structural Change and Productivity Growth: a Comparative Study", *Structural Change and Economic Dynamics*, 2000 (11): 393 – 411.

[17] Falk, M. Wolfmayr, Y., International Outsourcing and Productivity Growth. FIW Research Report No 017/Foreign Direct Investment, June 2008.

[18] Feensta, R. C. and G. H. Hanson, "Productivity Measurement and the Impact of Trade and Technology on Wages: Estimates for the U. S. 1972 – 1990", *Quarterly Journal of Economics*, 1999, 114 (3'): 371 – 390.

[19] Feldman S. J., David McClain and Karen Palmer, "Source of Structural Change in the U. S. 1963 – 1978: an Input-Output Perspective", *The Review of Economics and Statistics*, 1987, 69 (3): 503 – 510.

[20] Felipe, "Why Has China Succeeded—And Why It Will Continue to Do So", *Asian Development Bank*, *Working Paper*, No. 611, 2010.

[21] Felipe et al., "Sectoral Engines of Growth in Developing Asia: Stylised

Facts and Implications", *Malaysian Journal of Economic Studies*, 2009, 46 (2): 107 – 133.

[22] Fingleton B. and McCombie John S. L. , "Increasing Returns and Economic Growth: Some Evidence for Manufacturing from the European Union regions", *Oxford Economic Papers*, 1998, 50 (1): 89 – 105.

[23] Gilberto Libanio, "Manufacturing Industry and Economic Growth in Latin America: A Kaldorian Approch", www. networkideas. org, 2006.

[24] Gorg H. and A. Hanley. , "*Offshoring, Foreign Ownership, Exports and Productivity: An Empirical Investigation with Plant Level Data*", University of Nottingham, unpublished manuscript, 2005.

[25] Grossman and Helpman, "Managerial Incentives and the International Organization of Production", *Journal of International Economics*, 2004 (2): 237 – 262.

[26] Grossman and Helpman, "The Rise of Offshoring: It's Not Wine for Cloth Anymore", http: //www. princeton. edu/—pcglobal/research/papers/grossman_ rise_ off shoring_ 0602. pdf, 2006.

[27] Guido Cella, "The Input-Output Measurement of Inter-industry Linkages", *Oxford Bulletin of Economics and Statistics*, 1984, 46 (1): 73 – 89.

[28] Guo J. and Planting M. , Using input-output Analysis to Measure US Economic Structural Change over a 24 year Period", *Bureau of Economic Analysis Working Paper*, 2000.

[29] Hausmann, R. , L. Pritchett and Rodrik D. , "Growth Accelerations", *Journal of Economic Growth*, 2005 (10): 303 – 329.

[30] Hausmann and Klinger, "South Africa's Export Predicament", *Economics of Transition*, 2008, 16 (4): 609 – 637.

[31] Hayashi Mitsuhiro, "Structural changes in the Indonesian Industry and Trade", *The Developing Economies*, 2005, (1): 39 – 71.

[32] Jaumotte, F. and N. Spatafora, "Asia Rising: A Sectoural Perspecitive", *IMF Working Paper* 07/130, 2007.

[33] Jiemin Guo, Mark A. Planting, *Using Input-Output Analysis to Measure US. Economic Structural Change Over a 24 Year Period*, Washington D. C. : In-

dustry Economics Division, Bureau of Economic Analysis, U. S. Department of Commerce, 2003.

[34] Joaquim J. M. G., Geoffrey J. D. H., "MichaelSonis, Jiemin Guo. Research Note: Economic Structural Change Overtime: Brazil and the United States compared", *Journal of Policy Modeling*, 2001 (23): 703 – 711.

[35] Hansen J. D. and Jie Zhang. Analysis of China's Reginal Economic Growth With Kaldor Model, Journal of Econonic Translation, 1997 (5): 29 – 36.

[36] Haynes and Dinc, "Productivity Change in Manufacturing Regions: A Multifactor/Shift-Share Approach", *Growth and Change*, 1997, 2 (28): 201 – 221.

[37] Heather Wells and A. P. Thirlwall, "Testing Kaldor's Growth Laws across the Countries of Africa", *African Development Bank* 2003, Published by Blackwell Publishing Ltd., 2003, 96.

[38] Hidalgo, "The Dynamics of Economic Complexity and the Product Space over a 42 year period", *CID Working Paper*, No. 189, 2009 (12): 1 – 10.

[39] Hummels, D., J. Ishii and Kei-Mu, Y. i, "The Nature and Growth of Vertical Specialization in World Trade", *Journal of International Economics*, 2001, 54 (1): 75 – 96.

[40] Hugo Reis and Antonio Rua, "An Input-Output Analysis: Linkages versus Leakages", *International Economic Journal*, 2009, 23 (4): 527 – 544.

[41] Imbs, J. and R. Wacziarg, "Stages of Diversification", *American Economic Review*, 2003, 93 (1): 63 – 86.

[42] International Standard Industrial Classification of All Economic Activities, Rev. 4 (ISIC Rev. 4) Detailed structure and explanatory notes, https: //unstats. un. org.

[43] Jesus Felipe, Miguel Leon-Ledesma, Matteo Lanzafame and Gemma Estrada, "Sectoral Engines of Growth in Developing Asia: Stylised Facts and Implications", *Malaysian Journal of Economic Studies*, 2009, 46 (2): 107 – 133.

[44] Jiri Skolka, "Input-output Structural Decomposition Analysis for Austri

a", *Journal of Policy Modeling*, 1989, 11 (1): 45 – 66.

[45] Johnson, S., J. Ostry and A. Subramanian, "Africa's Growth Prospects: Benchmarking the Constraints", *IMF Working Paper*, Washington D. C., International Monetary Fund, 2006.

[46] Jones, B. F. and Olken B. A, "The Anatomy of Start-Stop Growth", *NBER Working Paper*, No. 11528, Cambridge, MA, National Bureau of Economic Research, 2005.

[47] Judith Banister, "Manufacturing Employment and Compensation in China", United States Department of Labor, http: // digital commons. n. ilr. cornell. edu /key_ workplace, 2004 – 12 – 1.

[48] Kaldor, N., "A Model of Economic Growth", *Economic Journal*, 1966 (67).

[49] Kaldor N., "Productivity and Growth in Manufacturing Industry: A Reply", *Economica*, 1968, 35 (140): 385 – 391.

[50] Kaplinsky R. and Moris M., "A Handbook for Value Chain Research", http: //www. ids. ac. uk/global, 2001.

[51] Keller W., "Are International R&D Spillovers Trade-Related Analyzing Spillovers among Randomly Matched Trade Partners", *European Economic Review*, 1998 (42): 1469 – 1481.

[52] Kubo, Y. and S. Robinson, "Sources of Industrial Growth and Structural Change: a Comparative Analysis of Eight Economies", *in Proceedings of the Seventh International Conference on Input-Output Techniques*, UNIDO, New York, United Nations, 1984.

[53] Klinger, B. and Lederman D., "Discovery and Development: An Empirical Exploration of 'New' Products", *World Bank*, August, 2004.

[54] Kohler, W., "A Specific Factors View on Outsourcing", *North American Journal of Economics and Finance*, 2001 (12): 31 – 53.

[55] Leamer, Edward E., *Sources of Comparative Advantage: Theory and Evidence*, Cambridge MA: The MIT Press, 1984.

[56] Leamer Edward E., "Paths of Development in the Three Factor, n-Good General Equilibrium Model", *The Journal of Political Economy*, 1987, 95 (5): 961 – 999.

[57] Leontief, W. W. , "Quantitative input-output Relation in the Economic System of the United States", *The Review of Economics and Statistics*, 1936 (8): 105 – 25.

[58] Mani S. , "Exports of High Technology Products from Developing Countries: Is It a Real or Statistical Artifact?", http://www.intech.unu.edu/publications/ discussion-papers/2000 1. pdf, 2009 – 05 – 08.

[59] Mary Amiti and Shang-Jin Wei, "Service Offshoring and Productivity: Evidence from the US", *The World Economy*, 2009 (2): 203 – 220.

[60] Marcel Timmer, "The World Input-Output Database (WIOD): Contents, Sources and Methods", http://www.wiod.org2012.

[61] Mary O' Mahony and Marcel P. Timmer, "Output, Input and Productivity Measures at the Industry Level: The EU KLEMS Database", *The Economic Journal*, 2009, 119 (538): 374 – 403.

[62] McCombie John S. L. and De Ridder John R. , "Increasing Returns, Productivity and Output Growth: the Case of the United States", *Journal of Post Keynesian Economics*, 1983, 3 (5): 373 – 387.

[63] McCombie John S. L. and De Ridder John R. , "The Verdoorn Law Controversy: Some New Empirical Evidence Using U. S. State Date", *Oxford Economic Papers*, 1984, 36 (2): 268 – 284.

[64] Michael Sonis, G. J. D. Hewings and J. Guo, "Sources of Structural Change in Input-Output Systems: A Field of Influence Approach", *Economic Systems Research*, 1996, 8 (1): 15 – 32.

[65] Pierre-Philippe Combes, "Economic Structure and Local Growth: France, 1984 – 1993", *Journal of Urban Economics*, 2000 (47): 329 – 355.

[66] Poonam Munjal, "Structural Changes in Indian Economy: An Input-Output Analysis", *Indian Economic Review*, 2007 (1): 77 – 95.

[67] Ricardo Hausmann and Bailey Klinger, "Structural Transformation and Patterns of Comparative Advantage in the Product Space", *CID Working Paper*, No. 128, August 2006.

[68] Ricardo Hausmann and Bailey Klinger, "The Structure of the Product Space and the Evolution of Comparative Advantage", *CID Working Pa*

per, No. 146, April 2007.

[69] Rolf Färe, Shawna Grosskopf, C. A. K. Lovell, Carl Pasurka, "Multilateral Productivity Comparisons when Some Outputs are Undesirable: A Nonparametric Approach", *The Review of Economics and Statistics*, 1989 (1): 90 – 98.

[70] Rolf Färe, Shawna Grosskopf, Mary Norris and Zhongyang Zhang, "Productivity Growth, Technical Progress and Efficieney Change in Industrialized Countries", *American Economic Review*, 1994 (1): 66 – 83.

[71] Rolf Färe, Shawna Grosskopf, C. A. K. Lovell, *Production Frontiers*, New York: The Press Syndicate of the University of Cambridge, 1994 a.

[72] Rolf Färe, Daniel Primont, *Multi-Output Production and Duality: Theory and Applications: Theory and Applications*, Kluwer Academic Publishers Group, The Netherlands, 1994 b.

[73] Rowthorn R. E., "What Remains of Kaldor's Law", *Economic Journal*, 1975 (85): 10 – 19.

[74] Sanjiv Mahajan. Increasing Role of Supply and Use Tables in National Accounts. NBS-OECD "Study of establishing China's Supply-Use Framework" Project The 1st Phase Workshop, Chongqing, China, 13 – 17 December, 2010.

[75] S. C. Ray, E. Desli, "Productivity Growth, Technical Progress, and Efficiency Change in Industrialized Countries: Comment", *The American Economic Review*, 1997 (5): 1033 – 1037.

[76] Sims Christopher A., "Maeroeconomics and Reality", *Econometrica*, 1980 (48): 1 – 48.

[77] Sonmez Atesoglu H., "Manufacturing and Economic Growth in the United States", *Applied Economics*, 1993, 25 (1): 67 – 69.

[78] Stoneman P., "Kaldor's Law and British Economic Growth: 1800 – 1970", *Applied Economics*, 1979 (11): 309 – 315.

[79] Solow, R., "A Contribution to the Theory of Economic Growth", *The Quarterly Journal of Economics*, 1956 (1): 65 – 94.

[80] Solow, R., "Technical change and aggregate Production", *Review of E-*

conomies and Statisties, 1957 (3): 312 – 320.

[81] Srholec M., "High-Tech Exports from Developing Countries: A Symptom of Technology Spurts or Statistical Illusion", *Review of World Economics*, 2007, 143 (2): 227 – 255.

[82] Taylor and Francis, "The Technological Structure and Performance of Developing Country Manufactured Exports, 1985 – 1998", *Oxford Development Studies*, 2000 (3): 101 – 120.

[83] Thirlwall A. P., "A Plain Man's Guide to Kaldor's Growth Laws", *Journal of Post Keynesian Economics*, 1983, 5 (3): 345 – 358.

[84] Timmer, M. P. and Szirmai, A., "Productivity Growth in Asian Manufacturing: the Structural Bonus Hypothesis Examined", *Structural Change and Economic Dynamics*, 2000 (11): 371 – 392.

[85] Tempest Rone, "Barbie and the World Economy", *Los Angeles Times*, 1996.

[86] Vitolad and Davidsons, "Structural Transformation of Exports in a Product Space Model", *Working Paper*, No. 611, 2008 (4).

[87] Wells Jr. Louis T., "A Product Life Cycle for International Trade?", *Journal of Marketing*, 1968 (3): 1 – 6.

[88] Wells Jr. Louis T., "Test of a Product Cycle Model of International Trade: U. S. Exports of Consumer Durables", *The Quarterly Journal of Ecnomics*, 1969 (1): 152 – 162.

[89] Wolfe J. N., "Productivity and Growth in Manufacturing Industry: Some Reflections on Professor Kaldor's Inaugural Lecture", *Economica*, 1968, 35 (138): 117 – 126.

[90] Xikang Chen, *Input – Occupancy-Output Analysis and Its Application in China*, in Manas Chattezji and Robert E. Kuenne, *Dynamics and Conflict in Regional Structural Change*, London: Macmillan Press, 1990: 267 – 278.

[91] Xikang Chen, "Input-Occupancy-Output Analysis and Its Application in the Chinese Economy", in Shri Bhagwan Dahiya (ed.), *The Current State of Economic Science*, Spellbound Publications, 1999: 501 – 514.

[92] Xikang Chen, Ju-e Guo, and Cuihong Yang, "Extending the Input-Out-

put Model with Assets", *Economic Systems Research*, 2005 (17): 211 – 225.

[93] Yuqing Xing and Neal Detert, "How the iPhone Widens the United States Trade Deficit with the People's Republic of China", *Ssrn Electronic Journal*, 2010 (12): 3 – 10.

[94] F. 李斯特著：《政治经济学的自然体系》，杨春学译，商务印书馆1997年版，第8页。

[95] [美] H. 钱纳里著：《发展模式》，赵学清等译，经济日报出版社1990年版。

[96] W. W. 罗斯托著：《经济增长的阶段：非共产党宣言》，郭熙保、王松茂译，中国社会科学出版社2001年版，第2页。

[97] W. W. 罗斯托著：《这一切是怎么开始的：现代经济的起源》，黄其祥、纪坚博译，商务印书馆1997年版，第12页。

[98] 白雪洁：《塑造沙漏型产业结构：日本新一轮产业结构调整的特征与趋势》，《日本学刊》2011年第2期。

[99] 北京大学中国经济研究中心课题组：《垂直专门化、产业内贸易与中美贸易关系》，CCER Working Paper No. C2005005。

[100] 程大中：《中国服务业增长的特点、原因及影响》，《中国社会科学》2004年第2期。

[101] 程大中：《中国服务业与经济增长：一般均衡模型及其经验研究》，《世界经济》2010年第10期。

[102] 陈冬野：《大卫·李嘉图经济理论体系》，上海人民出版社1984年版。

[103] 丛黎亮、万静：《基于投入产出分析的产业结构高级化》，《统计与信息论坛》2007年第1期。

[104] 陈昌才：《产业关联测度方法的改进及应用——基于OECD非竞争型投入产出表的分析》，《统计与信息论坛》2013年第3期。

[105] 陈仲常、马红旗：《我国制造业不同外包形式的就业效应研究——基于动态劳动需求模型的实证检验》，《中国工业经济》2010年第4期。

[106] 戴魁早：《中国高技术产业垂直专业化的生产率效应》，《统计研究》2012年第1期。

[107] 丁永健等：《地区工业所有制结构与经济增长的相互影响——基于面板 VAR 的实证分析》，《大连理工大学学报》2011 年第 3 卷第 32 期。

[108] 段军山等：《金融发展、技术进步与经济增长——基于面板 VAR 模型的动态检验》，《经济经纬》2013 年第 3 期。

[109] 段显明：《基于 PVAR 模型的我国经济增长与环境污染关系实证分析》，《中国人口·资源与环境》2012 年第 12 期。

[110] 方英、虞海侠、王锦慧：《产业结构演变过程的方向数据统计分析》，《统计与决策》2013 年第 1 期。

[111] ［法］ 弗朗索瓦·魁奈著：《魁奈〈经济表〉及著作选》，晏智杰译，华夏出版社 2006 年版。

[112] 干春晖：《产业经济学》，机械工业出版社 2008 年版。

[113] 高越、李荣林：《国际生产分割，技术进步与产业结构升级》，《世界经济研究》2011 年第 12 期。

[114] 高越、王学真：《国际生产分割对中国劳动力需求的影响》，《国际经贸探索》2012 年第 12 期。

[115] 顾颖、陈馨：《中国产业结构升级的产业关联效应——基于投入产出的实证分析》，《云南社会科学》2012 年第 3 期。

[116] 郭爱君、武国荣：《改革开放以来我国西部地区产业结构的演变分析》，《甘肃社会科学》2007 年第 5 期。

[117] 郭炳南：《国际垂直专业化分工与中国工业行业技术进步》，《经济问题探索》2011 年第 11 期。

[118] 国民经济行业分类（GB/T 4754—2011），www.czj.sh.gov.cn/ws-bs/ bgxz01。

[119] 郝然：《1978—2008 年中国全要素生产率的变动及其分解——基于省际面板数据的 DEA 方法》，硕士学位论文，复旦大学，2011 年。

[120] 韩艳红、宋波：《产品内分工、产业转移与我国产业结构升级》，《工业技术经济》2012 年第 11 期。

[121] 何彬等：《基于 PVAR 模型的我国卫生投资与经济增长关联性研究》，《中国卫生经济》2010 年第 8 期。

[122] 黄先海、杨高举：《中国高技术产业的国际分工地位研究：基于非竞争型投入占用产出模型的跨国分析》，《世界经济》2010 年第

5 期。

[123] 黄志钢：《产业结构调整、经济结构优化与经济增长方式转变》，《经济界》2008 年第 6 期。

[124] 胡立新等：《卡尔多定律与经济的发展》，《经济问题探索》1999 年第 2 期。

[125] 胡立新：《关于产业集聚现象的一个假设与模型》，《中国软科学》2000 年第 12 期。

[126] 胡昭玲：《产品内国际分工对中国工业生产率的影响分析》，《中国工业经济》2007 年第 6 期。

[127] 纪昀：《近年来美国贸易和产业政策的新发展及启示》，《国外社会科学情况》1998 年第 6 期。

[128] 蒋燕、胡日东：《中国产业结构的投入产出关联分析》，《上海经济研究》2005 年第 11 期。

[129] 江小涓、李辉：《服务业与中国经济：相关性和加快增长的潜力》，《经济研究》2004 年第 1 期。

[130] 金碚、吕铁、邓洲：《中国工业结构转型升级：进展、问题与趋势》，《中国工业经济》2011 年第 2 期。

[131] 金碚等：《全球竞争格局变化与中国产业发展》，经济管理出版社 2013 年版，第 1 页。

[132] 金春雨等：《基于 Panel—VAR 模型的我国金融业发展与经济增长关联性的计量检验》，《管理评论》2013 年第 1 期。

[133] 马俊、王霄鹏：《产业结构变动对生产率影响的定量测算》，《数量经济技术经济研究》1991 年第 2 期。

[134] [美] 克鲁格曼著：《国际经济学》，黄卫平译，中国人民大学出版社 2011 年版。

[135] [德] 克·卢夫特：《民主德国计划经济失败的教训》，《国外社会科学》1994 年第 4 期。

[136] 李剑：《金融结构、产业结构与经济增长》，《金融发展研究》2013 年第 9 期。

[137] 李博、胡静：《中国产业结构优化升级的测度和比较分析》，《管理科学》2008 年第 4 期。

[138] 李国秋、吕斌：《国际标准产业分类新版（ISIC Rev. 4）的信息产

业分类分析》,《图书情报知识》2010 年第 5 期。

[139] 李锋：《产业关联测度及其应用研究》,《山西财经大学学报》2007 年第 11 期。

[140] 李钢、廖建辉、向奕霓：《中国产业升级的方向与路径——中国第二产业占 GDP 的比例过高了吗》,《中国工业经济》2011 年第 10 期。

[141] 李元生：《方向数据统计》,中国科学技术出版社 1998 年版。

[142] 李诚：《我国产业结构的投入产出关联测度及应用研究》,《山西财经大学学报》2009 年第 1 期。

[143] 李武军、黄炳南：《基于偏离——份额分析法的中部地区产业结构研究》,《经济经纬》2010 年第 6 期。

[144] 李小平、朱钟棣：《国际贸易、R&D 溢出和生产率增长》,《经济研究》2006 年第 2 期。

[145] 李小平、卢现祥：《中国制造业的结构变动和生产率增长》,《世界经济》2007 年第 5 期。

[146] 李小平：《国际贸易的技术溢出：理论及其对中国的实证研究》,北京大学出版社 2008 年版。

[147] 李晓、张建平：《中韩产业关联的现状及其启示：基于 2000 年亚洲国际投入产出表的分析》,《世界经济》2009 年第 12 期。

[148] 李嫣怡等：《Eviews 统计分析与应用》,电子工业出版社 2013 年版,第 4 页。

[149] 刘海云、唐玲：《国际外包的生产率效应及行业差异》,《中国工业经济》2009 年第 6 期。

[150] 刘庆林、高越、韩军伟：《国际生产分割的生产率效应》,《经济研究》2010 年第 2 期。

[151] 刘起运：《关于投入产出系数结构分析方法的研究》,《统计研究》2002 年第 2 期。

[152] 刘湘丽：《90 年代日本产业结构的高度化及其政策》,《中国工业经济》1998 年第 12 期。

[153] 卢峰：《产品内分工》,《经济学季刊》2004 年第 10 期。

[154] 吕铁：《制造业结构变化对生产率增长的影响研究》,《管理世界》2002 年第 2 期。

[155] 马俊、王宵鹏:《产业结构变动对生产率影响的定量测算》,《数量经济技术经济研究》1991年第2期。

[156] 马晓河:《加快体制改革,推动我国服务业大发展》,《中国发展观察》2011年第6期。

[157] 马文秀、陈卫华:《日本的经济增长与产业结构调整》,《日本问题研究》2000年第4期。

[158] 马征:《从产业间贸易到产业内贸易:演进机制分析与中国实证研究》,博士学位论文,浙江大学,2007年。

[159] [美] 迈克尔·波特:《国家竞争优势》,华夏出版社2002年版。

[160] 孟祺:《德国制造业产业升级对中国的启示》,《国际经济合作》2013年第3期。

[161] 彭穗生:《中国工业发展与经济增长动态机理研究》,《经济论坛》2011年第11期。

[162] 彭中文:《美、日、德制造业国际化经营比较及启示》,《经济纵横》2005年第2期。

[163] 普雁翔:《基于产业与区域特征的中国产业集聚变动分析》,《华东经济管理》2011年第9期。

[164] 邱东、杨仲山等:《当代国民经济统计学主流》,东北财经大学出版社2004年版,第5页。

[165] 曲玥:《制造业产业结构变迁的路径分析——基于劳动力成本优势和全要素生产率的测算》,《世界经济文汇》2010年第6期。

[166] 沈利生:《重新审视传统的影响力系数公式——评影响力系数公式的两个缺陷》,《数量经济技术经济研究》2010年第2期。

[167] 宿景祥:《世界经济体系与世界经济格局》,《现代国际关系》2001年第2期。

[168] 苏素等:《能源消费与经济增长动态关系的比较研究——基于PVAR模型的分析》,《价格理论与实践》2012年第8期。

[169] 孙林岩:《全球视角下的中国制造业发展》,清华大学出版社2008年版,第9页。

[170] 唐海燕、张会清:《中国在新型国际分工体系中的地位》,《国际贸易问题》2009年第2期。

[171] 佟家栋等:《国际经济学》,南开大学出版社2003年版,第39页。

[172] 王丽、徐永辉：《我国产业结构的关联效应研究——基于 2007 年我国投入产出表的分析》，《价值工程》2012 年第 20 期。

[173] 王德文、蔡昉、林松华：《中国制造业的无就业增长之谜》，http://www.wise.xmu.edu.cn，2008-11-4。

[174] 王飞、张亚雄：《我国非竞争型投入产出表编制及其应用分析》，《统计研究》2008 年第 5 期。

[175] 汪斌、韩菁：《论美国产业结构调整的特点》，《生产力研究》2002 年第 2 期。

[176] 汪斌、岳甚先：《新型国际分工下的"世界工厂"与我国制造业发展的战略》，《学习与探索》2005 年第 2 期。

[177] 王俊、黄先海：《跨国外包对我国制造业就业的影响效应》，《财贸经济》2011 年第 6 期。

[178] 王俊杰：《工业需求与中国经济增长：一个卡尔多分析框架》，《产业与科技论坛》2012 年第 13 期。

[179] 王琨：《中国产业竞争力研究》，经济管理出版社 2012 年版，第 119 页。

[180] 王昆、廖涵：《国际产业趋同与差异研究——来自非竞争型投入产出表的证据》，《产业经济研究（双月）》2011 年第 1 期。

[181] 王岳平：《开放经济条件下的工业升级研究》，博士学位论文，中国社会科学院，2002 年。

[182] 王岳平、葛岳静：《我国产业结构的投入产出关联特征分析》，《管理世界》2007 年第 2 期。

[183] 王岳平：《我国产业投入产出关联分析》，《管理世界》2000 年第 4 期。

[184] 王涂发：《投入产出分析及其应用——台湾地区实证研究》，《台湾银行季刊》1986 年第 1 期。

[185] 王怡等：《城镇居民消费结构与经济增长关系的实证研究》，《统计与决策》2012 年第 5 期。

[186] 王琢卓等：《生产性服务业对经济增长的集聚效应研究——基于中国地级城市面板 VAR 分析》，《经济经纬》2012 年第 4 期。

[187] 王晓坤：《信息技术革命背景之下的美国制造业变革（1980—2000）》，硕士学位论文，苏州大学，2009 年。

[188] 魏后凯：《我国产业集聚的特点、存在问题及对策》，《经济学动态》2004年第9期。

[189] 魏立佳等：《外商直接投资与中国省域经济增长动态关系研究——基于1988—2008年省际面板数据的实证分析》，《首都经济贸易大学学报》2011年第3期。

[190] [美] 威廉·阿瑟·刘易斯著：《二元经济论》，施炜译，北京经济学院出版社1989年版，第3页。

[191] [英] 威廉·配第著：《政治算术》，陈冬野译，商务印书馆1978年版，第5页。

[192] 魏作磊：《卡尔多定律在中国30个省份的适用性检验：1990—2005》2007年第7期。

[193] 吴玉乾、李廉水：《制造业发展带动就业效应分析》，《现代管理科学》2006年第3期。

[194] 巫云仙：《"德国制造"模式：特点、成因和发展趋势》，《政治经济学评论》2013年第3期。

[195] 吴寿平：《中国工业结构变化与技术进步率增长研究——对中国1985—2009年工业"结构红利假说"的检验》，《产经评论》2013年第1期。

[196] 文娟：《考虑产出规模的产业关联研究——基于〈中国投入产出表〉等数据的实证分析》，《厦门大学学报》（哲学社会科学版）2013年第2期。

[197] [美] 西蒙·库兹涅茨著：《现代经济增长：速度、结构和扩展》，戴睿、易诚译，北京经济学院出版社1989年版，第5页。

[198] [美] 西蒙·库兹涅茨著：《各国的经济增长：总产值和生产结构》，常勋译，商务印书馆1999年版，第12页。

[199] 夏明：《生产率增长的规模递增效应与经济结构转变》，《经济理论与经济管理》2007年第1期。

[200] [日] 小岛清著：《对外贸易论》，周宝廉译，南开大学出版社1987年版。

[201] 向铁梅、黄静波：《国民经济行业分类与国际标准产业分类中制造业大类分类的比较分析》，《国际商务论坛》2008年第11期。

[202] 熊丽敏：《全球产业分工下我国经济可持续发展问题》，《湖北社会

科学》2006年第6期。
[203] 徐玮：《略论美国第二次工业革命》，《世界历史》1989年第6期。
[204] 徐毅、张二震：《外包与生产率：基于工业行业数据的经验研究》，《经济研究》2008年第1期。
[205] 许南、李建军：《产品内分工、产业转移与中国产业结构升级》，《管理世界》2012年第1期。
[206] [苏格兰] 亚当·斯密著：《国富论》，谢宗林、李华夏译，中国编译出版社2010年版。
[207] 杨灿：《产业关联测度方法及其应用问题探析》，《统计研究》2005年第9期。
[208] 杨丹辉：《国际产业转移与我国工业高增长行业的发展》，《社会科学战线》2009年第1期。
[209] 杨俊龙、张媛媛：《外商直接投资与我国产业结构调整》，《宏观经济管理》2004年第7期。
[210] 姚博、魏玮：《参与生产分割对中国工业价值链及收入的影响研究》，《中国工业经济》2012年第10期。
[211] 杨燕青：《从产业经济学角度看国际贸易理论的发展》，《世界经济文汇》1995年第5期。
[212] 赵文哲：《人口结构、储蓄与经济增长——基于跨国面板向量自回归方法的研究》，《国际金融研究》2013年第9期。
[213] 张芳：《中国加工出口的产业关联效应和波及效应——基于针对加工贸易之非竞争型投入产出表》，《国际经贸探索》2011年第7期。
[214] 张海洋：《R&D两面性、外资活动与中国工业生产率增长》，《经济研究》2005年第5期。
[215] 张鹏等：《刍议银行集中度与经济增长的关系——基于面板VAR模型的实证分析》，《现代财经：天津财经学院学报》2012年第3期。
[216] 张小蒂、孙景蔚：《基于垂直专业化分工的中国产业国际竞争力分析》，《世界经济》2006年第5期。
[217] 张志明：《国际外包对发展中国家产业升级影响的机理分析》，《国际贸易问题》2008年第1期。

[218] 张咏华:《中国制造业在国际垂直专业化体系中的地位——基于价值增值角度的分析》,《上海财经大学学报》2012年第10期。

[219] 郑玉歆:《80年代中国制造业生产率变动及其来源》,载郑玉歆、罗斯基主编《体制转变中的中国工业生产率》,社会科学文献出版社1993年版。

[220] 郑京淑、吴秦:《产业结构多样化对城市经济发展的影响——研究综述与政策启示》,《广东外语外贸大学学报》2010年第5期。

[221] 张会清:《新国际分工、全球生产网络与中国制造业发展》,博士学位论文,华东师范大学,2009年。

[222] 张立建:《两次国际产业转移本质探讨——基于产品生命周期理论视角》,《统计研究》2009年第10期。

[223] 中国投入产出学会课题组:《我国目前产业关联度分析——2002年投入产出表系列分析报告之一》,《统计研究》2006年第11期。

[224] 周达:《中国制造业结构变动研究:1981—2006》,知识产权出版社2008年版,第4页。

[225] 庄宗明、孔瑞:《美国制造业变革的特征及其影响》,《世界经济》2006年第3期。

[226] [美]约翰·H.摩尔:《产出结构变化的测量》,《收入和财富评论》1987年第3期。